D1717674

MÉTHODES QUANTITATIVES
ET ESPACE URBAIN

CHEZ LE MÊME ÉDITEUR

COLLECTION DE GEOGRAPHIE APPLICABLE SB
SOUS LA DIRECTION DE Mᵐᵉ J. BEAUJEU-GARNIER

MÉTHODES QUANTITATIVES ET ESPACE URBAIN

PAR

Pierre MERLIN

Professeur à l'Université de Paris VIII
Directeur de l'Institut d'Urbanisme de l'Académie de Paris
Vice-Président de l'Université de Paris VIII

MASSON ET Cⁱᵉ, ÉDITEURS
120, BOULEVARD SAINT-GERMAIN, PARIS VIᵉ
1973

© Masson et Cie, Paris, 1973
LIBRARY OF CONGRESS CATALOG CARD NUMBER : 73-89967
I.S.B.N. 2-225 38456-8

Imprimé en France

AVANT-PROPOS

Comme tout livre, celui-ci a sa petite histoire. J'avais à peine commencé à donner, dans le cadre de l'Institut de Statistique de l'Université de Paris, un cours intitulé « Statistiques et modèles en urbanisme », qui faisait suite à un autre cours sur les « Statistiques en géographie », que M. le Professeur Dugué, qui dirige l'I.S.U.P., me suggérait de le rédiger pour le publier. J'estimais alors une telle parution prématurée, la matière me paraissant insuffisamment mûre. Lorsque, plusieurs années plus tard, je pensais que la rédaction était la seule façon d'éclaircir mes idées devenues de plus en plus confuses, la collection à laquelle il était destiné avait disparu.

Madame le Professeur Beaujeu-Garnier m'a alors ouvert les portes de la jeune collection qu'elle dirige et qu'elle a magistralement inaugurée (¹). Elle a pris un grand risque en y invitant, dans une collection d'ouvrages de géographie, même applicable, un géographe marginal, pire, qui ne plaide pas coupable et refuse obtinément de s'amender. Comble de la provocation : il prétend écrire un ouvrage sur l'espace, en l'occurrence l'espace urbain, et ne pas l'intituler géographie. Le Professeur Pierre George, qui m'a donné le goût de cette discipline, voudra bien excuser cette ingratitude.

Le petit livre que je présente a en effet la prétention — c'est la seule qu'il ait, comme on le verra — d'aborder l'analyse de l'espace urbain sans se soucier de l'approche préférentielle de telle ou telle discipline, ni de l'origine disciplinaire des auteurs des travaux cités. J'ai en effet la conviction intime, sans être un jusqu'au-boutiste du mythe pluridisciplinaire, que l'économiste a tout à gagner, pour illustrer ses théories et pour confronter ses modèles à la réalité, à s'inspirer de la méthode d'observation, d'enquête, de description et d'explication géographique. A l'inverse, le géographe a besoin de resituer le fruit de ses observations et de ses raisonnements déductifs dans un cadre formalisé, voire conceptualisé. Le sociologue, de plus en plus familiarisé avec la rigueur conceptuelle et avec le traitement scientifique, ne peut perdre à ne pas oublier que l'homme qu'il observe est aussi un homo œconomicus et un homme habitant. Le statisticien enfin (enfin a seulement pour objet d'éviter une énumération fastidieuse, car la liste n'est

---

(¹) Beaujeu-Garnier (Jacqueline). — *La géographie : méthodes et perspectives*, Paris, Masson, 1971, 141 pages.

pas épuisée) pourra trouver des domaines d'application à des méthodes bien rôdées mais auxquelles il a souvent peine à trouver un objet : l'espace en constitue un de choix, encore peu défriché.

Les méthodes quantitatives ne sauraient constituer une panacée pour l'analyse des faits observés dans l'espace urbain, comme dans tout espace. Longtemps délaissées, sauf par quelques isolés, elles ont fait irruption, surtout aux États-Unis, il y a une génération. Leur emploi s'est généralisé au cours de la décennie précédente, lié en partie aux possibilités nouvelles offertes par les ordinateurs, en partie également à une soif de rigueur qu'on pensait assouvir par l'emploi des mathématiques, discipline rigoureuse s'il en est. La phase d'enthousiasme est maintenant passée, sans doute parce que les limites sont apparues, quand elles n'ont pas été dépassées par quelques impénitents grisés par le nouvel outil et les premiers succès, comme l'automobiliste ou le skieur par la vitesse atteinte et les premiers virages. Dévoilant quelque peu les conclusions de ce petit livre, il me semble que ce retour au calme est salutaire. L'apport des méthodes quantitatives peut être décanté, évalué. Il est important, sans plus, mais c'est déjà beaucoup.

Est-ce à dire que les méthodes quantitatives ont pris une place stable dans la méthodologie des disciplines qui concourent à l'analyse de l'espace ? Il n'en est évidemment rien et bien vain serait celui qui prétendrait rédiger un traité à ce sujet. Les auteurs américains et anglais, qui ont au moins dix ans d'avance sur leurs homologues français sur ce plan, ont rédigé des ouvrages présentant un arsenal de méthodes ([1]), avant d'en venir à la discussion théorique de l'apport de celles-ci ([2]).

Peut-on au moins faire le point des connaissances acquises ? peut-être, mais cela conduirait à un ouvrage très vaste, à la présentation de méthodes très diverses, faisant appel à des notions mathématiques de tous ordres, risquant de rebuter le lecteur. C'est la raison pour laquelle j'ai préféré réduire mes ambitions, d'abord en me limitant à l'espace urbain — qui a fait l'objet, il est vrai du plus grand nombre d'applications quantitatives —, puis en choisissant un certain nombre de thèmes, importants et cohérents, qui ne sauraient recouvrir de façon exhaustive le champ des études urbaines.

Le même souci de simplicité a présidé au choix des études présentées. Les critères retenus peuvent paraître à peine avouables :

— Une place hors de proportion avec l'importance réelle de leur apport a été réservée aux auteurs français. Non par chauvinisme (mais les auteurs anglophones n'ignorent-ils pas totalement les travaux en langue française ?), peut-être

---

([1]) Chorley (Richard J.) et Haggett (Peter). — *Frontiers in geographical teaching*, Londres, Methuen, 1965, XII + 379 p.

Haggett (Peter). — *Locational analysis in human geography*, Londres, Arnold, 1965, XII + 339 p.

Chorley (Richard J) et Haggett (Peter). — *Models in geography*, Londres, Methuen, 1967, 816 p.

Chorley (Richard J.) et Haggett (Peter). — *Network analysis in geography*, Londres, Arnold, 1969, 348 p.

([2]) Harvey (David), *Explanation in geography*. — Londres, Arnold, 1969, 521 p.

Voir aussi : French (Hugh M.) et Racine (Jean-Bernard) et divers. — *Quantitative and qualitative geography*. Nécessité d'un dialogue. Ottawa, University of Ottawa Press, 1971, 216 p.

par ignorance, surtout par souci de permettre aux lecteurs d'approfondir, s'ils le souhaitent, tel ou tel point par recours direct aux documents cités.

— Les travaux purement théoriques — on reviendra en conclusion sur la distinction entre méthodes quantitatives, méthodes mathématiques et analyses théoriques — ont été systématiquement évités (à vrai dire, ce choix permet d'éliminer beaucoup d'ouvrages anglo-saxons, certes remarquables, mais dont les auteurs n'ont pas tenu à préciser la portée concrète).

— Un équilibre a été maintenu entre les apports de disciplines diverses, et notamment des géographes, des économistes, des statisticiens et de ceux qu'on ose à peine appeler urbanistes, tant ce qualificatif imprécis est galvaudé. Pourtant, le lecteur trouvera que l'auteur a accordé une place excessive aux travaux qu'il a lui-même effectués, ou auxquels il a participé, ou qu'il a dirigés. L'auteur le reconnaît volontiers et avance, pour toute excuse, sans être dupe de sa valeur, qu'on présente plus clairement les travaux qu'on connaît bien.

Il était hors de question d'inclure dans ce petit livre un cours de mathématiques. Aussi, pour ne pas rebuter les lecteurs, dont le niveau dans cette discipline peut être très variable, on a adopté systématiquement une présentation rejetant en note infra-paginale tout développement, toute formalisation ou toute démonstration mathématique présentant quelque difficulté. Le texte peut ainsi être lu en faisant abstraction de ces notes, sans perdre le fil sur le plan méthodologique. Il va de soi que le lecteur qui souhaitera approfondir tel aspect ou simplement se familiariser avec le maniement de l'appareil mathématique, aura intérêt à lire attentivement celles-ci.

Pour conclure cet avant-propos, une prudence élémentaire me pousse à avouer que je n'ai jamais, en remettant un manuscrit à l'éditeur, été aussi peu satisfait du produit. Mais peut-être ce premier essai en français sur l'explication des méthodes quantitatives à l'espace urbain sera-t-il suivi par ceux d'autres auteurs qui seront meilleurs. L'objectif sera alors atteint.

P. MERLIN

L'OBJET DE
L'ANALYSE DE L'ESPACE URBAIN

I. — LE FAIT URBAIN, L'URBANISME
ET LES ÉTUDES URBAINES

On a pu qualifier la civilisation actuelle de civilisation urbaine. Le philosophe Henri Lefebvre ([1]) a en effet montré que, même si toute la population n'est pas encore urbanisée, l'influence du style de vie urbaine gagne même le monde rural.

LE FAIT URBAIN

Le fait urbain est en effet général : il concerne toutes les parties du globe, tous les pays. Beaucoup de villes parmi les plus importantes du monde — entre cinq et dix millions d'habitants — sont situées dans des pays non encore pleinement développés sur le plan économique : Changhaï (Chine), Calcutta (Inde), Buenos-Aires (Argentine), Sao-Paulo (Brésil), Mexico (Mexique), auxquelles viendront bientôt s'ajouter Bombay et Delhi (Inde), Pékin et Changhaï (Chine), Le Caire (Egypte), Rio de Janeiro (Brésil) et bien d'autres. Dans les pays développés, New York, Los Angeles, Chicago, Londres, Paris, la Ruhr, Moscou, Tokyo, Kyoto dépassent largement cinq millions d'habitants, tandis que Philadelphie, Detroit, San Francisco, Toronto, Montreal, la Randstad Holland, Barcelone, Madrid, Berlin (Est et Ouest), Leningrad et bien d'autres s'en approchent. Environ un homme sur six habite dans une grande ville (plus d'un million d'habitants : il y en a plus de 150), un autre dans une ville moyenne (100 000 à 1 000 000 : on en compte près de 2 000), un troisième dans une ville moyenne, un quatrième dans une petite ville. Voilà pour un bref aperçu statistique.

([1]) Lefebvre (Henri). — *La révolution urbaine*, Paris, Gallimard, 1970, 248 p.
Voir aussi Lefebvre (Henri). — *Le droit à la ville*, Paris, Anthropos, 1968, 166 p.

Certes, cette universalité du fait urbain ne doit pas faire illusion car, comme le remarque Pierre George ([1]), le rôle et la puissance de Calcutta n'ont aucun rapport avec celui de Moscou ou de Londres; la forme de l'agglomération, le style de vie des habitants de Los Angeles la situe aux antipodes de Paris ou de Changhaï, voire de New York ou de Chicago. C'est tout l'objet de la géographie urbaine de préciser cette typologie ([2]) et, pour cela, d'analyser les fonctions urbaines, la morphologie (plan et extension) des villes, le mode de vie qu'elles engendrent et leurs rapports avec le cadre et les régions où elles sont situées ([3]).

C'est à Georges Chabot ([4]) qu'on doit l'expression de « phénomène urbain ». Pourtant, si la vague actuelle d'urbanisation semble s'élever à une hauteur jamais atteinte, l'histoire de l'humanité a connu, dès l'Antiquité, des phases d'intense urbanisation, suivies de repli ([5]). Même aujourd'hui, certains auteurs croient déceler, dans la crise des centres des villes américaines, le début, et, dans les progrès des télécommunications, le moyen d'un lent déclin ([6]) des villes qui s'éteindraient lentement comme les grandes cités des civilisations méso-américaines ou orientales.

L'URBANISME

Cette hypothèse paraît cependant peu vraisemblable. Au contraire, le développement urbain s'accélère : le taux d'urbanisation est passé en France, au cours du siècle écoulé, de moins d'un tiers à deux tiers environ; celui des Etats-Unis d'un quart aux trois quarts, et cette évolution ne se ralentit pas. Dès lors, il n'est pas surprenant que les problèmes d'organisation spatiale des résidences, des activités professionnelles, sociales, ludiques des populations urbaines aient suscité l'apparition, timide et triomphante à la fois, d'une nouvelle discipline : l'urbanisme. Apparition timide car ceux qui osent se déclarer urbanistes avouent qu'il s'agit d'une discipline sans passé, sans doctrine ([7]), sans méthode propre. Triomphante, car le mot est dans toutes les bouches, tandis que les spécialistes de disciplines variées prétendent en monopoliser l'exercice (jusqu'à une date récente, les architectes dans le secteur privé, et les ingénieurs des Ponts et Chaussées dans l'administration se sont en France révélés les plus efficaces dans cette tentative funeste de confiscation).

([1]) GEORGE (Pierre). — *Précis de géographie urbaine*, Paris, P.U.F., 1961, 3e édition, 1969, 289 p.

([2]) GEORGE (Pierre). — *La ville, le fait urbain à travers le monde*, Paris, P.U.F., 1952, 399 p.

([3]) BEAUJEU-GARNIER (Jacqueline) et CHABOT (Georges), — *Traité de Géographie Urbaine*, Paris, A. Colin, 1964, 493 p.

([4]) CHABOT (Georges). — A propos du phénomène urbain, in *Mélanges géographiques offerts au doyen E. Bénévent*, Gap, 1954.
Voir aussi CHABOT (Georges). — *Les villes*, Paris, A. Colin, 1948, 3e édition, 1958, 224 p.

([5]) MUMFORD (Lewis). — *The city in history*, New-York, Harcourt, Brace and Charles, 1961, XI + 657 p. Traduction française : *La cité à travers l'histoire*, Paris, Seuil, 1964, 781 p.

([6]) LIBBY (William L.). — La fin du trajet quotidien, in *Analyse et prévision*, Avril 1969, pp. 235-258.

([7]) Ou qui a de nombreuses doctrines, elles-mêmes directement reliées aux doctrines économiques, politiques et sociales. On en trouvera une excellente présentation dans : CHOAY (Françoise). — *L'urbanisme. Utopie et réalités*, Paris, Seuil, 1965, 448 p.

Quoi qu'il en soit, l'urbanisme a droit de cité partout (sauf dans la cité) : ici un ministère y sera consacré (quelques années au moins, avant qu'une autre expression n'atteigne une mode encore plus grande qui fait un peu partout, et même à Londres, pousser comme des champignons des ministères de l'Environnement); de nombreuses revues; des associations; des organismes publics d'études et des bureaux privés; voire des établissements d'enseignement...

LES ÉTUDES URBAINES

Il y a une part d'escroquerie intellectuelle qu'il convient de démystifier. Mais le scepticisme ne doit pas conduire à une attitude négativiste. Car si le terme « urbanisme » masque mal l'ignorance qu'il recouvre, les études urbaines se sont largement développées depuis une génération, et ont même pris une extension quelque peu envahissante au cours de la dernière décennie. Aux Etats-Unis, c'est à travers les départements de *City and regional planning* qui accueillent, dans un nombre croissant d'universités, des étudiants « graduate » d'une autre discipline, et par le canal de l'*Association of American planners;* en Europe, c'est surtout par le biais de spécialisation dans les disciplines traditionnelles des sciences humaines et sociales que s'est opérée cette réorientation des recherches. L'espoir de glaner des contrats ici ou là n'est pas étranger à cet intérêt subit que les sociologues, par exemple, portent au cadre urbain [1], de même qu'à la rivalité âpre qui met aux prises géographes et économistes.

LE CADRE DES ÉTUDES URBAINES

Quoi qu'il en soit, de nombreux travaux sont apparus. Des équipes se sont constituées, souvent solides. On peut cependant regretter qu'en France, la vague catastrophique de libéralisme économique insolent ait poussé le gouvernement à freiner (voire à supprimer) les organismes publics et, en réduisant les crédits d'études et de recherches, les bureaux privés et universitaires. Parmi ceux-ci, on distinguera sommairement :

— *Les organismes publics ou para-publics d'études urbaines*, intégrés ou dépendant directement de l'administration : tel est le cas de l'Institut d'Aménagement et d'Urbanisme de la Région Parisienne (I.A.U.R.P.) qui a exercé, sous l'impulsion de son Président Paul Delouvrier, un véritable rôle d'orientation des études urbaines de 1963 à 1969; du Service Technique Central d'Aménagement et d'Urbanisme (S.T.C.A.U.), créé par le Ministère de l'Equipement en 1966 et supprimé en 1969 sans avoir jamais pris son essor;

---

[1] D'excellents ouvrages de sociologues urbains existent cependant. Pour se limiter à la langue française, on signalera, outre les travaux d'Henri LEFEBVRE, un petit traité : LEDRUT (Raymond). — *Sociologie urbaine*, Paris, P.U.F., 1968, 229 p.
Voir aussi un excellent ouvrage aux limites de la sociologie et de l'économie urbaine : REMY (Jean). — La ville, phénomène économique, Bruxelles, *Vie Ouvrière*, 1966, 297 p.

du Centre de Recherches d'Urbanisme (C.R.U.) dépendant du même ministère; des organismes d'études des aires métropolitaines (O.R.E.A.M.) de province. On peut encore rattacher à cette catégorie des organismes dépendant des collectivités locales, telles les agences d'agglomération ou l'Atelier Parisien d'Urbanisme (A.P.U.R.) et un bureau dépendant du groupe de la Caisse des Dépôts et Consignations, le premier promoteur français, le Centre d'Etudes et de Recherches sur l'Aménagement urbain (C.E.R.A.U.), créé en 1965 à partir des divisions d'études urbaines des sociétés du groupe et réduit au sein de celles-ci en 1971, après avoir largement contribué aux progrès de la recherche urbaine quantitative.

— *Les organismes privés.* Certains sont essentiellement concernés par l'urbanisme, voire par la réalisation, tel le Bureau d'Études et de Réalisations Urbaines (B.E.R.U.). D'autres constituent une branche, souvent importante, d'une vaste organisation internationale où prédominent la recherche opérationnelle et l'informatique d'une part ou les travaux publics d'autre part, voire les deux comme dans le cas de l'Omnium Technique d'Aménagement (O.T.A.M.) qui a succédé à l'O.T.U. dans le groupe S.E.M.A.-O.T.H. dépendant de la Banque de Paris et des Pays-Bas. Il faut y ajouter des bureaux beaucoup plus petits et des agences d'architecture et d'urbanisme [1].

— *Les associations universitaires*, telles l'Association Universitaire pour la Recherche et les Études géographiques (A.U.R.E.G.), l'Institut de Sociologie Urbaine (I.S.U.), le laboratoire de sociologie industrielle et le laboratoire de Géographie Urbaine (rattachés au C.N.R.S.). A ce groupe, on peut rattacher des équipes coopératives, sans but lucratif, comme le Centre de Sociologie Urbaine (C.S.U.).

LES ÉTAPES DES ÉTUDES URBAINES

Ces organismes, et certaines administrations comme l'I.N.S.E.E. ou des organismes publics d'études à vocation plus large, tel l'Institut National d'Études Démographiques (I.N.E.D.) et le Centre de Recherche et de Documentation sur la Consommation (C.R.E.D.O.C.), ont d'abord effectué un travail important de collecte d'informations par dépouillement des données statistiques et enquêtes spécifiques. Actuellement, une orientation importante se dégage, grâce aux progrès de l'informatique : les banques de données urbaines, où sont concentrées des informations de sources diverses, qu'on peut interroger (en temps réel ou en temps différé), qui peuvent extraire des données, les traiter (calculs sur ordinateur) et présenter les résultats sur cartes établies automatiquement. La banque de données de la Région Parisienne, établie par l'A.P.U.R. et l'I.A.U.R.P., fonctionne déjà à la Préfecture de Paris.

---

[1] En Angleterre, d'excellents bureaux d'études d'urbanisme, calqués dans leur organisation sur les bureaux d'études d'architectes, mais à personnel pluridisciplinaire, tiennent une place importante dans les études urbaines: Colin Buchanan and partners; Shankland, Cox and associates; Llewelyn Davies, Weeks, Forestier and Bor; H. Wilson et L. Womersley.

La seconde phase est l'analyse de ces données. La phase descriptive et explicative est souvent dépassée pour rechercher des lois statistiques, si possible explicatives, et dégager les tendances d'évolution. Les méthodes statistiques sont couramment appliquées, comme celles de la recherche opérationnelle, pour aboutir à des modèles.

La réflexion prospective est, par nature, limitée à un exercice individuel ou de petits groupes. L'association « Futuribles » et le Commissariat Général du Plan ont cependant suscité quelques travaux d'excellente facture [1].

Les orientations définies par la « futurologie » ou par un volontarisme inhérent au principe même de l'urbanisme, sont ensuite introduites dans les modèles ajustés sur la situation actuelle et l'évolution récente pour fixer les paramètres qui serviront à la prévision. Une méthode un peu différente consiste à utiliser les modèles pour prévoir ce que serait une évolution spontanée de l'organisme urbain et à confronter le résultat obtenu avec les orientations qualitatives retenues pour dégager un futur souhaitable, mais possible.

UN EXEMPLE DE LA DÉMARCHE : L'ÉTUDE GLOBALE DE TRANSPORTS

Pour illustrer ce schéma, on choisira un exemple caractéristique : la démarche d'une étude globale de transports urbains qui comportera les phases essentielles suivantes [2] :

— Phase d'observation : collecte des données provenant de sources existantes : statistiques des sociétés de transport, recensements de la population (ou des questions spécifiques mais simples par exemple sur la motorisation des ménages et les déplacements domicile-travail auront pu être introduites); enquêtes spéciales pour les compléter : par exemple, enquête à domicile sur les déplacements des personnes au cours de la journée précédente.

— Analyse de ces données, visant à dégager les insuffisances des infrastructures actuelles, les besoins des usagers et leurs habitudes de comportement. Analyse graphique et cartographique, traitement numérique et statistique des données, précéderont une phase de modélisation : un modèle reproduira les déplacements, par origine et destination, à partir de la distribution des lieux de résidence, d'emplois, etc.; un autre définira le mode de transport retenu en fonction de la motorisation et du revenu de l'intéressé, des coûts monétaires, du temps nécessaire et des caractéristiques de confort de chaque moyen de transport; un autre pourra représenter le choix de l'itinéraire, etc.

---

(1) Commissariat Général du Plan. — Réflexions pour 1985. Groupe 1985. Paris, *La Documentation Française*, 1964, 155 p.
Commissariat Général du Plan (Commission prospective sur l'urbanisation). — *Les villes*, Paris, A. Colin, 1970 : 1. *L'urbanisation*, 228 p.; 2. *La société urbaine*, 156 p.
(2) Voir exemple d'application à la région parisienne dans : MERLIN (Pierre). — Les transports Parisiens, Paris, Masson, 495 p. Voir aussi « Les Cahiers de l'I.A.U.R.P. », notamment volumes 4-5 (Avril 1966), 17-18 (Octobre 1969), 25 (Octobre 1971), 28 (Juillet 1972), le plus ancien (n° 4-5) restant le plus important.

— La réflexion prospective conduira à s'interroger sur les causes de la mobilité des citadins, ses rapports avec l'organisation interne de la ville, le niveau de revenu et de motorisation, la consommation d'espace et le style de vie urbaine. Il sera aussi nécessaire d'examiner les conséquences prévisibles des différentes politiques d'infrastructures (par exemple, priorité aux autoroutes urbaines ou aux transports en commun; politique de stationnement, de tarification...) sur le développement urbain et sur le mode de vie des futurs citadins, ces éléments influant à leur tour sur la mobilité, etc. Il faudra enfin examiner l'hypothèse d'apparition de nouvelles technologies, moins du point de vue de leur fiabilité technique que de leur crédibilité économique que quant au type de déplacements qu'ils peuvent satisfaire et au remodelage de la forme et du fonctionnement des villes qu'elles peuvent entraîner.

— Les modèles dont les paramètres auront été fixés en fonction des tendances dégagées et des conclusions de la réflexion prospective seront utilisés pour prévoir, à partir d'une première estimation des populations futures, des emplois et autres « générateurs de déplacements », la distribution géographique des déplacements, son affectation par moyen de transport, voire par itinéraire. Les résultats, confrontés avec les réseaux existants, permettent de dégager les infrastructures nouvelles nécessaires pour lesquelles un bilan économico-social (tenant compte des coûts de construction et de fonctionnement; des dépenses, et des gains de temps et de confort des usagers) sera établi pour fixer les priorités. Le développement urbain engendré par le nouveau réseau sera alors à nouveau évalué pour servir à une nouvelle estimation de la demande, de sa distribution, etc.

On remarquera que, dans cette démarche, les méthodes quantitatives jouent un rôle important et irremplaçable (il n'y a pas eu d'étude globale de transports urbains avant leur développement et celui des ordinateurs). Les préoccupations d'ordre spatial apparaissent pourtant à tous les niveaux : à celui de la collecte des informations (échantillons d'enquêtes bien répartis dans l'espace), à celui de l'analyse (répartition des populations et des activités qui commande la distribution géographique de la demande; répartition des groupes sociaux qui modifie le choix du moyen de transport...); à celui de la réflexion prospective où les mêmes facteurs sont discutés, évalués, pesés; à celui de la prévision qui est effectuée par unité géographique aussi fine que possible (plus de 100 ont été utilisées pour les études en région parisienne). Il ne s'agit là peut-être que d'un exemple. Cependant, la démarche décrite est très courante dans l'analyse des problèmes urbains.

II. — THÈMES D'ANALYSE DE L'ESPACE URBAIN

Avant de présenter un certain nombre d'exemples d'applications des méthodes quantitatives, on aurait pu commencer par une présentation qualitative des thèmes qui seront détaillés par la suite. Une telle démarche serait bien artificielle, car qui prétendrait, en un chapitre, résumer des traités — ou même des précis — de géographie et d'économie urbaines ? ([1]) Pourtant il faut bien choisir parmi les théories et les modèles ceux qui seront exposés, les regrouper autour de grands thèmes, faire apparaître les relations qui les relient, la cohésion qui les unit. Voici, brièvement exposée, la démarche qui a présidé à ce choix.

QU'EST-CE QUE LA VILLE?

On a donné beaucoup de définitions de la ville. Proposons, provisoirement, de définir la ville comme un centre de relations, de communications ([2]). La ville en effet n'a de raisons d'exister que comme lieu de regroupement des hommes et de leurs activités, parce que leur réunion leur procure des possibilités de production plus efficace, à travers la division du travail, permet le développement d'une vie communautaire. Sur le plan économique, on pourra discuter encore longtemps pour savoir si les économies d'échelle et les économies externes engendrées par la production de masse et par la proximité de services, par la densité des échanges d'information et d'idées, les économies de certains équipements (adduction d'eau et d'électricité, téléphone, personnel des administrations en contact avec le public...) contrebalancent les inconvénients et les coûts de la concentration (équipements de transport, pertes de temps en trajet, congestion, pollution, coûts fonciers et loyers élevés, etc.). On a beaucoup parlé de taille optimale des villes sans se mettre d'accord sur un chiffre. Personnellement, l'auteur n'est pas loin de faire sienne cette boutade d'un dirigeant de la *Regional Plan Association* de New York : « Aucune étude ne permet de conclure de façon certaine que la taille optimale d'une ville est inférieure à 50 millions d'habitants. » Mais ce plaidoyer pour les grandes villes entraînerait le lecteur dans un détour ([3]).

Quoi qu'il en soit, partisans de la civilisation urbaine ou ceux, plus nombreux, qui ne l'acceptent qu'à regret ([4]) tout en la vivant volontiers, seront d'accord pour reconnaître que la ville n'a de raison d'être que dans la mesure où elle constitue un cadre privilégié des échanges matériels et intellectuels. Dès lors, l'étude de la structure et de la morphologie de la ville, des conditions de son développement, comme celle des citadins, de leur vie quotidienne et de leurs activités individuelles, économiques et communautaires, devient l'analyse

---

([1]) On consultera avec profit, outre les ouvrages déjà cités de H. LEFEBVRE, R. LEDRUT et J. REMY:

BEAUJEU-GARNIER (Jacqueline) et CHABOT (Georges). — *Traité de géographie urbaine*, Paris, A. Colin, 1963, 493 p.

GEORGE (Pierre). — *Précis de géographie urbaine*, Paris, P.U.F., 1961 (3e édition révisée, 1969), 291 p.

DERYCKE (Pierre-Henri). — *L'économie urbaine*, Paris, P.U.F., 1970, 261 p.

([2]) MEIER (Richard L.). — *A communications theory of urban growth*, Cambridge (Mass.), M.I.T. Press, 1962, 184 p. Traduction française : *Croissance urbaine et théorie des communications*, Paris, P.U.F., 1972, 236 p.

([3]) Le lecteur intéressé pourra cependant lire : OUDIN (Bernard). — *Plaidoyer pour la ville*, Paris, Laffont, 1971, 256 p.

MERLIN (Pierre). — *Vivre à Paris en 1980*, Paris. Hachette, 1971, 256 p. et, sur le plan théorique : KRISENSSON (Folke). — *People, firms and regions*, Stockholm.

([4]) Cette tendance est notamment illustrée par l'ouvrage classique : GRAVIER (Jean-François). — *Paris et le désert français*, Paris, Le Portulan, 1947.

du cadre et des conditions de ces échanges. L'objectif de l'aménagement apparaît clair : multiplier les occasions, les possibilités matérielles, la qualité des relations, des échanges entre les hommes.

LES ACTIVITÉS URBAINES

Cette présentation un peu abstraite n'entraîne pas un décalage par rapport aux contraintes économiques. Car, initialement, ce sont les rapports économiques entre les entreprises, entre celles-ci et leur main-d'œuvre, d'une part, puis, au fur et à mesure de leur apparition, avec l'administration, les milieux scientifiques et culturels, etc., qui ont entraîné, sinon la création des villes, du moins la grande vague d'urbanisation moderne. Mais l'analyse des activités d'une ville pose plusieurs séries de questions :

— l'objet de ces activités et par conséquent la finalité, à travers les activités qu'elle abrite, de la ville, d'où la notion de fonction urbaine ;
— la recherche d'une typologie des villes en fonction de leurs activités dans des fonctions représentées ;
— l'importance respective et la nature des activités destinées à servir la population de la ville (activités dites induites par cette population ou résidentielles) et des activités destinées à une population plus large (activités fondamentales ou de base) ;
— à l'intérieur d'une agglomération urbaine, l'organisation hiérarchique des activités selon le niveau de desserte (la population du quartier, d'un secteur plus large à préciser, de la ville, etc.), et les conditions de regroupement en centres des activités de chaque niveau ;
— les facteurs de localisation de chaque type d'activités : facteurs objectifs (localisation des matières premières et de l'énergie, effectif, qualité et coût de la main d'œuvre ; importance et pouvoir d'achat du marché de consommation ; conditions de transport...) mais aussi, de plus en plus, subjectifs (accès aux informations, relations entre entreprises, prestige de l'adresse...).

Toutes ces questions ont une portée évidente du point de vue de l'aménagement : comment planifier l'importance, la nature, l'implantation et les modalités de groupement des activites économiques ? Si les méthodes traditionnelles ont permis de répondre à certaines questions (par exemple la géographie urbaine a fort bien défini les fonctions urbaines et les facteurs de localisation et les économistes ont développé la théorie de la base et de l'induction), une précision des schémas (typologie fonctionnelle des villes, importance de l'emploi de base et de l'emploi résidentiel, hiérarchie spatiale et regroupement des activités au sein d'une agglomération, importance respective des facteurs de localisation) ne peut être atteinte par le seul raisonnement appuyé sur des observations et nécessite le recours à des méthodes quantitatives.

L'HOMME DANS L'ESPACE URBAIN

L'adaptation des citadins à l'espace urbain constitue un thème également capital. Comment celui-ci va-t-il se comporter en matière de choix de son logement (localisation, type, dimension, qualité et coût...)? Comment va-t-il choisir un emploi? Quel sera le rôle dans ce double choix, de la structure du réseau de transports et comment adaptera-t-il son comportement aux possibilités limitées que celui-ci lui offre? Comment apparaîtra la vie communautaire, et en quoi les schémas résidentiels, les modes de groupement des activités, l'organisation des transports influent-ils sur l'intensité et les formes de cette vie collective? Toutes ces questions sont loin d'avoir trouvé une réponse, et aucune méthode, qualitative ou quantitative, ne permettra de le faire avant longtemps.

LE MARCHÉ FONCIER

On a pourtant dégagé des éléments qui sont considérés comme majeurs car exerçant un effet contraignant sur les choix de localisation effectués par les individus comme par les entreprises : le marché foncier et l'organisation des transports.

Le marché foncier, en imposant des contraintes de prix aux usagers du sol urbain, conduit à une structuration de la ville, qui prend souvent la forme d'une ségrégation : ségrégation entre activités d'abord : les bureaux, qui sont plus sensibles à l'accès au « marché de l'information » et au prestige de l'adresse, au centre; les industries, qui ont besoin d'espaces plus vastes, acceptent plus volontiers de se déplacer vers la périphérie; les commerces recherchent la clientèle, ce qui les conduit naturellement, selon leur niveau de desserte, soit à se disséminer près de la population (pour ses achats quotidiens), soit à se regrouper à des niveaux variables (achats occasionnels et anomaux) mais sont de plus en plus sensibles à l'accessibilité, qui n'est plus, avec l'automobile, le privilège du centre ville.

Ségrégation entre les groupes sociaux ensuite, rendue plus complexe par la possibilité d'utiliser plus ou moins de terrain : si les prix fonciers l'emportent on retrouvera les riches au centre et les pauvres à la périphérie (modèle dominant dans les villes européennes); si la soif d'espace l'emporte, on retrouvera les riches à la périphérie, abandonnant le centre aux pauvres (modèle dominant dans les villes américaines). Les théories économiques ont esquissé une explication des mécanismes fonciers, tandis que les données réunies, à vrai dire assez rares, permettent d'esquisser des cartes de coûts fonciers. Mais seul le recours à la formalisation mathématique devait permettre, il y a une dizaine d'années, de préciser les théories de formation des prix fonciers et de dégager les moyens d'agir sur eux.

LE DÉVELOPPEMENT URBAIN

Le problème foncier est en permanence sous-jacent en matière de croissance spatiale des villes. Des enquêtes ont permis de connaître les arbitrages effectués par les citadins choisissant un logement. L'observation a permis de cerner l'influence des facteurs naturels, du parcellaire rural, des axes de transport, des réglementations, sur les formes de la croissance urbaine. De là à mesurer l'effet de ces différents facteurs, voire à prédire l'effet futur de leurs interactions, il y a un pas que seules des méthodes quantitatives peuvent aider à franchir. Les modèles de développement urbain, construits à cet effet au cours de la dernière décennie, n'y sont que partiellement parvenus, et il n'y a pas là de quoi surprendre, tant est extrême la complexité des mécanismes qui guident le comportement de chaque citadin. Ces modèles ont quand même permis de proposer des explications, de fournir des premiers éléments de mesure, par exemple le rôle accélérateur de tel ou tel type de moyen de transport dans les secteurs qu'il dessert. Compte tenu de leur importance, les modèles de développement urbain privilégient le rôle du marché foncier, mais aussi celui de l'accessibilité, donc des réseaux de transport.

LA MOBILITÉ ET LES TRANSPORTS

Ceux-ci en effet jouent, dans la structure de la ville, le rôle d'ossature. La comparaison du réseau de transports et des étapes de sa construction avec la forme d'une ville à diverses dates est toujours instructive à cet égard. Mais comment déterminer les infrastructures nouvelles à réaliser et mesurer leur effet probable? Si la dernière question trouve des éléments — partiels — de réponse dans les modèles fonciers et dans les modèles de développement urbain, la première nécessite une analyse détaillée du comportement des citadins. Comment ceux-ci, dans leurs relations avec le monde économique (pour se rendre à leur travail, et d'abord pour choisir leur emploi, pour leurs relations d'affaires, pour leurs achats), vont-ils se répartir dans l'espace, s'y déplacer, y choisir tel ou tel moyen de transport, à quelle heure et à quel prix? Ce domaine avait été, jusqu'à une date récente, négligé par toutes les disciplines concernées par l'étude des villes. Depuis une quinzaine d'années, les analyses se sont multipliées. Rapidement cependant, l'analyse des importantes enquêtes réalisées à cette occasion a conduit à dépasser les méthodes de description numérique et cartographique, pour aboutir à la construction de modèles, qui, mettant en évidence la part de rationnel — et il reste toujours une part d'irrationnel — des comportements en matière de distribution géographique et de choix du moyen de transport notamment, définissent des régularités et sont utilisables pour des prévisions.

LES RÉSEAUX URBAINS

L'analyse des villes ne se limite pas aux aspects majeurs qui expliquent la structure des villes — l'organisation des activités économiques, la structure foncière, les réseaux de transport et les schémas de comportement des citadins — pour déborder le cadre de la ville elle-même. La ville n'est pas, en effet, un monde clos. Son existence même est en large partie justifiée par les rapports qu'elle entretient avec le cadre qui l'environne et avec les autres villes (et cette existence est dépendante de ces rapports). Depuis longtemps, la nature de ces relations a été définie, décrite, précisée : rapports démographiques (migrations définitives ou quotidiennes), fonciers (propriété rurale aux mains des citadins et création de liens de dépendance, résidences principales ou secondaires de citadins à la campagne); commerciaux (commercialisation des produits ruraux et distribution des produits industriels); de services (administration, loisirs, culture); financiers (crédit, collecte de l'épargne...), de travail (main-d'œuvre recrutée à la campagne, travail à domicile...). Ces analyses ont conduit à définir la notion de zone d'influence des villes, puis de hiérarchie urbaine selon le niveau de services offerts, enfin de réseau urbain. Mais curieusement, ces notions ont fait l'objet d'approches parallèles, distinctes : celle des économistes spatiaux, partant de la notion de marché des producteurs économiques et de celle de regroupement des activités productrices pour former des villes, organisées en réseaux orientés par les axes de transport et formant des régions; celle des statisticiens, observant des régularités dans la distribution des villes par taille ou dans leur zone d'influence; celle des géographes, dégageant une hiérarchie de fonctions, soit par une approche purement descriptive, soit en débordant rapidement celle-ci par une construction formelle systématique. La rencontre de ces différents courants, où le rôle des méthodes quantitatives a été très différent, est à peine amorcé. Nul doute qu'elle ne fasse progresser les études régionales.

Ainsi, on peut dégager cinq thèmes principaux, importants tant pour la compréhension de l'occupation de l'espace urbain que pour son aménagement, où les méthodes quantitatives peuvent jouer un rôle :

— l'analyse spatiale des activités et des fonctions urbaines;
— la formation des valeurs foncières;
— les mécanismes du développement urbain;
— les transports urbains et la mobilité des citadins;
— les réseaux urbains.

Ces cinq thèmes sont liés entre eux, à tel point que l'ordre logique pour les traiter n'est pas évident. Leur énoncé ne saurait non plus constituer une liste exhaustive. Divers aspects du logement, par exemple, auraient mérité d'être traités. On a retenu ces cinq thèmes en raison de l'importance qu'y joue la dimension spatiale.

CHAPITRE PREMIER

ANALYSE DES ACTIVITÉS ET DES FONCTIONS URBAINES

L'étude des activités urbaines, de leur localisation entre les villes ou à l'intérieur des villes a suscité une abondante littérature. Très tôt, divers auteurs ont cherché à établir des points de repère, en classant les villes en différentes catégories selon la nature des activités représentées, ce qui permettait de définir une (ou plusieurs) fonctions dominantes d'une ville, bref d'établir une typologie fonctionnelle des villes.

D'autres auteurs ont abordé le problème sous un angle différent : en cherchant à classer les activités, on peut faire apparaître un rapport entre celles-ci et l'espace. Ainsi une typologie des activités établie dans cet esprit permettra d'expliquer, voire de prévoir, leur localisation entre les villes d'un réseau urbain, entre les communes ou quartiers d'une agglomération.

A propos de ces deux approches, après avoir précisé les notions d'activités et de fonctions urbaines, on présentera des analyses, dont certaines sont déjà classiques — telle la typologie fonctionnelle des villes américaines — tandis que d'autres sont moins connues — tels les niveaux d'induction des activités par la population.

I. — LES NOTIONS D'ACTIVITÉS ET DE FONCTIONS URBAINES

« Si les hommes se sont groupés, c'est pour mieux exercer certaines formes d'activités » (¹). Encore faut-il distinguer plusieurs notions pour préciser ces activités et en quoi elles peuvent caractériser la ville.

(¹) G. CHABOT, in *Traité de géographie urbaine*, op. cit.

LA NOTION D'ACTIVITÉ

L'activité est liée à l'exercice d'une profession, donc à l'emploi. Mais on doit préciser cette notion car l'emploi et l'activité revêtent deux aspects. Du point de vue de l'employeur, comme du point de vue de la macro-économie, c'est l'objectif final de l'activité qui importe, donc celui de l'entreprise qui emploie le travailleur. Peu importe, de ce point de vue, si, dans une usine de construction automobile, les salariés sont ouvriers, ingénieurs ou employés dans les bureaux : ils concourent à la production automobile et seront classés dans la branche correspondante. On parlera alors d'activité collective. De même, l'électricien qui répare les circuits électriques d'une université ou qui branche les machines à laver vendues par un grand magasin, sera classé dans l'activité collective « éducation » ou « commerce », bien qu'il soit un ouvrier.

Du point de vue du travailleur, comme du point de vue microsocial, c'est au contraire l'activité individuelle qui importe. On regroupera alors les ouvriers, qu'ils travaillent en usine ou dans des entreprises du secteur tertiaire, et les employés, quelle que soit leur activité collective. Cette distinction n'est pas de pure forme et on verra qu'on est très loin du recouvrement presque parfait entre activités collectives et individuelles.

En fait, parmi les activités exercées par les hommes dans les villes, certaines ne sont pas spécifiquement urbaines, en ce sens qu'on peut les trouver dans un cadre rural : tel est le cas du petit commerce quotidien, de l'administration de guichet, de l'enseignement primaire, de l'artisanat et même de la petite industrie. Par contre, certaines activités sont longtemps apparues spécifiquement urbaines, dans la mesure où, exigeant des effectifs importants, elles suscitaient la création de villes si elles n'étaient pas déjà localisées en ville [1] : ce sera le cas de la grande industrie, de l'administration, du commerce occasionnel et artisanal, des sièges sociaux d'entreprises, des services aux entreprises et des universités, encore que le développement de l'automobile rende possible, au moins théoriquement, des implantations d'activités importantes en milieu rural, à la limite des villes ou hors des villes (centres commerciaux, campus universitaires, zones industrielles...). Une place à part doit être faite au cas où une activité dominante, soit que la ville ait été construite en fonction de cette activité comme Wolfsburg autour des usines Volkswagen, les villes nouvelles industrielles, beaucoup de villes minières, soit que cette activité ait pris peu à peu une influence dominante — F.I.A.T. à Turin est l'exemple typique, mais Michelin à Clermont-Ferrand, Peugeot à Sochaux-Montbéliard, Philips à Eindhoven, Krupp à Essen, etc... — sont aussi caractéristiques. Dans ce cas, l'entreprise est généralement conduite à exercer son influence dans des domaines multiples — bancaire, commercial, foncier, culturel à travers diverses associations, etc. — et, directement, par personnes interposées ou par le seul jeu naturel du rôle qu'elle joue dans la ville, à contrôler la vie politique et communautaire.

---

[1] Ainsi la Hongrie a-t-elle été contrainte de construire des villes nouvelles pour accueillir les travailleurs des combinats qu'elle créait en milieu rural, après avoir espéré que les villages voisins suffiraient. Ainsi sont nées Dunaujvaros d'un complexe sidérurgique et six autres villes nouvelles d'autres combinats.

LA NOTION DE FONCTION

La notion d'activité a besoin d'être complétée pour dégager celles de ces activités qui caractérisent une ville. G. Chabot, qui est à l'origine de la notion de fonction urbaine, la définit comme « la raison d'être » de la ville, et donc la limite aux « activités qui justifient son existence et son développement, qui apportent les ressources nécessaires à sa vie ». La notion de fonction urbaine est donc directement liée à celle de rapport avec la zone d'influence, et avec les autres villes, donc à l'idée de réseau urbain [1].

C'est dans le même sens que P. George propose de compléter cette notion en distinguant [2] :

— les fonctions de l'ensemble urbain d'un pays, meilleur critère du niveau et du type de développement de ce pays;
— les fonctions de chaque ville;
— la répartition des fonctions à l'intérieur de la ville.

Car la fonction est liée à l'espace. A l'espace naturel, d'abord. G. Chabot souligne [3] que les notions classiques de situation et de site d'une ville sont liées aux fonctions auxquelles elle était destinée de façon très stricte (villes minières, ports) ou un peu plus lâche (villes-ponts ou villes carrefours). A l'espace urbain ensuite, dans la mesure où une ville, en tout cas une grande ville, exerce généralement plusieurs fonctions qui n'obéiront pas aux mêmes critères de localisation [4].

Une ville peut exercer une ou plusieurs fonctions dominantes. On distingue habituellement :

— la fonction industrielle,
— la fonction minière,
— la fonction commerciale ou d'entrepôt,
— la fonction de transports,
— la fonction administrative, politique ou militaire,
— la fonction résidentielle ou d'accueil (tourisme, cure, retraite...),
— la fonction culturelle, universitaire, voire cultuelle.

Les économistes, de leur côté, se sont moins attachés à la nature des fonctions d'une ville qu'à celle de la base économique et à son importance. La base économique d'une ville, ce sont les activités exportatrices [5]. Mais les activités de base induisent elles-mêmes des activités nécessaires à la vie des personnes employées dans les activités de base (commerces, administration, services...), qui en induisent elles-mêmes d'autres, etc. Ainsi on peut non seulement distinguer, dans l'emploi total, l'emploi de base (ou fondamental ou externe) et l'emploi induit (ou résidentiel, ou local) mais on peut déterminer

[1] Voir chapitre v.
[2] GEORGE (Pierre). — *Précis de géographie urbaine*, op. cit.
[3] CHABOT (Georges), in *Traité de Géographie urbaine*, op. cit.
[4] Voir chapitre iii.
[5] WEIMER (Arthur M.) et HOYT (Horner). — *Principles of urban real estate*. New York, Ronald Press, 1939, xiv + 352 p. (2e éd. 1948, xiv + 512 p.).

des multiplicateurs d'emplois, coefficients indiquant le nombre total d'emplois qu'entraînera la création d'activités de base [1].

Les méthodes quantitatives, plus ou moins complexes, vont permettre d'établir des typologies des villes selon leurs fonctions, de préciser et de mesurer l'emploi fondamental et l'emploi résidentiel et de compléter cette notion par celle de hiérarchie spatiale des activités dans une ville.

II. — LES TYPOLOGIES FONCTIONNELLES DES VILLES

Les études les plus classiques en ce domaine sont dues à des géographes américains et suédois et datent déjà de vingt ou trente ans. Le recours aux méthodes quantitatives est systématique, mais se limite à des notions très simples : rapports, pourcentages, courbes de distribution, etc.

LA TYPOLOGIE DE HARRIS

Chauncy D. Harris a proposé en 1943 une première typologie fonctionnelle des villes, en prenant pour exemple les 377 villes américaines de plus de 25 000 habitants au recensement de 1940 [2]. Peu après, il devait appliquer la même méthode aux villes soviétiques [3].

La méthode de Harris consiste à analyser la structure de l'emploi dans chaque ville afin de dégager la fonction dominante : celle-ci sera caractérisée par des rapports-seuils (part de l'emploi salarié dans la branche correspondante, ou part de l'emploi dans l'industrie et le commerce, dépassant un seuil fixé pour chaque fonction). Harris distingue ainsi neuf classes de villes :

— Les villes industrielles pures sont celles où l'emploi dans l'industrie représente à la fois au moins 45 % de l'emploi salarié et au moins 74 % de l'emploi dans l'industrie et le commerce.

$$\frac{E_{Ind.}}{E_{Ind.} + E_{Com.}} \geqslant 0,74 \qquad \frac{E_{Ind.}}{Salariés} \geqslant 0,45$$

Ind : Industrie, Com. : Commerce.

— Les villes à fonction industrielle atténuée, où ces deux rapports sont plus faibles que pour la catégorie précédente :

$$\frac{E_{Ind.}}{E_{Ind.} + E_{Com.}} \geqslant 0,60 \qquad \frac{E_{Ind.}}{Salariés} \geqslant 0,30$$

[1] CAHEN (Lucienne) et PONSARD (Claude). — La répartition fonctionnelle de la population des villes et son utilisation pour la détermination des multiplications d'emploi, Paris, Ministère de la Construction, Juillet 1963, 101 p.

[2] CHAUNCY D. HARRIS. — A fonctional classification of cities, in the United States. Geographical Review, New York, 1943, p. 86-99.

[3] CHAUNCY D. HARRIS. — The cities of the Soviet Union, United States Geographical Review, New York, 1945, p. 107-121.

— Les villes minières où l'emploi dans les mines représente plus de 15 % de l'emploi salarié.

— Les villes où la fonction dominante est le commerce de détail :

$$\frac{E_{CD}}{E_{Ind.} + E_{Com.}} \geqslant 0,50 \qquad \frac{E_{CD}}{E_{CG}} \geqslant 2,20$$

(CD : commerce de détail, CG : commerce de gros).

— Les villes à fonction d'entrepôts (commerce de gros)

$$\frac{E_{CG}}{E_{Ind.} + E_{Com.}} \geqslant 0,20 \qquad \frac{E_{CG}}{E_{CD}} \geqslant 0,45$$

— Les villes, nœuds de transports

$$\frac{E_T}{Salariés} \geqslant 0,11 \qquad \frac{E_T}{E_{nd.}} \geqslant \frac{1}{3} \qquad \frac{E_T}{E_{Com.}} \geqslant \frac{2}{3}$$

où E_T représente l'emploi dans les transports et les télécommunications.

— Les villes universitaires où le nombre d'étudiants représente plus de 15 % de l'effectif des salariés.

— Les villes de repos et de retraite où le taux d'activité (rapport de l'emploi E à la population P) est inférieur à un seuil variable selon le type d'économie du pays.

— Les villes multifonctionnelles, qui n'appartiennent à aucune des catégories précédentes.

Une classification un peu semblable a été proposée par William Olsson pour les villes européennes ([1]).

LA TYPOLOGIE D'ALEXANDERSSON

La classification d'Harris est très simple, peut-être trop simple. D'une part, sauf pour les villes industrielles, elle ne distingue qu'un seul seuil, ce qui élimine beaucoup de nuances possibles. D'autre part, les seuils, fixés à l'avance, après une analyse des villes américaines à une date donnée, ne sont pas nécessairement adaptés à n'importe quel pays et à n'importe quelle date.

Le Suédois G. Alexandersson a proposé une typologie plus souple ([2]), soit k le pourcentage moyen, dans un pays, à une date donnée, d'une activité, mesuré par rapport à l'emploi total. Si, dans une ville particulière, ce pourcentage est égal à $k + n$, on dira que la ville :

— appartient à la catégorie A pour cette activité si $n \geqslant 20$,
— appartient à la catégorie B pour cette activité si $10 \leqslant n < 20$,
— appartient à la catégorie C pour cette activité si $0 \leqslant n < 10$,
— n'est pas caractérisée par cette activité si $n < 0$.

([1]) WILLIAM OLSSON (W.). — *Economic Map of Europe*, Stockholm, 1953.
([2]) Gunnar ALEXANDERSSON. — *The Industrial structure of american cities*, Lincoln, University of Nebraska Press et Stockholm, Alonquist et Wiksell, 1956, 133 p.

Ainsi on peut mesurer l'importance d'une fonction pour une ville. En outre, les valeurs varient d'un pays à l'autre, d'une date à l'autre. Par exemple, au recensement de 1950, Washington appartenait à la catégorie A pour l'administration, Boston à la catégorie C pour les industries légères... D'une façon générale, la fonction industrielle prédominait pour les villes du Nord-Est et des Grands Lacs, les activités tertiaires dans le Middle West et dans l'Ouest.

LA CLASSIFICATION DE NELSON [1]

Nelson a également étudié les villes américaines au recensement de 1950. A partir des données concernant les 837 villes de plus de 10 000 habitants, il a établi, pour chaque grande branche d'activité, la courbe de distribution des villes selon la part de l'emploi appartenant à cette branche. Il obtient ainsi neuf courbes (industrie, commerce de détail, commerce de gros, transports et communications, services aux particuliers, services aux entreprises, administration publique, finances, mines).

On peut caractériser une ville par sa position sur les neuf courbes, par exemple à l'aide des écarts à la moyenne mesurés en écarts-types.

Une telle analyse peut être combinée à celle d'Alexandersson : une ville peut avoir plusieurs fonctions dominantes : par exemple, une fonction industrielle, une fonction de commerce de gros et une fonction de commerce de détail (New York).

LA TYPOLOGIE DES VILLES FRANÇAISES SELON LES ACTIVITÉS TERTIAIRES

J.-M. Griffon [2] étudie la liaison entre la population des villes françaises (32 agglomérations de plus de 80 000 habitants en 1962, sauf Paris) et le nombre d'emplois dans chacune des huit branches du secteur tertiaire qu'il distingue (commerce de détail, commerce de gros, services publics, administration publique, banques et assurances, services aux entreprises, services aux particuliers, services domestiques). Dans une ville donnée, certaines activités sont surreprésentées (c'est-à-dire qu'elles ont plus d'emplois que dans les villes de même taille), d'autres sont sous-représentées. On peut mesurer cet écart en traçant la droite qui, pour l'ensemble des villes françaises, s'ajuste au mieux aux observations (droite qu'on ajuste graphiquement, ou, mieux, dont on calcule l'équation par la méthode des moindres carrés) (fig. 1). Soit, pour une ville donnée, y, E_i^{obs} le nombre d'emplois observés dans la branche i et E_i^{calc} celui qu'indique la droite ajustée. La différence $E_i^{obs} - E_i^{calc}$ caractérise l'écart, pour cette ville, par rapport à la structure moyenne pour la branche i. On opère de même pour chacune des huit activités et on porte sur un graphique

---

[1] NELSON (H. J.). — A service classification of american cities, in *Economic Geography*, 1955.

NELSON (H. J.). — Some characteristics of the population of cities in similar service classifications, in *Economic Geography*, 1957.

[2] GRIFFON (Jean-Marie). — Les activités tertiaires, in *Consommation*, n° 3, 1963, p. 23-60.

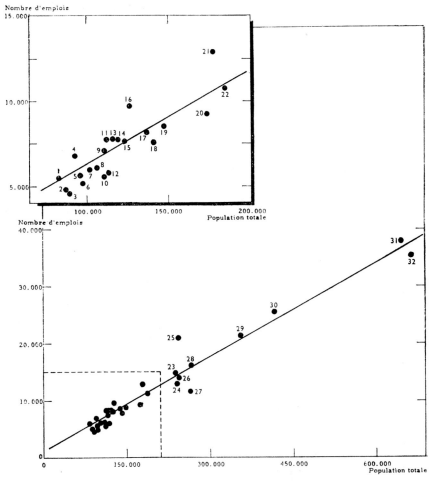

Villes ou agglomérations urbaines	Nº d'ordre	Villes ou agglomérations urbaines	Nº d'ordre
Troyes	1	Clermont-Ferrand..........	17
Dunkerque	2	Toulon	18
Nîmes....................	3	Grenoble	19
Amiens...................	4	Le Havre	20
Orléans	5	Nancy	21
Montpellier	6	Saint-Étienne	22
Angers	7	Strasbourg................	23
Limoges	8	Nantes	24
Mulhouse	9	Nice	25
Brest....................	10	Rouen	26
Metz	11	Roubaix	27
Le Mans	12	Toulouse	28
Dijon....................	13	Lille.....................	29
Tours	14	Bordeaux	30
Rennes	15	Lyon	31
Reims	16	Marseille	32

FIG. 1. — *Commerces de détail.*
Les 22 premières villes sont représentées en cartouche, avec une échelle triple, en haut à gauche (d'après Griffon).

la somme de ces écarts en ordonnée et la somme des valeurs absolues en abscisse :

$$X = \sum_{i} |E_i^{\text{obs}} - E_i^{\text{calc}}|$$

$$Y = \sum_{i} (E_i^{\text{obs}} - E_i^{\text{calc}})$$

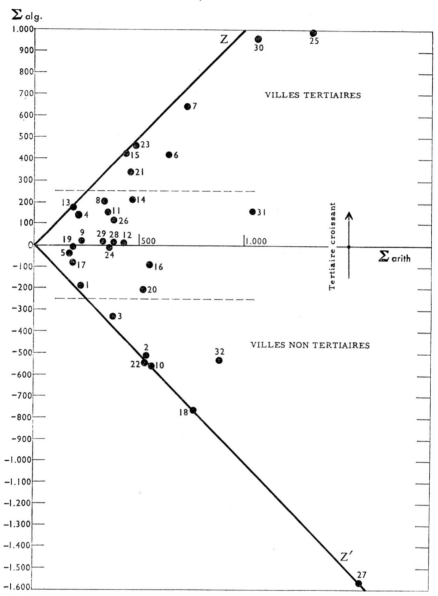

FIG. 2. — *Classement des villes selon le nombre de personnes employées dans le secteur tertiaire en plus ou moins de la tendance moyenne* (d'après Griffon) (les numéros renvoient au tableau de la page précédente).

Sur le graphique obtenu (fig. 2), une ville dont le secteur tertiaire sera homogène, bien réparti entre les huit branches, sera représentée par un point situé à gauche du graphique (Troyes, Amines, Orléans, Mulhouse, Dijon, Clermont-Ferrand, Grenoble); si au contraire, une ou plusieurs branches sont surreprésentées et d'autres sousreprésentées, elle sera située à droite (Roubaix, Lyon, Marseille, Nice, Bordeaux). Les villes les plus tertiaires apparaissent en haut du graphique; c'est le cas, dans l'ordre, de Nice, Bordeaux, Angers, Strasbourg, Rennes, Montpellier, Nancy, etc. Les villes les moins tertiaires sont en bas du graphique : dans l'ordre, Roubaix, Toulon, Brest, Saint-Étienne, Marseille, Dunkerque, Nîmes, etc.

CRITIQUE DE CES CLASSIFICATIONS

Les classifications précédentes peuvent être utiles. Elles n'ont aucun caractère absolu et chaque chercheur, confronté à une région ou un pays donné, dans un type d'économie particulier, à une certaine époque, peut établir des typologies de ce type, sans nécessairement se replacer dans l'une de celles qui ont été présentées. Leur utilité essentielle réside dans la précision qu'elles apportent à des qualifications souvent purement qualitatives. Ainsi, savoir que Nice est la ville la plus tertiaire de France ou que Grenoble occupait, en 1961, une position exactement moyenne (tertiaire homogène et de niveau égal à la moyenne des villes de même taille), est plus précis que de parler de ville résidentielle pour la première, de ville en pleine expansion pour la seconde.

Mais ces typologies présentent plusieurs insuffisances.

— D'une part, toutes les analyses qui y conduisent prennent pour base les activités économiques, c'est-à-dire les activités collectives et non les activités individuelles. Ainsi une ville qui a beaucoup de sièges sociaux peut-elle apparaître comme une ville industrielle. Le niveau des emplois (cadres, employés...) n'est pas distingué dans l'analyse de l'importance des fonctions tertiaires.

— D'autre part, l'importance d'une fonction ne se mesure pas seulement par le nombre d'emplois qu'elle occupe : l'administration, l'université, les mines, les finances peuvent offrir relativement peu d'emplois et caractériser pourtant une ville.

— Enfin, les progrès de productivité étant plus rapides dans les activités secondaires que dans les activités tertiaires, le changement d'importance, observé dans le temps, des différentes fonctions peut n'être qu'apparent.

III. — CLASSIFICATION ET LOCALISATION DES ACTIVITÉS ET NIVEAUX D'INDUCTION

La seconde approche, complémentaire de la précédente, vise au contraire à classer les activités et à utiliser ces classifications pour analyser le rapport qui s'établit entre l'espace économique et l'espace urbain.

Certaines classifications sont classiques : on les rappellera seulement brièvement. D'autres, plus ambitieuses, ont pour objet d'établir des classifications spécifiques des activités en fonction de leur rapport avec l'espace : on décrira les méthodes qui permettent d'y parvenir.

LES CLASSIFICATIONS USUELLES

Diverses d'un pays à l'autre, ces classifications peuvent cependant être regroupées, pour la plupart, en deux groupes : celles qui concernent l'activité collective, c'est-à-dire celle de l'entreprise où travaille un individu, et celles qui concernent l'activité individuelle de celui-ci. En France, la nomenclature des activités économiques et celle des activités individuelles, toutes deux définies par l'I.N.S.E.E., correspondent à ces deux familles.

La nomenclature des activités économiques (C.A.E.) fournit une classification très détaillée de celles-ci ([1]); chaque activité détaillée porte un numéro à quatre ou cinq chiffres, mais on peut, à volonté, utiliser une nomenclature moins détaillée : quatre, trois, deux ou même un seul chiffre. Exemple :

— 51 : industries du cuir;
— 514 : fabrique de maroquinerie, d'articles de voyage et de chasse;
— 514.3 : fabrique d'articles de chasse en cuir;
— 514.31 : fabriques de guêtres et leggins en cuir.

La nomenclature comporte deux parties, éditées en deux volumes distincts, comme une sorte de dictionnaire :

— un index alphabétique qui permet, pour une activité donnée (classée par ordre alphabétique) de définir son numéro;
— un index analytique qui permet, pour un numéro de code donné, de déterminer la notion de l'activité correspondante.

La nomenclature de l'I.N.S.E.E. n'est pas la seule utilisée en France. Mais c'est la plus courante et, pour cela, la plus pratique.

La nomenclature des catégories socio-professionnelles ([2]) vise à combiner un critère de profession et un critère de niveau social, tous deux caractéristiques individuelles. Elle revêt le même esprit que la nomenclature des activités économiques. On peut regrouper les catégories en fonction de l'objectif poursuivi. Par exemple, pour l'analyse des migrations alternantes, dans les grandes agglomérations, on distingue souvent :

— les cadres et employés qui travaillent souvent hors de leur commun de résidence, loin de celle-ci;
— les ouvriers qui travaillent souvent hors de leur commune de résidence, mais souvent près de celle-ci;

([1]) I.N.S.E.E. Nomenclature des activités économiques : *Index analytique*, Paris, Imprimerie Nationale, 1959, 269 p. *Index alphabétique*, Paris, Imprimerie Nationale, 1959, 212 p.
([2]) I.N.S.E.E., *Code des catégories socio-professionnelles*, Paris, Imprimerie Nationale, 1962, pages diverses.

— les non-salariés (commerçants, industriels, professions libérales, agriculteurs) qui travaillent souvent dans leur commune de résidence, voire à domicile.

Il existe d'autres classifications, par exemple :

— celle des statuts qui caractérise la situation dans la profession : salarié d'établissements privés, des services publics ou de l'État et des collectivités locales, indépendants non salariés, employeurs, aides familiaux, apprentis sous contrat et travailleurs à domicile, chômeurs ;

— celle des métiers qui caractérise la spécialité professionnelle de l'individu. Exemple : électricien d'installations et centraux téléphoniques (piste 26-34).

Cette nomenclature comporte un index analytique et un index alphabétique comme celle des activités économiques.

CRITIQUE DE CES CLASSIFICATIONS

Les classifications précédentes fournissent des aspects différents des activités. Ainsi, il ne faut pas confondre, comme on le fait trop souvent, activité collective et activité individuelle. L'industrie compte, en région parisienne, en 1970, 40 % de « cols blancs » (cadres et employés, ingénieurs et techniciens) et leur proportion augmente rapidement (1 point par an environ) et ces proportions sont largement dépassées pour certaines branches. De même, le secteur tertiaire compte 25 % d'ouvriers et 15 % d'ingénieurs et de techniciens.

Mais elles ont l'inconvénient d'être peu adaptées aux problèmes que pose l'analyse de l'espace urbain et qui concernent :

— les types de locaux, pour lesquels on souhaite distinguer si une activité s'exerce dans un bureau, en usine ou atelier, dans un magasin, dans une institution (école, hôpital...), si elle est itinérante (transports...), etc. Ce renseignement, au demeurant rarement fourni par les sources statistiques, est pourtant essentiel pour l'analyse comme pour la prévision des activités urbaines.

— Le degré de centralité. On aimerait connaître les contraintes de localisation des emplois : quels sont ceux qui peuvent être localisés hors des grandes villes, à la périphérie de celles-ci ou dans le centre ? Aucune classification de ce type n'existe. Ébauchons-en une brièvement. On pourrait distinguer :

— les activités qui consomment de la matière (fabrication, échanges matériels...) qui peuvent être localisés de façon neutre, comme la population qui leur fournit la main-d'œuvre et le marché de consommation ;

— les activités qui consomment du papier (activités de routine) qui peuvent ne pas occuper une position centrale à condition d'être très bien reliées au centre de décision ;

— les activités qui consomment des informations (activités intellectuelles et de décision, tels les sièges sociaux d'entreprises, la haute administration, l'université...) pour lesquelles une implantation près du centre (là où les échanges d'information sont les plus intenses) est nécessaire.

Malheureusement, aucune source statistique ne fournit des renseignements de cet ordre;

— le niveau de desserte. Quelle est l'aire d'influence de tel ou tel emploi? Travaille-t-il pour une clientèle nationale ou internationale (exemple : construction automobile) ou pour une clientèle locale (exemple : épicerie)? Peut-on distinguer ces deux catégories d'emploi? N'existe-t-il pas, plutôt que deux catégories bien distinctes, toute une gamme d'activités qu'on pourrait classer selon leur niveau de desserte, du local à l'international?

Tel est l'objet des mesures de l'induction des activités et des niveaux d'induction.

LES VARIATIONS DANS L'ESPACE DES TAUX D'ACTIVITÉ

Pour expliquer et préciser la répartition spatiale des activités, on ne peut se limiter à l'analyse géographique classique ou à l'utilisation des classifications précédentes. La répartition des emplois est loin de correspondre parfaitement à celle des populations résidentes. Le centre des agglomérations urbaines et quelques secteurs particuliers (zone industrielle, aéroport, etc.) comportent un excédent d'emplois tandis que la plupart des secteurs de banlieue sont déficitaires.

Pourtant, on constate que, dans les quartiers où il y a beaucoup d'emplois, la population résidente comporte une plus forte proportion d'adultes et notamment d'adultes exerçant une activité professionnelle. Ainsi le taux d'activité $\frac{A}{P}$ (où A représente la population active et P la population totale) paraît-il lié au taux d'emploi $\frac{E}{P}$ (où E représente le nombre d'emplois locaux). Connaître cette liaison permettra d'expliquer et de prévoir les taux d'activité de la population résidente à partir de la répartition spatiale des activités.

D'une façon générale, le taux d'activité d'une population varie d'un pays à l'autre, d'une ville à l'autre, d'un quartier à l'autre à l'intérieur d'une agglomération. En fait, le taux d'activité d'une population urbaine dépend de sa structure (par sexe et par âge), de la nature des emplois offerts et de leur facilité d'accès. Il est plus élevé lorsque les activités appartiennent surtout au secteur tertiaire, qui crée des emplois féminins nombreux. En effet, on peut considérer, en première approximation que, au moins dans les villes des pays économiquement développés, tous les adultes masculins travaillent. Dès lors, les variations des taux d'activités dépendent presque exclusivement du taux d'activité des femmes. Celui-ci sera d'autant plus élevé que l'emploi féminin sera mieux représenté.

Au niveau des quartiers d'une grande ville, l'importance de l'emploi local mais aussi la proximité et l'accessibilité du centre de l'agglomération où se concentrent la plupart des emplois tertiaires sont les deux facteurs qui font augmenter le taux d'activité. En Région Parisienne, par exemple, celui-ci dépasse 50 % à Paris, mais seulement 40 % à l'extérieur de la région. On a tenté de formaliser cette relation ([1]). Un calcul de régression multiple a conduit à la formule :

$$\frac{A}{P} = 0{,}415 + 0{,}195\ \frac{E}{P}\ 0{,}0025\ D\ ([2])$$

où P est la population totale de la zone à concerner;
   A est la population active de la zone à concerner;
   E est l'emploi total;
   D est la distance à Paris en km.

On a même pu mesurer le lien existant entre la structure, par catégorie socio-professionnelle, entre la population active résidant dans une commune et les emplois offerts localement ([3]).

Utilisant la méthode de régressions linéaires (simples ou multiples) du type :

$$A_{ij} = aE_{ij} + b$$

et

$$A_{ij\ 1962} - A_{ij\ 1954} = a'(E_{ij\ 1962} - E_{ij\ 1954}) + b'$$

où A_{ij} représente la population active de catégorie i résidant dans la commune j;

   E_{ij} représente la population active de catégorie i travaillant dans la commune j

qui donne des résultats satisfaisants et permet d'analyser le comportement, en matière de choix respectif du lieu de résidence et du lieu d'emploi, des différentes catégories sociales.

EMPLOI RÉSIDENTIEL ET EMPLOI FONDAMENTAL

Si la répartition des emplois est loin de correspondre parfaitement à la localisation des populations résidentes, il y a cependant un certain lien : certains emplois sont, par leur nature, directement liés à la présence de la population à proximité (et inversement on peut penser que ce type d'emplois s'implante partout où des logements seront occupés). On dit qu'il s'agit d'emplois résidentiels ou induits par la population résidante tandis que les autres emplois sont qualifiés d'emplois fondamentaux. En fait, une telle notion n'a de sens que si on le précise; l'emploi ne peut être induit qu'à un niveau géographique donné. Cette remarque est toujours oubliée par les économistes qui ont examiné ce problème. Pourtant au niveau, de l'immeuble, aucun emploi (sauf la concierge, s'il y en a une) n'est induit; au niveau de l'agglomération, la majo-

---

([1]) P. MERLIN. — Modèle d'urbanisation spontanée. Modèle sommaire d'évolution géographique des emplois, Paris, I.A.U.R.P., Décembre 1964, 60 p.
([2]) Cette formule explique 81 % de la variance du taux d'activité, c'est-à-dire que les deux facteurs pris en compte justifient 81 % des différences de taux d'activités observées.
([3]) A. FOURQUIER (sous la direction de P. MERLIN). — Étude des liaisons entre la structure par catégorie socio-professionnelle des actifs résidents et des emplois locaux (1954-1962), Paris, I.A.U.R.P., Mars 1969, 49 p.

rité des emplois est induite. Diverses études américaines, suédoises, françaises ont tenté de mesurer l'importance de l'emploi résidentiel. Certains se situent au niveau des quartiers et des communes d'une agglomération.

Une autre difficulté surgit : le résultat obtenu ne dépendra-t-il pas de la nature et de la finesse de le nomenclature des activités économiques utilisées?

Plusieurs méthodes ont été proposées.

Dans la méthode du degré de concentration, définie par Sargent Florence ([1]) on mesure les différences de répartition des activités d'une ville à l'autre. Soit :

E   le total des emplois;

E_i^a le nombre d'emplois dans l'activité a dans la ville i;

$E_i = \sum_a E_i^a$ le nombre total d'emplois dans la ville i;

$E^a = \sum_i E_i^a$ le nombre d'emplois dans l'activité a.

On appelle quotient de localisation de l'activité a dans la ville i le rapport :

$$Q_i^a = \frac{\dfrac{E_i^a}{E_i}}{\dfrac{E^a}{E}} = \frac{E \times E_i^a}{E_i \times E^a}$$

Il est égal à 1 en moyenne. Supérieur à 1, il signifie une localisation préférentielle de l'activité a dans la ville i; inférieur à 1, il signifie l'inverse. On appelle coefficient de localisation de l'activité a l'expression :

$$C^a = \sum_i \left| \frac{E_i^a}{E_i} - \frac{E^a}{E} \right|$$

Ce coefficient est faible pour les activités également réparties, qui présentent donc un caractère résidentiel. Il est élevé pour les activités non résidentielles que l'auteur qualifie de primaires ou propagatrices. Cette méthode a été reprise par J. R. Boudeville qui dépeint des activités exportatrices et non exportatrices, au niveau départemental et régional, puis établit une typologie des activités à partir de ces résultats ([2]).

On peut utiliser, selon un principe un peu différent, la méthode des courbes et des coefficients de concentration de Gini. La méthode a été appliquée en Région Parisienne ([3]). Les activités les plus dispersées ([4]) qu'on peut supposer

([1]) FLORENCE (Philip Sargent). — *Investment, location and size of plant (A renlistic enquiry into the structure of british and american industries)*, Cambridge (Mass.), University Press, 1948, XIII + 211 p.

([2]) BOUDEVILLE (Jacques-Raoul). — *L'espace opérationnel macroéconomique*, Paris, *Cahiers de l'I.S.E.A.*, série L, n° 6, Janvier 1960, 89 p.
BOUDEVILLE (Jacques-Raoul). — *Un modèle des mouvements commerciaux.*

([3]) VIGNAUX (Dominique) (sous la direction de MERLIN Pierre). — *Recherche de la hiérarchie spatiale des activités dans une agglomération*, Décembre 1969, 178 p.

([4]) Celles pour lesquelles l'indice de concentration est inférieur à celui de l'ensemble des activités (0,63).

résidentielles, appartiennent surtout à l'administration (39 % des emplois de cette branche), plus qu'aux services (12 %) et moins qu'au commerce (16 %) et, évidemment qu'à l'industrie (12 %). Mais il est difficile de faire correspondre la notion de concentration d'une activité à celle de fonction (résidentielle, fondamentale, etc.). Cette approche ne saurait être qu'introductive par rapport à une approche plus systématique.

Une méthode très différente est celle des minimas. Elle repose sur l'idée simple suivante : les emplois résidentiels existent partout où il y a une population résidente ; c'est donc là le niveau minimum des emplois. En recherchant, à un niveau géographique donné, ce minimum d'emplois, on peut évaluer le nombre d'emplois induits par la population résidente à ce niveau. En fait, il convient d'éliminer les cas aberrants (petites villes ou petites communes sans emploi) : on choisit donc un seuil proche du minimum, le nième centile (*n* compris entre 5 et 10 en général) par exemple de la distribution des taux d'emplois. On détermine le minimum k^a pour chaque activité. Le taux d'emploi résidentiel est $k = \sum_a k^a$.

Cette méthode a été utilisée par Alexandersson pour l'étude de l'emploi résidentiel dans les 864 villes américaines de plus de 10 000 habitants en utilisant une nomenclature des activités en 36 branches [1]. L'emploi résidentiel à ce niveau (celui de la ville) correspond à 37,7 % du total des emplois ou à 16 % de la population de la ville (*n* = 5 %). La même méthode a été appliquée en France, pour les villes de 20 000 habitants, sauf Paris [2]. Le résultat (pour *n* = 5 % également) est comparable à celui obtenu aux Etats-Unis : 40,4 % de l'emploi total ou 17 % de la population. Parmi ces emplois résidentiels, 60 % appartiennent au secteur tertiaire, 27 % au bâtiment et aux travaux publics, 13 % à l'artisanat et à la petite industrie de transformation.

Un autre calcul mené sous la direction de M. Carrère pour les 34 grandes agglomérations françaises (sauf Paris) a conduit à un emploi résidentiel égal à 19 % de la population [3]. Tous ces résultats sont remarquablement cohérents, l'importance de l'emploi résidentiel augmentant de façon logique avec la taille moyenne des agglomérations prises en considération. Edouard L. Ullman et Michael F. Dacey ont montré qu'aux États-Unis, ce taux croissait de 24 % de l'emploi pour les petites villes (2 500 à 3 000 habitants) à 57 % pour les villes millionnaires [4].

Mlle Prost, par une méthode comparable, aboutit à une hiérarchie sommaire des activités et des villes, ces dernières étant classées en fonction de leurs acti-

[1] ALEXANDERSSON, op. cit.

[2] G. LE GUEN. — La structure de la population active des agglomérations françaises de plus de 20 000 habitants. Méthode d'étude. Résultats, *Annales de Géographie*, 1960, nº 364, p. 355-370.

[3] P. CARRERE. — Étude sur le développement des villes et les effets d'induction dans la population, *I.N.S.E.E.*, *I.R.E.S.*, Avril 1967.

[4] ULLMAN (Édouard L.) et DACEY (Richard F.). — *The minimum requirements approach to the urban economic base*, Communication au symposium de géographie urbaine de l'Union Géographique Internationale, Lund, 1960.

vités de commerces et de services [1]. Elle distingue: les activités fondamentales ou d'exportation, en fait peu nombreuses, car il y a, selon elle, une spécialisation réduite des villes (outre des activités industrielles, on peut y inclure des services bancaires, universitaires, touristiques...; des activités régionalement dominantes, c'est-à-dire les fonctions exercées pour l'ensemble de la région : services administratifs par exemple; des activités banales ou locales (résidentielles au niveau de la ville) : commerce de détail alimentaire, services aux particuliers (écoles...).

Mlle Prost estime en outre qu'il y a une corrélation entre la croissance de la population d'une ville et l'acquisition de fonctions nouvelles, à partir d'un certain seuil de population : elle a testé cette hypothèse sur le cas de la région lyonnaise, ce qui lui a permis de préciser la hiérarchie des activités tertiaires qu'elle propose.

La hiérarchie des villes selon la présence des activités a été analysée par Morrisset en regroupant les villes selon leur taille et par région [2]. Il montre l'existence d'activités, sporadiques dans les petites villes, qui sont présentes dans tous les grands centres, ce qui souligne, s'il en était besoin, l'importance de la prise en compte du niveau géographique ($n = 5\ \%$), et des taux supérieurs dans le Sud et l'Ouest des Etats-Unis, à ceux du Nord et de l'Est : respectivement 38,9 et 31,5 % pour les villes de 10 000 habitant et 78,0 et 58,7 % pour les villes d'un million d'habitants.

On a appliqué cette méthode en distinguant seulement deux branches (secondaire et tertiaire), au cas de la Région Parisienne (avec $n = 10\ \%$) au niveau des communes de la banlieue [3]. On a ainsi estimé l'emploi résidentiel au niveau de la commune à 12,5 % de la population (6,5 % pour le secteur tertiaire et 6 % pour le secteur secondaire), soit 27 % environ de l'emploi total de la région.

Une troisième méthode, qui a également été appliquée à la Région Parisienne [3] consiste à se référer *a priori*, par leur nature, des branches d'activités considérées comme résidentielles au niveau géographique concerné et à évaluer le nombre d'emplois correspondant. Ces activités peuvent être déterminées par la méthode des coefficients de localisation de Sargent Florence ou par celle des coefficients de concentration. La méthode a fourni un résultat très comparable à la précédente.

Un pas nouveau a été franchi avec la mise au point de la méthode de la S.O.G.R.E.P. [4]. Celle-ci s'inspire à certains égard de la méthode des minima. L'emploi total E dans une branche peut être décomposé en emploi fondamental F et emploi induit I :

$$E = I + F$$

---

[1] Prost (Marie-Andrée). — *La hiérarchie des villes en fonction de leurs activités de commerce et de service*, Paris, Gauthier-Villars, 1965, 333 p.

[2] Morrisset (Irwing). — The economic structure of american cities, *Papers and proceedings of the Regional Science Association*, 1958, Vol. IV, p. 239-256.

[3] Merlin (Pierre), Renberg (Anne), Boutilie (Edgar) et Goldberg (Serge). — L'emploi résidentiel en Région Parisienne, *Cahiers de l'I.A.U.R.P.*, vol. 10, Fév. 1968, 52 p.

[4] S.O.G.R.E.P. (Société Générale de Recherche et de Programmation). — *L'induction, mesure et applications*, Marseille, Juillet 1967, 84 p. La méthode est due à M. Carrere. On l'appellera méthode S.O.G.R.E.P.-Carrere.

Ou, en terme de taux d'emplois, $z = \dfrac{E}{P}$

$$z = \dfrac{I}{P} + \dfrac{F}{P}$$

Si on appelle i le taux d'induction de l'emploi par la population résidente $f = \dfrac{F}{P}$ le taux d'emploi fondamental et ε une variable aléatoire de moyenne nulle :

$$E(\varepsilon) = 0$$

On peut émettre l'hypothèse que l'emploi induit suit une distribution de Laplace-Gauss de moyenne i, c'est-à-dire que E suit une distribution de Laplace-Gauss centrée. On a alors :

$$z = f + i + \varepsilon \qquad \text{et} \qquad I = P(i + \varepsilon)$$

Pour déterminer la valeur de i, on suppose, en première hypothèse que f est seul partout, c'est-à-dire que, dans la branche considérée tout l'emploi est induit par la population. Dans ce cas :

$$i = E(z) \qquad \text{et} \qquad s_i = s(z)$$

où s est l'écart-type de la distribution. On classe alors les valeurs de z (pour les n différentes unités géographiques) par ordre croissant $z_1, z_2, \ldots, z_j, \ldots, z_n$). On a :

$$E(z_j) = \dfrac{Q}{n+1} = k$$

c'est-à-dire le quantile d'ordre $\dfrac{j}{n+1}$ de la distribution de Laplace-Gauss de moyenne i et d'écart-type 1.

Appelons $k_1, k_2, \ldots, k_j, \ldots k_n$ ces quartiles successifs. On a :

$$z_1 = i + k_1 s_i$$
$$z_2 = i + k_2 s_i$$
$$\cdots\cdots\cdots\cdots$$
$$z_j = i + k_j s_i$$
$$\cdots\cdots\cdots\cdots$$
$$z_n = i + k_n s_i$$

On peut à partir de ces relations, calculer les valeurs observées de i et s_i à partir des coefficients k_j et des valeurs observées z_j. Par exemple, avec deux observations z_1 et z_2

$$z_1 = i + k_1 s_i$$
$$z_2 = i + k_2 s_i$$

d'où :

$$U_1 = \hat{i} = \dfrac{k_1 z_2 - k_2 z_1}{k_1 - k_2}$$

où $\hat{i}$ est la valeur estimée de i

$$s_1 = \widehat{s}_i = \frac{z_1 - z_2}{k_1 - k_2}$$

où $\widehat{s}_i$ est la valeur estimée de s_i.

On peut procéder au même calcul avec les valeurs suivantes z_2 et z_3 de z. D'où deux nouvelles estimations U_2 et S_2 de i et s_i et ainsi de suite avec z_j et $z_j + 1$, on obtient deux estimations U_j et s_j de i et s_i.

Puisque, par définition de l'emploi induit par la population, les z_j les plus faibles correspondent aux unités géographiques où il n'y a pas d'emploi fondamental, les premières estimations de i et s_i fournissent le taux d'induction i et son écart-type s_i. Au contraire, dès qu'apparaît l'emploi fondamental, dans la branche considérée, la valeur U_j calculée en est gonflée. On calculera donc les valeurs successives de U_j. Dès qu'il y aura un saut dans les valeurs de U_j, il permettra de repérer l'apparition de l'emploi fondamental. On retiendra, pour estimer i (et s_i), les valeurs U_j (et s_j) immédiatement inférieures à ce saut. Dans le cas où la distribution comporte plusieurs sauts, on retient évidemment le premier : cela traduit alors le fait, sur lequel on reviendra, qu'il n'y a pas que deux catégories d'emplois (résidentiel et fondamental). Dans le cas où l'activité est purement résidentielle, il n'y a aucun saut dans la distribution des valeurs U_j calculées.

On a alors : $i = z = \dfrac{E}{P}$.

Si l'activité est fondamentale, on a $U = 0$ et $i = 0$.

On peut ainsi déterminer :

— la nature des activités induites ;

— le coefficient d'induction i pour ces activités.

Cette méthode a été appliquée par la S.O.G.R.E.P. à plusieurs niveaux géographiques, celui des départements puis celui des agglomérations urbaines de l'ensemble du pays, celui des agglomérations urbaines de la Région Provence-Côte d'Azur et celui des quartiers de la ville de Marseille ([1]).

Elle a, entre autres conclusions, montré que les taux d'induction augmentaient avec le niveau de revenu, mais n'a pu dans le cas de la Région Provence-Côte d'Azur, déterminer une hiérarchie des agglomérations qui entraînerait des taux d'induction plus élevés que celles qui seraient situées à un niveau plus élevé dans l'armature urbaine. Pour la ville de Marseille, par contre, on a pu distinguer les activités résidentielles au niveau du quartier, les activités concernant l'ensemble de la ville (niveau urbain) et les activités fondamentales (niveau extra-urbain).

A LA RECHERCHE D'UNE HIÉRARCHIE SPATIALE DES ACTIVITÉS

Jusque-là, toutes les méthodes décrites supposent que l'emploi, dans une activité déterminée, puisse être séparé en emploi induit par la population et emploi fondamental. L'existence de plusieurs sauts dans la distribution des

---

([1]) S.O.G.R.E.P., *op. cit.*

valeurs U_j dans l'application de la méthode S.O.G.R.E.P.-Carrère semble montrer que la réalité est plus complexe. Or, on a souligné que la notion même d'emploi résidentiel ou induit était liée à un niveau géographique donné. N'y aurait-il pas, plutôt qu'une dichotomie, une véritable hiérarchie spatiale des emplois, analogue à celle que, un peu intuitivement, Mlle Prost a tenté de dégager? et parallèlement une hiérarchie des localités? On a pensé, dans le cas de la région parisienne, pour la démontrer et la mettre en évidence, généraliser la méthode S.O.G.R.E.P.-Carrère. Après avoir effectué une analyse préalable par la méthode des indices de concentration, qui a permis d'établir une typologie sommaire des activités, on a, sur les communes de la banlieue de Paris, d'après les résultats détaillés du recensement de 1962 (par activité économique à 3 chiffres de la nomenclature I.N.S.E.E.) utilisé la méthode S.O.G.R.E.P.-Carrère en tentant de dégager plusieurs niveaux successifs d'induction. A chaque niveau, on retire des taux z observés l'emploi induit au niveau précédent, soit iP et on reprend le calcul à partir des nouvelles valeurs : $z' = z - i$P.

Comme à chaque niveau du calcul, certaines communes n'ont, dans l'activité considérée, que de l'emploi résidentiel, elles ne peuvent être réutilisées dans les calculs aux niveaux ultérieurs. On peut faire l'hypothèse qu'elles dépendent, pour cette activité, des communes voisines qui ont encore de l'emploi fondamental à ce niveau dans cette activité et jouent à leur égard un rôle de communes-centres pour cette activité. On répartit donc la population des communes n'ayant plus d'emploi fondamental entre les communes voisines en ayant encore et situées dans la même zone géographique (en divisant la banlieue en 12 zones).

Le calcul a conduit à définir sept niveaux successifs d'induction. Les résultats sont les suivants, pour quatre grands secteurs d'activités (industrie, commerce, administration, services) :

Taux d'induction par niveau ([2])
(emplois pour 1 000 *habitants).*

Niveau	Industrie	Commerce	Administration	Services	Total
1	55,9	20,9	15,8	36,8	129,5
2	11,6	6,9	2,1	6,0	26,6
3	12,9	3,8	4,7	10,0	31,4
4	22,0	3,8	3,7	14,5	44,0
5	37,8	5,2	3,5	11,4	57,9
6	35,4	3,9	2,9	4,9	47,1
7	36,9	3,8	4,9	7,6	53,8
Total	212,5	48,3	37,7	91,2	389,7

([1]) Vɪɢɴᴀᴜx (Dominique) et Lᴇʙᴇʟ (Noël) (sous la direction de Mᴇʀʟɪɴ (Pierre). — Hiérarchie spatiale des activités en Région Parisienne), in les *Cahiers de l'I.A.U.R.P.*, vol. 22, Janvier 1971, 55 p.

([2]) Ces taux s'entendent pour les communes qui, pour une activité donnée, ont de l'emploi correspondant aux niveaux successifs dégagés.

Répartition des emplois par niveau

Niveau	Industrie	Commerce	Administration	Services	Total
1	279 058 (29,5)	101 149 (47,6)	79 920 (12,4)	103 103 (46,5)	643 310 (97,3)
2	53 478 (5,7)	32 141 (15,1)	9 981 (8,1)	27 210 (6,9)	122 810 (7,1)
3	57 310 (6,9)	16 817 (7,9)	20 612 (14,9)	43 651 (11,1)	138 390 (8,0)
4	92 895 (19,0)	14 760 (6,9)	14 244 (8,8)	55 433 (14,1)	177 332 (10,3)
5	150 762 (15,9)	19 963 (9,4)	11 967 (5,4)	38 642 (9,8)	221 334 (12,9)
6	144 730 (15,3)	13 750 (6,5)	9 479 (5,1)	16 901 (4,3)	184 860 (10,7)
7	167 254 (17,7)	14 829 (6,6)	25 037 (10,6)	28 911 (7,3)	235 231 (13,7)
Total	945 487 (100,0)	212 609 (100,0)	171 248 (100,0)	393 931 (100,0)	1 723 267 (100,0)

En taux d'emplois, leur répartition par niveau est celle du tableau ci-contre, pour la banlieue parisienne (5 millions environ d'habitants en 1962).

Si la hiérarchie des communes-centres qui résulte de ces calculs n'est pas très claire (elle est souvent différente pour les différentes branches d'activités, ce que n'exclut pas le principe de la méthode employée), ce fait ne traduit sans doute que l'homogénéité et le manque de structuration de la banlieue parisienne. Par contre la hiérarchie des activités apparaît clairement. Par exemple, au premier niveau, les activités suivantes peuvent être considérées comme comportant de l'emploi résidentiel au niveau de la commune :

— *Dans l'industrie :* électricité, mécanique générale, appareillage électrique, accessoires de l'automobile, machines de bureau, bâtiment, boulangerie, pâtisserie, habillement, cuirs et chaussures, bois et ameublement, papier et imprimerie (en fait, les activités proches de l'artisanat ou du commerce de détail).

— *Dans le commerce :* alimentation de détail, boissons en gros, commerces multiples et non sédentaires, quincaillerie et droguerie (gros et détail), garage, habillement, chaussures, livres, journaux, meubles, tabacs, pharmacie, débit de boisson.

— *Dans l'administration :* collectivités locales, police, gendarmerie, enseignement primaire et secondaire, sécurité sociale et santé publique, administrations financières.

— *Dans les services :* réparations, transports (S.N.C.F.), P. et T., hôtels, restaurants, banques, assurances, cinéma, agence immobilière, publicité, santé, enseignement privé, cultes, architectes, services domestiques.

On comprend, à la lecture de cette liste, sachant qu'à chaque activité un taux d'induction est associé pour chacun des sept niveaux dégagés, combien cette hiérarchie spatiale des emplois est plus fine que la simple dichotomie traditionnelle entre emplois résidentiel et emploi fondamental. On devine aussi les possibilités d'application prospectives d'une telle méthode, par exemple pour la programmation des activités (par nature et par niveau de groupement) dans un quartier neuf ou même dans une ville nouvelle.

C'est ce souci de l'application prospective qui a conduit à utiliser la même méthode pour déterminer, toujours à partir des résultats du recensement de 1962 et en banlieue parisienne (mais en regroupant les petites communes en secteurs), les règles qui liaient les services aux entreprises industrielles. Il est apparu qu'il convient d'exclure les grandes entreprises industrielles (qui intègrent généralement leurs propres services) et on a déterminé que le seuil de cette intégration était de l'ordre de 1 000 salariés. Pour les entreprises industrielles de moins de 1 000 salariés, on a pu estimer qu'elles induisaient des emplois de services regroupés en trois niveaux (dont le niveau de l'emploi fondamental).

CONCLUSION

Des analyses des niveaux d'induction se dégage une liaison des activités à l'espace, que ce soit dans le cadre d'une région ou d'un pays ou dans le cadre d'une agglomération urbaine, beaucoup plus complexe que ce qu'on admet généralement. Il n'y a pas, d'une part des emplois fondamentaux desservant une population extérieure, et d'autre part des emplois résidentiels, induits par la population résidente. Il y a toute une gamme continue d'emplois, dont la distinction de niveaux d'induction successifs ne rend qu'imparfaitement compte, avec des catégories intermédiaires d'emplois ayant à la fois une clientèle locale et une clientèle extérieure. De même, on ne peut pas, même avec une nomenclature fine, classer une activité *a priori* comme résidentielle ou fondamentale. Un exemple le fera comprendre : la gendarmerie (code : 920-21) peut correspondre au commissariat local, fonction résidentielle, comme à une grande caserne ou à une école de gendarmerie, fonction nationale, donc fondamentale au niveau d'une ville.

Cette hiérarchie des activités a pour complément une hiérarchie des villes d'une région, des communes et des centres d'une agglomération urbaine, selon la présence ou l'importance d'activités de plus en plus rares : les études de réseaux urbains ([1]), qui s'orientent dans cette voie, pourront tirer le plus grand profit des méthodes d'analyse précédentes.

([1]) Voir chap. v.

CHAPITRE II

LA FORMATION DES VALEURS FONCIÈRES

Pour beaucoup d'analystes du fait urbain, la source de tous les maux de la ville réside dans l'absence de maîtrise du problème foncier. Mais l'importance de la littérature consacrée à ce sujet contraste avec la faiblesse des connaissances. Longtemps, les économistes ne se sont intéressés qu'à la formation des prix des terrains agricoles et les théories élaborées depuis un siècle, si elles concernent le sol urbain, restent largement divergentes.

Il y a une dizaine d'années, une vague d'études nouvelles s'est développée, engendrée par cette soif de compréhension de l'évolution du cadre urbain, à laquelle on a assisté aux Etats-Unis, en France, etc., et ceci sur un double plan. D'une part, quelques modèles théoriques ont été construits, formalisant les théories des économistes classiques, qui permettent de mieux comprendre l'influence des mécanismes fonciers sur la croissance urbaine et inversement. D'autre part, d'autres chercheurs ont visé, plus modestement, à la construction de modèles empiriques qui peuvent jouer un rôle utile en matière de prévision.

On présentera ici ces différentes recherches. Toutefois, tout en soulignant leurs applications possibles, notamment pour définir une politique foncière, on ne cherchera pas à présenter les politiques foncières pratiquées dans divers pays à diverses époques (¹).

I. — RAPPEL DES GRANDES THÉORIES FONCIÈRES (²)

LA RENTE DIFFÉRENTIELLE : L'ÉCOLE CLASSIQUE

Les économistes de l'école classique (les physiocrates, Adam Smith, Malthus, Ricardo) ne se sont guère intéressés aux problèmes des valeurs foncières en

---

(¹) Voir GRANELLE (Jean-Jacques). — *Espace urbain et prix du sol*, Paris, Sirey, 1969, 296 p.
(²) GRANELLE (J.-J.). — *Op. cit.*

milieu urbain. Pour eux, la rente foncière est liée aux différences de fertilité et de localisation de la terre, mais la notion de rareté du sol n'apparaît pas. Vers la même époque, le fondateur de l'économie spatiale, Von Thünen, analyse les conséquences de ces rentes différentielles de situation sur la nature et la localisation des cultures autour des villes, mais celles-ci n'apparaissent que comme élément ponctuel, sans dimension ni structure internes ([1]). Et pourtant, dans la notion de rente différentielle, dans le rôle reconnu aux réseaux de transport, il y avait, chez Ricardo ou chez von Thünen, les germes potentiels des futures théories des prix fonciers urbains.

C'est Stuart Mill qui introduira, de façon encore timide, la notion de rareté du sol urbain, donc de concurrence pour celui-ci. Marx lui-même, lorsqu'il traite de la rente foncière sur les terrains à bâtir, ne fait que reprendre les lois de la rente différentielle des auteurs classiques.

LA CONCURRENCE ET L'UTILITÉ : MARSHALL

Ce sont en fait les auteurs de l'école néo-classique, et notamment Alfred Marshall ([2]), qui établiront les bases de la théorie des valeurs foncières urbaines. Marshall estime que la valeur du sol urbain est égale à sa valeur agricole, augmentée de la valeur tirée des avantages que produit sa localisation. La concurrence entre les usages potentiels d'une parcelle entraîne un mécanisme d'enchères : elle sera acquise par le plus offrant. Quant à lui, le constructeur compare le revenu qu'il peut tirer de la construction à la somme de la valeur du terrain et du coût de construction. Cette concurrence entre les différents utilisateurs potentiels du sol explique également les changements d'affectation du sol et, par exemple, le desserrement des industries du centre vers la périphérie d'une agglomération. Pour un terrain bâti donné, il y a toujours égalité, selon Marshall, entre le coût de remplacement, le prix du marché et le revenu futur actualisé du propriétaire. Cette hypothèse suppose que les conditions de concurrence parfaite et d'équilibre du marché soient respectées, donc que le sol trouve sa meilleure utilisation, d'où un effort permanent du propriétaire pour adapter l'utilisation du sol qu'il possède à la demande.

LA RENTE DE SITUATION : HURD

Les modalités de cette concurrence seront précisées par Hurd ([3]) qui montre que l'extension spatiale de la ville crée une rente de situation pour les terrains déjà urbanisés : les valeurs foncières s'établissent donc de la périphérie vers le centre et sont proportionnelles à la taille de la ville. La concurrence entre les utilisateurs du sol explique leur répartition dans l'espace, conformément à la théorie de Marshall. Hurd note cependant déjà le rôle des transports et des

---

([1]) Voir chapitre v.
([2]) MARSHALL (Alfred). — *Principle of Economics*, Londres, 1890.
([3]) HURD (R. M.). — *Principles of city land values*, New York, 1903.

services publics : leur développement, ouvrant des terrains à l'urbanisation, peut faire baisser les valeurs foncières en chaque point sans que le total des valeurs foncières de la ville, dont la taille augmente, ait nécessairement diminué.

L'EXPLICATION DE LA RENTE DE SITUATION PAR LES VALEURS D'OPINION : HALBWACHS

Le sociologue français Halbwachs se situe toujours dans le cadre tracé par Marshall, celui de la rente de situation, mais, à partir de données empiriques sur les prix d'expropriation à Paris entre 1860 et 1900 [1], il réintroduit des facteurs subjectifs. La valeur d'opinion résulte de l'image accordée à tel quartier, voire à telle ou telle rue. C'est l'opinion d'un large groupe d'utilisateurs potentiels qui fixe le prix des terrains et non leur utilité objective. Ceci conduit Halbwachs à introduire, le premier, la notion de spéculation. Celle-ci résulte d'une opinion fondée sur les perspectives d'avenir offertes par le terrain. Le spéculateur achètera en fonction d'avantages du terrain qu'il prévoit pour le futur et revendra lorsque ces avantages seront perçus par l'ensemble de l'opinion et se refléteront dans les valeurs du marché : « Les spéculateurs devancent la conscience collective. »

L'EXPLICATION DE LA RENTE DE SITUATION PAR LES COÛTS DE TRANSPORTS : HAIG

C'est dans une optique plus proche de celle des économistes américains que se situe Haig [2]. Le rôle des transports dans la fixation des prix fonciers, déjà perçu par Hurd, est au centre de l'analyse de Haig. C'est l'accessibilité qui est la préoccupation principale de tous les utilisateurs du sol. Le centre offre une accessibilité à toute la ville. Les localisations vont s'effectuer en fonction des valeurs que les différents utilisateurs sont prêts à payer pour bénéficier d'une meilleure accessibilité ; le raisonnement est poussé à l'extrême et formalisé en affirmant que loyer et coûts de transport sont complémentaires. Le loyer (donc la valeur du sol) correspondront à l'économie de coût de transport. Une amélioration des réseaux de transport améliorera l'accessibilité, donc fera diminuer les valeurs foncières. Ainsi, selon Haig, un critère d'organisation d'une ville est la réduction des coûts de transport, donc des valeurs foncières. Cette thèse, développée dans le cadre de la préparation du plan régional de New York, a des résonances encore très actuelles.

L'IMPERFECTION DE LA CONCURRENCE : TURVEY ET RATCLIFF

Les théories précédentes supposaient une concurrence parfaite, même si certains auteurs (Marshall, Halbwachs...) reconnaissaient que diverses rigidités,

---

[1] HALBWACHS (M.). — *Les expropriations et le prix des terrains à Paris* (*1860-1900*), Paris, 1909, 416 p.
[2] HAIG (R. M.). — *Regional survey of New York and its environs. Major economic factors in metropolitan growth and its arrangement*, New York, 1927.

dans le temps notamment, venaient perturber les schémas présentés. C'est à travers l'analyse du marché immobilier que des auteurs récents vont chercher à contourner cet écueil. Turvey [1] estime que la transaction se réalise lorsque le prix plafond que certains acquéreurs potentiels peuvent accepter dépasse le prix plancher fixé par le propriétaire et que ces prix d'offre et de demande, si le marché est suffisamment large, s'adaptent rapidement. Mais le marché comporte de nombreuses imperfections : cas de marché étroit, effet des baux de longue durée, des règles d'urbanisme, des blocages de loyers... Ainsi, il ne peut y avoir d'équilibre permanent du marché immobilier. Le schéma général de Haig de la rente de situation fonction de l'accessibilité est perturbé par des facteurs particuliers (possibilités techniques de construire en raison de la nature du sous-sol et de la taille des parcelles par exemple) et surtout par le jeu d'accessibilités particulières qui limite la concurrence pour un quartier donné mais diminue aussi les implantations possibles pour un utilisateur particulier. Le centre cumule les avantages de l'accessibilité générale et de nombreuses accessibilités particulières.

Ratcliff [2] insiste surtout sur l'adaptation du terrain à l'utilisation permettant d'en tirer le meilleur rendement, d'où des changements de type d'utilisation (desserrement des industries, transformation de logements du centre en bureaux...), de l'intensité d'utilisation (densification) et de la qualité de l'utilisation (taudification). Ainsi, parallèlement à la croissance spatiale de la ville, on assiste à une transformation interne permanente avec, pour un quartier déterminé, des périodes d'équilibre, suivies de périodes de déséquilibre croissant : lorsque celui-ci devient trop grand, une modification de l'utilisation se produit, qui permet d'atteindre un nouvel équilibre.

LA DIVERSITÉ DES FACTEURS : WENDT [3]

Contemporain de Turvey et Ratcliff, Wendt n'admet pas, comme eux, les prémices de l'approche néo-classique. S'il admet le principe théorique de Marshall de l'égalité entre le coût de remplacement d'un bien, le prix du marché et le revenu futur actualisé, il estime que seul le prix du marché permet d'obtenir des estimations. Les valeurs foncières sont le rapport du loyer net (revenu brut attendu diminué du coût attendu) au taux d'actualisation, mais de nombreux facteurs interviennent dans les deux termes de ce rapport. Il estime que les théoriciens, de Haig à Ratcliff, ont simplifié la réalité : la ville ne peut être considérée comme stationnaire; l'effet des transports n'est pas le même sur les différentes catégories de biens; l'utilisation de l'automobile peut accroître l'accessibilité du centre comme celle de la périphérie; la prise en compte des accessibilités vers le seul centre urbain est insuffisante; la concurrence n'est

---

[1] Turvey (Ralph). — *The economics of real property*, London, Allemand Uncern, 1957, 150 p.

[2] Ratcliff (R. U.). — *Urban land economics*, New York, Mac Graw Hill, 1949, 533 p.
Ratcliff (R. V.). — *Real estate analysis*, New York, Mac Graw Hill, 1961, 342 p.

[3] Wendt (Paul F.). — *Real estate appraisal, a critical analysis of theory and practice*, New York, H. Holt, 1956, 320 p.

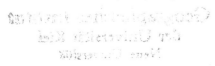

pas parfaite (comme le supposait Marshall), ni imparfaite (Turvey, Ratcliff) mais le plus souvent monopolistique.

En fait, ces critiques soulignent surtout la complexité des mécanismes de formation des valeurs foncières. Elles ne peuvent suffire à remettre en cause le modèle néo-classique, si simplifié soit-il. C'est en tout cas à ce modèle que se réfèrent implicitement les auteurs récents qui ont cherché à formaliser sous forme mathématique la formation des valeurs foncières.

II. — LES MODÈLES THÉORIQUES

A côté des théories des valeurs foncières, certains auteurs ont cherché à formaliser mathématiquement leur approche. Il n'est pas surprenant qu'ils aient choisi, à cette fin, le cadre plus limité d'une agglomération urbaine. C'est là, en effet, que se pose avec acuité le problème des mécanismes de formation des prix fonciers et, comme conséquence de ceux-ci, celui de l'utilisation du sol urbain.

Les théories présentées dans ce domaine sont peu nombreuses et relativement récentes, datant toutes de la période 1962-1965. Depuis, l'intérêt pour ce type de recherches a diminué, peut-être en raison des difficultés rencontrées pour appliquer ces approches théoriques, peut-être par suite d'une diminution de l'intérêt porté aux approches théoriques dans ce domaine, peut-être aussi parce que les premières études avaient déjà conduit à des conclusions importantes. De fait, sans toujours inspirer directement les modèles de description de la croissance urbaine [1], les modèles théoriques de formation des valeurs foncières en ont constitué une des bases fondamentales, permettant ainsi un progrès réel, à la fois théorique et pratique, dans la compréhension des mécanismes de la croissance urbaine.

Les principales théories de formation des valeurs foncières ont été formulées aux Etats-Unis (Wingo, Alonso) et en France (Maarek, Mayer). Ce sont celles qu'on présentera ici.

LA THÉORIE DE LOWDON WINGO [2]

Comme l'indique le titre même de son ouvrage, L. Wingo aborde le problème du marché foncier, et donc de la croissance urbaine, dans une optique dominée par l'aspect transports, optique qu'on retrouvera dans les autres théories et qui est proche de l'analyse de Haig. Selon lui, les valeurs foncières peuvent être déduites, à un endroit donné, du coût généralisé de déplacement [3] vers le centre de l'agglomération. En effet, chaque individu cherche à se localiser le plus près possible de son emploi ou, sinon, n'accepte de s'en

---

[1] Voir chapitre III.
[2] WINGO (Lowdon Jr.). — *Transportation and urban land*, Washington, Resources for the future, 1962, VIII + 132 p.
[3] Voir chapitre IV.

écarter que s'il réalise une économie sur le coût de son logement, donc du terrain sur lequel celui-ci est construit. Il y a donc compétition pour l'occupation des sites résidentiels qui vont au plus offrant. Bref, L. Wingo, ayant constaté, après d'autres auteurs, que l'accessibilité des diverses zones d'une agglomération joue un rôle prépondérant dans leur urbanisation et que l'agencement spatial d'une ville est la conséquence directe de l'organisation adaptée pour le mouvement des biens et surtout des personnes, recherche une relation entre le temps de trajet (ou le coût généralisé de déplacement) et les valeurs foncières.

Le salaire effectif est établi pour le travailleur habitant aux limites l de la ville, donc celui qui supportera le coût généralisé de déplacement le plus élevé, soit $C(l)$ ce coût, caractéristique de la taille de la ville. Un autre travailleur, situé plus près du centre, à une distance x, aura un coût généralisé de déplacement $C(x) < C(l)$. Il bénéficie donc d'une rente de situation $R(x) = C(l) - C(x)$. On peut ainsi établir la carte des rentes de position, donc celle des valeurs foncières, car le prix du terrain correspondant à un logement s'adaptera à cette rente de situation [1].

Si la ville se développe, le coût généralisé de déplacement pour le travailleur habitant aux limites de la ville, $C(l)$, augmente. Les rentes de situation, en tout point de la ville, augmentent donc parallèlement à $C(l)$; donc les valeurs foncières r augmentent également. Les individus, si leurs revenus n'ont pas augmenté, devront donc réduire la quantité q de terrain dont ils disposeront : ainsi, lorsque la ville se développe, les valeurs foncières s'élèvent et les densités résidentielles augmentent. Pour enrayer ce processus, une seule solution : des améliorations des transports urbains qui, diminueront les coûts généralisés, limiteront les rentes de situation, donc les valeurs foncières.

Comme dans toute théorie, les hypothèses de base retenues par L. Wingo sont simplifiées, voire simplistes : par exemple, tous les emplois sont supposés

---

[1] $R = r.q$ où r est la valeur du terrain par unité de surface et q est la surface de terrain pour un logement $\left(\text{la densité résidentielle est donc : } d = \dfrac{1}{q}\right)$.

Pour déterminer les prix de terrain r, il faut donc connaître la valeur de q, elle-même fonction de r. L. Wingo propose donc une fonction :

$$q = \left(\frac{\lambda}{r}\right)^{\eta}$$ où λ est une constante et η un paramètre inférieur à 1.

On déduit alors les valeurs foncières r de la rente de situation R (donc du coût généralisé de déplacement vers le centre C) en résolvant l'équation :

$$R = r . \left(\frac{\lambda}{r}\right)^{\eta}$$

On peut également en déduire le rayon ρ de la ville en fonction de la population totale P :

$$P = k \int_0^{\rho} \frac{x}{q}\, dx$$

où $k = 2\pi$ si la ville se développe dans toutes les directions sans obstacle topographique ou urbanistique (zones interdites à la construction...). Cette valeur de ρ permet de déterminer la valeur $C(l)$ du coût généralisé aux limites de la ville, donc les rentes de situation R en valeur absolue, donc les valeurs précises des valeurs foncières r.

regroupés au centre de la ville, ce qui est acceptable pour les emplois de bureau, mais nullement pour l'industrie; il ne distingue qu'une seule catégorie de population... L'auteur propose lui-même quelques généralisations à des hypothèses un peu plus complexes (plusieurs centres d'emploi, plusieurs catégories de population n'accordant pas la même valeur au temps et à la disposition d'espace, etc.). Surtout, il démontre qu'une amélioration de transports réduit les valeurs foncières, entraîne une diminution des densités et un accroissement de la taille de la ville. Même si sa théorie (¹) néglige les activités humaines autres

---

(¹) La théorie de Lowdon Wingo comporte un autre aspect important : une théorie du coût généralisé de déplacement qui suppose que la valeur du temps consacré au déplacement est égale à la valeur marginale du temps de loisir de l'individu.

Pour déterminer celle-ci, Wingo montre que le salaire d'une journée de travail de durée T n'est pas le salaire horaire pur S qu'il recevrait en l'absence de migrations alternantes. Celles-ci font perdre au travailleur une durée t et le temps perdu par lui à cause de son travail est T + t. Le salaire S′ effectif sera tel que (fig. 3):

$$S'T = S''(T + t)$$

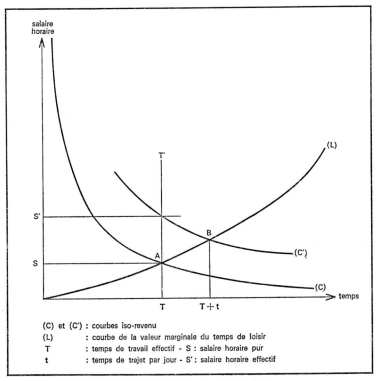

salaire horaire

(L)

(C′)

(C)

temps

T T + t

(C) et (C′) : courbes iso-revenu
(L)   : courbe de la valeur marginale du temps de loisir
T   : temps de travail effectif - S : salaire horaire pur
t : temps de trajet par jour - S′ : salaire horaire effectif

FIG. 3. — *Détermination de la valeur du temps*
de trajet selon Lowdon Wingo.

où S″ est la valeur marginale du temps de loisir pour un temps de loisir perdu égal à T + t (S < S″ < S′).

Actualisée sur un an, elle permet de déterminer le coût généralisé annuel C utilisé pour déterminer les valeurs foncières. En fait, la théorie de Wingo conduit, presque toujours, à des valeurs des temps de trajet supérieures aux estimations obtenues par les méthodes classiques d'analyse du choix du mode de transport (voir chapitre IV).

que le travail et les loisirs à domicile, éliminant ainsi l'intérêt de la proximité des équipements, des espaces verts, etc., elle permet, au moins théoriquement, de tester les conséquences des décisions des aménageurs. Elle constitue ainsi un remarquable outil d'analyse et de recherche.

LA THÉORIE D'ALONSO [1]

La théorie de William Alonso est, sans conteste, la plus connue des théories de la formation des valeurs foncières. Elle se rattache, dans son principe, aux analyses des économistes spatiaux [2] dont il reprend l'hypothèse de la plaine uniforme. Comme eux, il s'intéresse au marché foncier en zone rurale comme en zone urbaine, du point de vue du ménage comme de celui de l'entreprise.

De ce premier point de vue tout d'abord, un ménage va rechercher, conformément à la théorie économique, l'utilité maximale compatible avec son budget. Celui-ci peut être décomposé en trois termes :

— la dépense consacrée aux biens autres que le terrain sur lequel est construit son logement et que les transports. Ces biens sont en quantité z et de prix p_z (indice des prix);

— la dépense consacrée à l'achat (ou à la location) du terrain sur lequel est construit son logement, de surface q et de prix unitaire $r(x)$, fonction de la distance x du centre de la ville;

— la dépense consacrée aux transports lors des migrations alternantes $k(x)$, liée à la distance x au centre de la ville.

Si son revenu est y, on a :

$$y = p_z . z + r(x) . q + k(x)$$

Cette équation est celle de la surface de budget (fig. 4a) dans l'espace à trois dimensions (z, q, x).

L'utilité que retire le ménage de ces différentes consommations est une fonction $u = u(z, q, x)$ (surface d'utilité) (fig. 4b).

A l'équilibre, la surface du budget et la surface d'utilité sont tangentes. Dans ce cas, le rapport des utilités marginales des trois catégories de dépenses considérées (terrain, transports, autres biens) est égal au rapport de leurs coûts marginaux, donc de leurs prix [3].

---

[1] ALONSO (William). — *Location and land use. Toward a general theory of land rent*, Cambridge (Mass.), Harvard University Press, 1964, xii + 204 p. (Joint Center for Urban Studies).

[2] Voir chapitre v.

[3] Cette proposition peut se démontrer aisément (cf. calcul économique) :

A l'équilibre, la différentielle de la fonction d'utilité est nulle :

$$du = u_z dz + u_q dq + u_x dx = 0$$

(u_z, u_q et u_x sont les différentielles partielles de la fonction d'utilité)

pour :

$$du = u_z dz + u_q dq = 0$$

soit :

$$\frac{u_q}{u_z} = -\frac{dz}{dq}$$

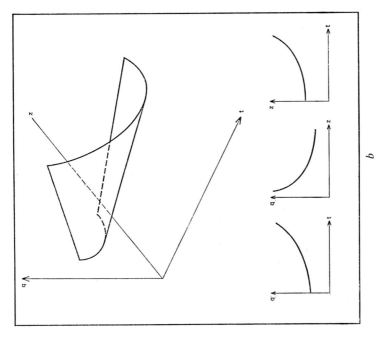

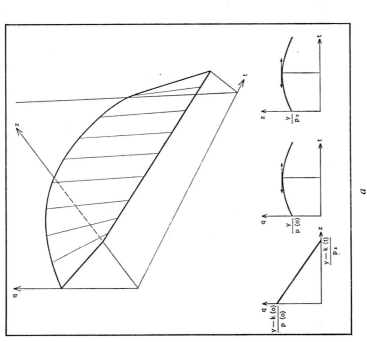

FIG. 4a. — *Surface de budget et forme de ses sections planes.*

FIG. 4b. — *Surface d'utilité et forme de ses sections planes (d'après Alonso).*

L'analyse économique théorique d'Alonso permet d'établir les courbes d'enchères du ménage, c'est-à-dire la courbe indiquant la série des prix du terrain $r(x)$ que le ménage peut payer, selon la distance x au centre de la ville, tout en maintenant le même niveau de satisfaction. La solution de ce problème est soit graphique ([1]), soit mathématique ([2]).

et pour :
$$u_z dz + u_x dx = 0$$

soit :
$$\frac{u_x}{u_z} = -\frac{dz}{dx}$$

De même, à l'équilibre, la différentielle de la fonction revenu est nulle :
$$dy = y_z.dz + y_q.dq + y_r.dr + y_k.dk = 0$$

(y_z, y_y, y_r et y_k sont les différentielles partielles de la fonction de revenu)

Mais :
$$y_z = p_z \quad \text{(indice des prix)}$$
$$y_q = r \quad \text{(valeur foncière)}$$
$$y_r = q \quad \text{(surface du terrain)}$$
$$y_k = 1$$

d'où :
$$dy = p_z.dz + rdq + qdr + dk = 0$$

ou :
$$dy = p_z.dz + rdq + \left(q\frac{dr}{dx} + \frac{dk}{dx} \right) dx = 0$$

pour $x = x_0$:
$$p_z.dz + r.dq = 0$$

soit :
$$\frac{r(x)}{p_z} = -\frac{dz}{dq}$$

pour $q = q_0$:
$$p_z.dz + \left(q\frac{dr}{dx} + \frac{dk}{dx} \right) dx = 0$$

soit :
$$-\frac{dz}{dx} = \frac{q\dfrac{dr}{dx} + \dfrac{dk}{dx}}{p_z}$$

En confrontant ces deux séries de résultats, on obtient bien :
$$\frac{u_q}{u_z} = \frac{r(x)}{p_z}$$

et
$$\frac{u_x}{u_z} = \frac{q\dfrac{dr}{dx} + \dfrac{dk}{dx}}{p_z}$$

conditions qui expriment bien l'égalité du rapport des utilités marginales à celui des coûts marginaux.

([1]) La solution graphique consiste à chercher, pour chaque valeur de la distance x, le point d'équilibre : c'est le point de tangence de la section (qui est linéaire) de la surface de budget, avec la courbe d'indifférence assurant le niveau maximum d'utilité. En faisant varier la distance x, on obtient la courbe d'enchère recherchée pour les ménages ayant un certain revenu y.

([2]) La solution mathématique se déduit de la différenciation de la fonction d'utilité. On obtient :
$$\frac{dr}{dx} = \frac{p_z.u_x}{q.u_z} - \frac{1}{q}\frac{dk}{dx}$$

Le premier terme du second membre exprime la désutilité liée à une augmentation de la distance x, qui est négative; le second terme représente l'augmentation du coût des transports lors des migrations alternantes si la distance se croît. Le second membre est donc négatif. Ainsi la courbe d'enchères décroît du centre à la périphérie de la ville.

La courbe de prix $r(x)$ et la courbe d'enchères sont tangentes à l'équilibre et la courbe

Alonso n'étudie pas seulement l'équilibre du ménage dans le choix de son lieu de résidence, mais aussi celui de l'agriculteur et celui de l'entreprise. Dans le cas de cette dernière, il cherche la localisation (distance x du centre) correspondant à un prix foncier $r(x)$, à laquelle l'entreprise pourra disposer d'un terrain de surface q, qui rende maxima le profit B réalisé. Le profit étant la différence entre le produit des ventes V d'une part, les coûts de production C et le prix du terrain R d'autre part :

$$B(V, x, q) = V(x, q) - C(V, x, q) - R(x, q)$$

avec

$$R(x) = r(x).q$$

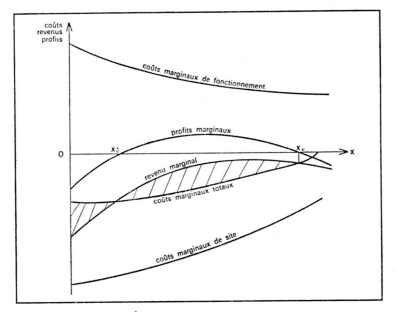

Fig. 5. — *Équilibre de l'industriel (d'après Alonso).*

Là, encore Alonso propose une solution graphique [1] (fig. 5) et une solution mathématique [2].

---

de prix est, comme il est logique, située au-dessus de la courbe d'enchères du ménage à laquelle elle est tangente à l'équilibre.

Le recours à la théorie des jeux permet de déterminer l'équilibre du marché face aux divers acquéreurs possibles. Dans cette situation d'équilibre, on montre que toutes les demandes sont satisfaites et que tout le terrain est utilisé. Dans ce cas,

— aucune utilisation du sol ne peut accroître son profit ou sa satisfaction en changeant de localisation ou en modifiant la quantité q de terrain occupé;

— aucun propriétaire du sol ne peut accroître ses revenus en changeant le prix du sol.

L'affectation du sol doit être effectuée, selon Alonso, du centre (au plus offrant) vers la périphérie.

[1] La solution graphique, conformément à la théorie économique, correspond à l'égalité des coûts marginaux et des revenus marginaux. Il existe une plage de distance (x_e, x_e) où le profit marginal est positif. La localisation d'équilibre correspond à l'extrêmité x_e de cette place la plus éloignée du centre.

[2] La solution mathématique s'obtient en écrivant que le profit G est maximum, donc

Comme Wingo, Alonso présente quelques exemples d'application de sa théorie qui conduisent à des résultats intéressants.

— Un changement économique, c'est-à-dire une modification du niveau des revenus, peut conduire à plusieurs possibilités [1] :

• si la préférence pour la proximité du centre est faible, les personnes les plus aisées se localiseront à la périphérie où elles disposeront d'un vaste terrain (cas des banlieues résidentielles américaines), tandis que les pauvres, pour des raisons d'accessibilité aux emplois, s'entassent près du centre (dépérissement des centres de villes américaines);

en écrivant que sa différentielle totale est nulle :

$$dB = dV - dC - dR = 0$$

ou :

$$dB = V_x \, dx + V_q dq - C_v dV - C_q dq - C_x dx - r \, dq - q \frac{dr}{dx} \, dx = 0$$

où V_x et V_q sont les dérivées partielles de $V(x, q)$ par rapport à x et à q.
C_v, C_q et C_x sont les dérivées partielles de $C(V, x, q)$ par rapport à V, q, x

soit :
$$dB = \left(V_x - C_v V_x - C_x - q \frac{dr}{dx} \right) dx + (V_q - C_v V_q - C_q - r) \, dq = 0$$

On doit donc avoir :

$$V_x - C_v . V_x - C_x - q \frac{dr}{dx} = 0$$

équation qui fixe la distance x_e de localisation optimale et :

$$V_q - C_v V_q - C_q - r = 0$$

équation qui fixe la taille du terrain q_e.

Il reste seulement à vérifier que le profit B (x_e, q_e) est supérieur à celui qui serait obtenu au centre de la ville B $(0, q_0)$, c'est-à-dire que le desserrement de l'entreprise est justifié.

Les courbes d'enchères sont monotones et décroissantes, définies par leurs pentes :

$$\frac{dr}{dx} = \frac{V_x - C_v . V_x - C_x}{q} < 0.$$

A l'équilibre, la courbe d'enchères la plus basse est tangente à la courbe des prix.

[1] On a, en faisant le rapport terme à terme des conditions d'équilibre :

$$\frac{u_x}{u_q} = \frac{q \dfrac{dr}{dx} + \dfrac{dk}{dx}}{r(x)}$$

soit :
$$\frac{dr(x)}{dx} = \frac{r(x)}{q} \frac{u_x}{u_q} - \frac{1}{q} \frac{dk}{dx}$$

Si le revenu augmente, q augmente et $-\dfrac{1}{q} \dfrac{dk}{dx}$ augmente (diminution précédée d'un signe négatif).

Le sens de variation de $\dfrac{dr(x)}{dx}$ dépend de la rapidité de l'évolution de $\dfrac{u_x}{u_q}$:

— s'il varie lentement quand le revenu augmente, les courbes d'enchères seront moins pentues : les riches se localiseront à la périphérie;

— s'il varie rapidement quand le revenu augmente, les courbes d'enchères seront plus pentues : les riches se localiseront au centre.

• si la préférence pour la proximité du centre croît avec le revenu, les personnes aisées résideront au centre : c'est le cas des villes européennes et d'une façon générale des villes nées avant la période industrielle car, à cette époque, les différences de tailles des lots étaient faibles à l'intérieur de la ville.

— La croissance démographique de la ville entraîne :

• une augmentation du prix des terrains puisque la demande augmente ;
• une diminution, en conséquence, de la quantité q de terrain utilisée par chaque ménage ;
• une augmentation de la taille de la ville.

La croissance démographique se traduit donc en partie par une croissance spatiale plus faible et en partie par une élévation des valeurs foncières.

— Un progrès technique dans le domaine des transports conduit à :

• une diminution des temps de trajet ;
• des courbes d'enchères moins pentues, donc une diminution des valeurs foncières au centre et une augmentation à la périphérie ;
• une croissance spatiale de l'agglomération puisque le développement urbain s'effectue selon les courbes isochrones.

— Des règles de zonage créent seulement des contraintes supplémentaires : le sol sera occupé, parmi ceux qui ont droit de s'y installer, par ceux qui peuvent le payer le plus cher, prix inférieur ou égal à celui qui existerait en l'absence de zonage, mais la compétition entre les autres utilisateurs sur les autres parcelles sera plus sévère.

— Les contraintes de densité maximale chassent les pauvres au profit des riches et inversement.

De nombreuses autres applications sont possibles qui éclairent l'étude des problèmes fonciers et la recherche d'une politique en ce domaine. Soulignons, pour conclure, un seul des résultats d'Alonso : une amélioration des réseaux de transport, non seulement ouvre de nouveaux terrains à l'urbanisation mais fait baisser les valeurs foncières au centre de la ville.

LA THÉORIE DE MAYER

Partiellement inspirée d'une étude de M. Maarek [1], elle-même influencée par l'ouvrage théorique de M. Lesourne [2] et par la théorie d'Alonso, la théorie de R. Mayer [3] a le grand mérite de chercher une formulation aussi simple que possible.

Parmi les facteurs qui influent sur le montant de la charge foncière, l'auteur distingue les facteurs localisés (site, droit à construire...) et les facteurs de situation (distance aux divers pôles d'attraction de la ville...) qui peuvent seuls être pris en compte dans l'analyse théorique.

[1] Société d'Économie et de Mathématiques Appliquées. Recherches sur l'urbanisation spontanée, Paris, S.E.M.A., Juin 1964, 61 p.
[2] LESOURNE (Jacques). — Le calcul économique, Paris, Dunod, 1961, 252 p.
[3] MAYER (René). — Prix du sol et prix du temps. Essai de théorie sur la formation des prix fonciers. Paris, Bulletin du P.C.M., n° 10, Novembre 1965, p. 9-37.

Mayer suppose que la charge foncière diminue, du centre à la périphérie, d'une valeur égale à la valeur du temps perdu en déplacements vers le centre (où sont supposés, au moins dans une première approche, comme dans la théorie d'Alonso, concentrés les emplois). Les valeurs foncières s'établissent ainsi de proche en proche à partir d'une valeur $r(l)$ aux limites l de la ville. Celle-ci peut être décomposée en quatre termes :

— le prix a des terrains de culture (qui dépend de leur production);
— le prix b des équipements de viabilisation du terrain qui le rendent constructible;
— la rente c d'anticipation (sur la valeur que prendra le terrain une fois urbanisé), par essence spéculative;
— la rente d de rareté qui s'ajoute à la précédente lorsque la quantité de terrains équipés est insuffisante. Elle n'est pas spéculative mais traduit la rareté de terrains.

L'objectif d'une politique foncière rationnelle est d'éliminer la rente de rareté d, en rendant suffisamment de terrain constructible, et la rente de spéculation c.

Dans la théorie de R. Mayer [1], comme dans celle de Wingo, les valeurs foncières s'établissent de proche en proche de la périphérie vers le centre de la ville et non l'inverse (cf. théorie de Hurd). La valeur supplémentaire du terrain correspond, chez Mayer, à l'économie de temps réalisée; lorsqu'on réside plus

---

[1] La formulation mathématique (simplifiée) de la théorie de R. Mayer est la suivante :
Soit t, la durée de trajet vers le centre,
    n, le nombre de déplacements vers le centre,
    λ, la valeur du temps consacrée à ces déplacements.
La valeur r du terrain est fonction de la valeur du temps de trajet économisé $-\lambda.n.t$.
Or t est fonction de la distance x au centre.

Donc :
$$r = f(t) = r(x) \quad \text{avec} \quad f(t) = -n.\lambda.t$$

En dérivant :
$$\frac{df(t)}{dt} = \frac{dr(x)}{dx} \times \frac{dx}{dt}$$

Or : $\frac{dx}{dt} = V$ (V : vitesse des transports radiaux) et $\frac{df(t)}{dt} = -n.\lambda$.

Donc :
$$\frac{dr(x)}{dx} = -\frac{n\lambda}{V}$$

d'où :
$$r(x) = r(l) - \int_l^\infty \frac{n\lambda}{V} dx$$

où l représente les limites de la ville et $r(l)$ la valeur du terrain aux limites de la ville.
    Cette formule fait bien apparaître :

— que les prix fonciers s'établissent de proche en proche de la périphérie de la ville vers le centre (dans la formule, dx est négatif, c'est donc bien un terme positif qui s'ajoute à $r(l)$.
— que les prix fonciers sont d'autant plus élevés que les déplacements ont une plus grande importance, c'est-à-dire qu'ils sont plus nombreux (n élevé) et que le temps perdu a plus de valeur (λ élevé);
— que les prix fonciers sont d'autant plus faibles que la vitesse des transports est plus grande, ce qui souligne l'impact foncier favorable de toute mesure d'amélioration des transports urbains.

près du centre, lors des déplacements, supposés tous à destination du centre où sont concentrés emplois, équipements (cf. théorie de Haig), etc.

En fait, la théorie de R. Mayer présente une simplification qui paraît, en première analyse, abusive : la surface du terrain occupée par chaque ménage, c'est-à-dire la densité de population, n'apparaît pas dans le raisonnement, ni dans la formulation. En fait, elle est réintroduite à travers une contrainte de population.

On suppose d'ailleurs que les habitants se répartissent dans la ville en fonction de la valeur λ de leur temps; ceux pour qui le temps a le plus de valeur (les plus riches, probablement) choisiront le centre. La contrainte de population intervient pour chaque couronne circulaire, correspondant à une couche de population selon la valeur de son temps, donc selon le revenu ([1]).

La théorie de Mayer, outre sa simplicité, a le grand mérite de mettre en évidence un certain nombre de principes simples et leurs conséquences.

— Le fait que les valeurs foncières $r(x)$ s'établissent de la périphérie vers le centre a pour conséquence de répercuter sur toute la ville la rente de rareté d qui s'établit lorsque les terrains constructibles ne sont pas suffisants et la rente de spéculation c. Pour réduire les valeurs foncières, la mesure la plus efficace est donc d'augmenter la surface des terrains urbanisables à la périphérie de la ville, donc d'investir dans leur desserte, leur assainissement, etc.

— Une amélioration des transports urbains, en augmentant la vitesse V de ceux-ci, réduit les valeurs foncières ([2]).

— La création de centres secondaires diminue l'attrait exercé par le centre principal et contribue à réduire les valeurs foncières.

— L'expansion de la ville entraîne un accroissement du rayon l de la ville et un relèvement des valeurs foncières. Un éventuel impôt foncier, visant à récupérer la rente de situation ainsi produite pour l'affecter à l'équipement de la ville, peut être fixé à partir du modèle de Mayer ([3]).

R. Mayer, à travers diverses applications, montre en outre qu'une augmentation du niveau des revenus, donc des valeurs du temps λ (et de la mobilité, donc du nombre de déplacements n) entraîne une élévation des valeurs foncières proportionnelle à λ, donc supérieure à celle des revenus car l'élasticité du temps de loisir par rapport au revenu est supérieure à 1.

([1]) Soit $d(x)$, la fonction représentant la densité de population à la distance x et $n(λ)$ la fonction de répartition des ménages selon la valeur du temps λ. On aura, pour toute la ville :

$$\int_0^l d(x).2\pi x.dx = -\int_{\lambda_{min}}^{\lambda_{max}} n(\lambda).d\lambda$$

où l est le rayon de la ville, λ_{min} et λ_{max} les valeurs extrêmes du temps. On peut établir une relation analogue pour chaque couronne.

([2]) En fait, R. Mayer montre qu'il est possible de s'affranchir de certaines conditions restrictives posées comme hypothèses dans le schéma simplifié initial. Ainsi, les courbes d'indifférences prix/temps ne sont pas nécessairement linéaires : la dépense affectée à l'économie de temps peut être limitée par d'autres dépenses, ce qui entraîne une pente plus faible de la courbe des valeurs foncières vers le centre.

([3]) Le montant de cet impôt serait, par exemple, à la périphérie de la ville, égal à $\frac{n.\lambda_{min}}{V}.dl$ pour un accroissement dl du rayon de la ville.

Comme les théories précédentes, la théorie de Mayer privilégie les facteurs de situation par rapport aux facteurs de site ([1]), ce qui conduit à un schéma radioconcentrique perturbé par la structure du réseau de transports et l'existence de centres secondaires ([2]). Mais le schéma de Mayer conduit, conformément à ce qu'on observe dans les villes européennes, à localiser les classes aisées au centre de la ville ([3]), alors que celui d'Alonso, sans exclure cette possibilité, conduit plutôt à des résultats opposés, tels qu'on le constate aux États-Unis. Le rôle seulement indirect joué chez Mayer par la surface de terrain q utilisée par un ménage, donc par la densité de population, correspond aussi à un schéma d'urbanisation dense, aux limites des densités techniquement et règlementairement possibles, alors qu'aux États-Unis, la jouissance de l'espace entourant le logement tient une place beaucoup plus grande dans les schémas de développement urbain.

CONCLUSION SUR LES MODÈLES THÉORIQUES

Malgré leurs approches et leurs formulations différentes, ces modèles théoriques ont beaucoup de points communs, notamment l'importance accordée au temps de trajet et au coût généralisé de transport qui montre que le problème foncier ne peut être abordé indépendamment de celui des transports. La différence principale est entre ceux qui, tels Alonso (et Maarek) font intervenir la surface du logement comme paramètre fondamental et ceux (Wingo, Mayer) qui ne la font intervenir qu'indirectement.

Dans toutes ces théories, les facteurs de site n'apparaissent que comme des correctifs, ce qui conduit à des schémas radioconcentriques, les courbes isochrones étant aussi des courbes isoprix et isorevenus, nuancés par la structure anisotrope des transports et par l'existence éventuelle de centres secondaires :

Les conclusions, opérationnelles surtout, apparaissent convergentes :

— les valeurs foncières s'établissent de la périphérie vers le centre, et non l'inverse ;

— la croissance des valeurs foncières est en partie inéluctable car elle résulte de la croissance démographique de la ville et de l'élévation des revenus des habitants ;

— la part éluctable de la croissance des valeurs foncières, celle qui corres-

---

([1]) Mayer estime qu'on peut cependant réintroduire les facteurs de site (environnement, servitudes d'urbanisme, proximités d'équipements...) ; par exemple sous forme de suppléments des prix fonciers.

([2]) Ce schéma peut également être perturbé par l'existence de catégories de population ayant des schémas de déplacements différents. Il se créera alors des « quartiers » où résideront des ménages ayant des schémas de déplacements analogues et accordant une valeur comparable au temps de déplacement.

([3]) Diverses rigidités perturbent cependant ce schéma radioconcentrique, par exemple l'existence de prix fixés de façon autoritaire et surtout l'inertie des ménages face au changement de résidence pour s'adapter à l'évolution du marché foncier. Il en résulte généralement une augmentation des prix. Ce processus d'inertie rejette vers la périphérie des ménages qui seraient disposés à payer plus cher pour un logement central que ceux qui l'occupent depuis longtemps.

pond à la rente de rareté (Mayer) peut être réduite en offrant plus d'espace à l'urbanisation;

— l'amélioration du réseau de transports diminue les valeurs foncières [1] et leur extension également, en supprimant la rente de rareté;

— la création de centres secondaires a le même effet favorable [2].

III. — LES MODÈLES EMPIRIQUES

Plus modestes, quelques auteurs ont cherché à confronter la réflexion théorique aux données empiriques. Telle a été la voie suivie par J. J. Granelle et J. Dutailly en France. Si le premier n'a pas abouti à un modèle estimatif des valeurs foncières [3] et a dû se contenter d'analyser les facteurs des prix du sol et d'établir quelques régressions, le second a pu aboutir à des modèles opérationnels.

LES FACTEURS DES PRIX DU SOL [4]

Granelle reprend la théorie de R. Mayer sur la formation des prix du sol à la périphérie de la ville, comme somme du prix agricole, du coût de viabilisation, de la rente d'anticipation et de la rente de rareté. Mais il estime que la formation des prix à l'intérieur d'une ville s'effectue à la fois de la périphérie vers le centre (schéma de R. Mayer) et du centre vers la périphérie, par suite du mécanisme spéculatif d'anticipation des acheteurs et des vendeurs.

Quant aux facteurs de formation des prix du sol, Granelle, tout en admettant les grandes lignes de l'approche néo-classique, estime, comme Wendt, qu'ils sont nombreux et distingue :

— L'accessibilité du centre (facteur privilégié des néo-classiques); mais il y a plusieurs distances à prendre en compte (centres secondaires, équipements locaux, etc.) et cette accessibilité dépend de la qualité des réseaux de transport : les courbes isoprix seraient les courbes isochrones.

Quelques relations statistiques ont été établies pour Paris et pour Marseille, liant les prix du terrain à la distance au centre : deux formules ont été ajustées :

• une relation :

$$r = \beta e^{-\alpha t}$$
$$r = \text{prix foncier}$$
$$t = \text{temps de trajet}$$

où $\log r = -\alpha t + \log \beta$.

α est de l'ordre de 0,1 à 0,2.

---

[1] Surtout au centre selon ces théories. En pratique, l'amélioration de l'accessibilité, au moins dans les grandes villes, favorise les localisations centrales et entraîne une demande accrue sur les terrains centraux.

[2] Cependant, ces modèles théoriques ne démontrent pas l'intérêt de tels centres secondaires pour les entreprises.

[3] Le modèle estimatif, testé par le C.R.E.D.O.C. (Granelle et divers) pour la région parisienne, a été un échec.

[4] GRANELLE (J. J.). — *Opt. cit.*

• Une relation hyperbolique :

$$r = \frac{\beta}{t^{\alpha}}$$

où $\log r = - \alpha \log t + \log \beta$.

α est de l'ordre de 2.

Mais les coefficients de corrélation assez faibles (0,6 à 0,8 à Marseille, soit environ la moitié de la variance) montrent que d'autres facteurs interviennent largement.

— La densité de logements existante et autorisée. Les prix croissent avec la densité vers le centre et avec les possibilités de construction autorisées par les règlements d'urbanisme.

Une relation de régression a pu être établie entre le prix ferme et la densité (nette ou brute) des logements, dans le cas de Marseille.

$r = \beta' d^{\gamma}$ où d est la densité de logements ou $\log r = \gamma \log d + \log \beta'$.

γ est d'abord de l'ordre de 1.

Mais il est difficile d'établir si la densité fait augmenter les valeurs foncières ou inversement.

Une régression double a pu être établie en fonction de la distance au centre (mesurée par le temps de trajet en transport en commun vers le centre t) et de la densité nette de logements d :

$$r = \beta d^{\gamma} . e^{-\alpha t}$$

γ est égal à 0,37 et α à 0,06.

L'ajustement est très bon (90 % de la variance expliquée), mais il faut noter que les deux variables explicatives sont fortement liées entre elles.

Ces relations montrent l'importance sur le marché foncier des règles de zonage et de la fixation des droits à construire (coefficients d'occupation des sols).

— L'environnement physique (site, qualité du sol...) et surtout social (cf. Halbwachs).

— La nature des parties prenantes sur le marché : les promoteurs privés, qui peuvent payer les rentes foncières les plus élevées, car ils peuvent la répercuter sur les prix des logements destinés à une clientèle aisée, jouent le rôle de moteur de la hausse des prix fonciers.

A partir de ces considérations, Granelle propose, pour agir sur les prix fonciers, une politique basée sur trois actions :

— assurer une certaine transparence du marché foncier (publicité des prix, information statistique générale...);

— améliorer la fluidité du marché (accélérer l'établissement des documents d'urbanisme fixant les droits de construction, instaurer un impôt foncier sur les terrains constructibles, pour accélérer leur mise sur le marché);

— substituer au rôle moteur des promoteurs privés l'action des pouvoirs publics dans les zones destinées à la construction (zones d'urbanisation concertée d'initiative publique, réserves foncières...).

UN MODÈLE DE RÉGRESSION MULTIPLE : DUTAILLY

Utilisant des données établies par l'Inspection des Finances et partant sur 20 000 mutations de terrains à bâtir en région parisienne (regroupées par commune ou par quartier), Dutailly, après avoir mis en évidence, à partir d'une autre source, plus finement détaillée, l'effet des facteurs localisés (temps de transport, distance aux équipements du centre de la commune, proximité d'espaces verts, coefficient d'occupation du sol), établit une relation reliant le prix moyen r du sol dans une commune à de nombreux facteurs [1] :

— le temps de trajet t vers le centre de Paris (moyenne pondérée des temps de trajet, en heures de pointe, en automobile et en transports en commun);
— le coefficient moyen d'occupation des sols K;
— la densité de population de la commune d;
— le taux d'emploi $\dfrac{E}{P}$ de la commune;
— le type de commune (Q) (rurale, résidentielle, fortement agglomérée...);
— la présence ou l'absence d'une gare dans la commune (G);
— la nature du moyen de transport disponible vers Paris (M);
— l'existence d'une desserte autoroutière (A);
— le niveau d'équipement commercial (C);
— le type de réglementation à laquelle est assujettie la commune (R).

La relation est du type :

$$\log r = a_0 + a_1 \log t + a_2 \log K + a_3 \frac{E}{P} + a_4 d + a_Q + a_G + a_M + a_A + a_C + a_R$$

les paramètres a_Q, a_G, a_M, a_A, a_C et e_R prenant des valeurs différentes selon les modalités des facteurs correspondants.

L'analyse montre que les facteurs les plus importants sont :

— le temps de transport t;
— la densité de population d;
— le taux d'emploi $\dfrac{E}{P}$;
— le type de commune Q;
— le niveau d'équipement commercial C.

Une étude des accroissements des prix d'une année sur l'autre montre que la procédure des zones d'aménagement différé (Z.A.D.) [2] n'est pas sans efficacité, les hausses y étant à la fois plus faibles et plus régulières.

La méthode d'ajustement consiste à ajuster successivement la relation en ajoutant des facteurs supplémentaires. On retient ceux pour lesquels on obtient une réduction significative de la variance non expliquée. Cette méthode,

---

[1] DUTAILLY (Jean-Claude). — Les valeurs foncières en région parisienne. Recherche d'un modèle, in *Cahiers de l'I.A.U.R.P.*, vol. 25, Octobre 1971, 31 p.

[2] Dans les zones d'aménagement différé (Z.A.D.), la collectivité publique peut user du droit de préemption, c'est-à-dire se porter acquéreur à la place de l'acheteur lorsqu'un terrain est placé sur le marché. Les prix de la transaction est fixé par référence à la valeur des terrains un an avant la création de la Z.A.D., ce qui a pour effet de freiner les hausses spéculatives.

moyennant certaines précautions, permet de tester l'influence de variables qualitatives et quantitatives.

La part de variance expliquée est de 73 % et les prix sont estimés avec une erreur relative qui dépasse rarement 15 %.

Le modèle de Dutailly est complété par un « schéma explicatif du mécanisme de formation des prix fonciers ». Il apparaît que le niveau d'une transaction sur une parcelle se fixe entre deux limites : un minimum exigé par le vendeur, compte tenu du revenu tiré du terrain dans son occupation actuelle et de l'anticipation de plus-value ; et un maximum, qui est le prix acceptable pour le promoyeur compte tenu des possibilités de construction, du prix attendu des logements construits, du coût de construction de ceux-ci et des frais divers encourus par lui. Le résultat rejoint partiellement l'analyse de Granelle : « contrairement à l'erreur commune selon laquelle c'est le prix élevé des terrains qui entraîne le prix élevé des logements : la relation est exactement inverse. Dans l'espace urbain comme dans l'espace agricole, la rente foncière est la cause et le prix du sol la conséquence. » En fait, cette affirmation ignore l'existence de larges couches de population sans accès au marché du logement neuf, donc sans action sur le marché foncier.

CONCLUSION SUR L'APPORT DES MODÈLES DE FORMATION DES VALEURS FONCIÈRES

Les modèles descriptifs confirment largement les conclusions les plus nettes des modèles théoriques, eux-mêmes inspirés par les théories néo-classiques des valeurs foncières :

— l'existence d'une composante inéluctable dans la croissance des valeurs foncières en économie libérale, car résultant de la croissance démographique et économique (revenus) ;

— la nécessité et la possibilité d'agir sur la rente de rareté qui représente la part éluctable de la croissance des valeurs foncières ;

— en améliorant les réseaux de transports, donc en augmentant les surfaces urbanisables et en diminuant la rente des positions centrales ;

— en créant des centres secondaires d'activités et d'équipements ;

— en instituant un impôt foncier sur les terrains constructibles pour inciter les propriétaires à les mettre sur le marché ;

— en favorisant la fluidité et la transparence du marché ;

— en faisant intervenir la puissance publique comme moteur du marché foncier, par sa politique d'acquisitions, à la place de la promotion privée.

CHAPITRE III

LES MÉCANISMES
DU DÉVELOPPEMENT URBAIN

Le marché foncier constitue certainement une contrainte majeure pour le développement urbain. Il n'explique pas tout cependant. C'est la raison pour laquelle il semble nécessaire de dégager d'abord les causes de la croissance spatiale des villes, puis les facteurs qui influent sur les formes qu'elle prend. Car ce sont ces facteurs qu'on retrouvera tout naturellement dans les modèles d'urbanisation, qui visent précisément à expliquer, à retracer, puis à prévoir le développement spatial des villes.

I. — LES FACTEURS DU DÉVELOPPEMENT URBAIN

La croissance des villes est liée à des facteurs économiques. Aussi convient-il d'examiner d'abord les causes de cette croissance elle-même, avant de rechercher les formes qu'elle prend et les facteurs qui influent sur cette forme et que les méthodes quantitatives devront intégrer dans des modèles.

LES CAUSES DE LA CROISSANCE URBAINE

La cause fondamentale est évidemment dans l'extension des activités de la ville [1] qui entraîne la création de nouvelles usines, de nouveaux bureaux,

---

[1] Voir en particulier PRED (Allan R.). — *The spatial dynamics of U.S. urban-industrial growth*, 1800-1914. *Interpretative and theorical essays*, Cambridge (Mass.), M.I.T. Press, 1966, 225 p.

donc l'apparition d'emplois supplémentaires qui nécessitent logements, commerces, équipements. Mais, de toute façon, à moins de déclin brutal d'une génération de villes, toute ville, même en stagnation économique, est appelée à s'étendre. A cela plusieurs raisons.

D'une part, la plupart des villes voient leur population augmenter. Certes, des circonstances exceptionnelles peuvent entraîner une stagnation — Bruay-en-Artois et les difficultés des mines du Nord de la France — voire une régression — Vienne après le partage de l'Autriche-Hongrie. Mais, ces cas exceptionnels mis à part, la croissance démographique résulte du jeu de deux facteurs :

— le mouvement naturel de la population de la ville : variable selon les pays, il atteint couramment 0,5 à 1 % par an dans les pays développés, parfois plus dans les pays où la natalité est encore très élevée et la mortalité déjà considérablement réduite (ex. : Mexico, Sao Paulo, etc.);

— les courants migratoires, intérieurs (apport d'autres villes et de l'exode rural) et extérieurs (les villes reçoivent l'essentiel des immigrants, d'autant plus qu'elles sont plus grandes). Cet apport peut être très variable, mais souvent important. C'est le cas des pays industriels où, comme en France, la population rurale reste encore importante et la population agricole supérieure au minimum techniquement nécessaire. C'est surtout le cas de pays encore peu développés où un secteur tertiaire pléthorique se gonfle de l'apport de ruraux attirés par le vain espoir d'un salaire stable.

Au total, le rythme de croissance de la plupart des villes dépasse 1 % par an, atteint souvent 2 % (Milan par exemple), parfois 3 % (Mexico), taux qui correspondent à un doublement respectivement en 70, 35 et 23 ans.

Mais, même en l'absence de croissance démographique, il y aurait extension urbaine : l'augmentation des revenus entraîne la création de nouveaux besoins et la propension à consommer plus d'espace, soit directement — maisons individuelles, logements plus vastes... — soit indirectement — développement des équipements et surtout des loisirs de plein air, gros consommateur d'espace urbain. En France, par exemple, le revenu réel (effet de la hausse des prix éliminé) augmente assez régulièrement au rythme de 3 à 4 % par an (doublement en 20 ans environ). La propension marginale à la consommation d'espace lorsque le revenu augmente est inférieure à 1, mais le doublement de l'espace par habitant est atteint en une génération (30 ans environ). Si, en France, la taille moyenne des logements a augmenté lentement (de 2,5 pièces à peine au milieu du XIXe siècle à 3,5 environ actuellement en région parisienne), cette évolution est très rapide dans certains pays : on comptait 0,5 pièce par personne à Stockholm en 1900, 1 vers 1950, presque 1,5 aujourd'hui et on en prévoit plus de 2 en l'an 2000!

Ainsi, croissance démographique et augmentation des revenus conjuguent leur effet pour accélérer la croissance urbaine. Au taux de 1,5 % d'augmentation démographique par an (rythme de la plupart des villes françaises) et de 3,5 % pour les revenus, c'est en 15 ans à peine que la superficie des villes doublera. C'est situer l'importance et l'urgence du problème.

LES FORMES DE LA CROISSANCE URBAINE

Dans l'espace, cette croissance prend des formes très variables selon les époques, les traditions nationales et les politiques officielles. Longtemps, la croissance urbaine s'est effectuée de proche en proche, par agglutination, selon le schéma des villes médiévales. Le développement des transports, ferroviaires surtout, a entraîné une croissance en doigts de gants autour de ces axes, quand la pression n'était pas telle qu'on construisait même à l'écart des axes de desserte (croissance en tache d'huile).

En fait, il convient de distinguer les formes spontanées de croissance urbaine des formes planifiées. Les premières résulteront de la loi de l'offre et de la demande qui guide l'action des promoteurs. Parfois, on assistera à une demande surtout orientée vers des maisons individuelles qui, consommant plus d'espace, seront souvent implantées à l'écart des axes de transport. Ce fut la politique des lotissements pavillonnaires de l'entre-deux-guerres. L'automobile, en permettant l'accès à un espace largement ouvert, permet de construire loin des axes de transport et favorise donc ce mode de développement. A l'extrême, non seulement les logements, mais les commerces, les services aux particuliers et les équipements, vont s'installer à la périphérie, engendrant une croissance non structurée que les américains appellent le *sprawl* urbain (¹).

Ailleurs, la volonté de ne pas trop s'éloigner du centre, des équipements, des axes desservis, conduira au contraire à privilégier l'habitat collectif. Si la pression des besoins en logements nécessite une construction de masse, on verra apparaître des grands ensembles collectifs, plus ou moins attrayants selon les moyens, et surtout selon les aptitudes des architectes. Les grands ensembles de logements, plus denses, occupent peu de place. C'est le schéma qui prédomine en France, dans les pays d'Europe du Sud, d'Europe de l'Est et en U.R.S.S., et, sous une forme souvent plus agréable, en Suède.

Devant les inconvénients de ces deux formes majeures de croissance urbaine — et notamment la monotonie, l'éloignement entre domicile et lieu de travail, l'insuffisance des équipements locaux que l'une et l'autre entraînent — les pouvoirs publics sont intervenus, dans de nombreux pays, pour imposer des formes planifiées de développement, voir les réaliser eux-mêmes, par l'intermédiaire d'organismes spécialisés. Il est rare que, comme en Suède ou aux Pays-Bas, cela aboutisse à un quasi monopole du secteur public (en l'occurrence les municipalités) dans le domaine du logement, au moins dans les grandes villes. La situation anglaise ou française où le secteur public et secteur privé cohabitent est plus fréquente. Les réalisations planifiées du secteur public — mais parfois, comme on tente de l'introduire en France, le secteur privé peut s'insérer dans un cadre planifié à l'avance — peuvent prendre la forme de véritables villes nouvelles qui chercheront à éviter les écueils de l'urbanisation spontanée en créant, à côté des logements, des possibilités d'emplois

---

(¹) *to sprawl* : ramper.

aussi divers que possible (usines, bureaux, commerces...), des équipements (centre commercial, administration, équipements de loisirs, terrains de jeux et de sports, écoles et hôpitaux, lieux de réunion...). Sous des formes différentes, la Suède, les Pays-Bas, la Grande-Bretagne pratiquent depuis longtemps cette politique que la France a adoptée récemment [1].

LES FACTEURS ORIENTANT LE DÉVELOPPEMENT URBAIN

Mais l'urbanisation spontanée, même si elle conduit à un désordre apparent, n'obéit pas moins à certaines lois. Ces lois, les planificateurs ont intérêt à les connaître car, à vouloir les transgresser au nom du louable objectif de dominer l'espace, ils risquent de voir leurs projets échouer : il est plus efficace de canaliser les tendances à l'appui des objectifs poursuivis que de les heurter de front.

Les ménages, dans le choix de la localisation d'un logement, seront guidés par plusieurs types de considérations:

— Des considérations économiques : les limites de leur budget leur imposeront des contraintes résultant des coûts fonciers, puisque le coût des logements lui est directement lié.

— Des considérations relatives à leur lieu de travail : on verra [2] que le choix d'un lieu de résidence et d'un lieu de travail ne s'effectuent pas indépendamment l'un de l'autre et que les travailleurs cherchent à adapter l'un et l'autre, dans la mesure où les réseaux de transport, d'une part, les autres contraintes d'autre part, le leur permettent.

— Des considérations de style de vie : ainsi, le cadre américain tiendra à sa maison individuelle, avec jardin, jet d'eau et garage pour deux voitures, tandis que le cadre français préférera un bel appartement au centre de Paris ; la famille anglaise choisira une maison avec jardin (même si celui-ci est symbolique) et la maison groupée en rangée avec ses voisines qui fait penser à un « collectif horizontal », tandis que la famille française sera plus sensible à la proximité des écoles, du lycée, des commerces, de la gare, ce qui le conduira plus naturellement vers un appartement, même si sa « demande de rêve » est une maison avec jardin.

On conçoit que le jeu de ces facteurs soit complexe. De nombreuses études, sociologiques notamment, s'y sont attachées [3]. Il interfère en outre avec la localisation des activités. Les établissements industriels, dans leur localisation, tiennent certes encore compte des facteurs qu'Alfred Weber [4] a énoncés et qui ont été à la base de la géographie industrielle traditionnelle, mais aussi et

---

[1] Pierre MERLIN. — *Les villes nouvelles*, Paris, P.U.F., 1969, 312 p. (2e éd. 1972, 380 p.).
[2] Voir chapitre IV.
[3] CLERC (Paul). — *Grands ensembles, banlieues nouvelles*, Paris, P.U.F. (Cahiers de l'I.N.E.D., no 49), 1967, 472 p.
RAYMOND (Henri), HAUMONT (Nicole), RAYMOND (Marie-Geneviève) et HAUMONT (Antoine)
RAYMOND (Henri), HAUMONT (Nicole), RAYMOND (Marie-Geneviève) et HAUMONT (Antoine). — *L'habitat pavillonnaire*, Paris (C.R.U., 1965, 2e éd. : 1971), 146 p.
[4] Voir chapitre V.

surtout d'un grand nombre de facteurs nouveaux. Ainsi, la proximité des matières premières et de l'énergie ne jouent un rôle déterminant que pour les industries lourdes, celles-là même qui ne se développent plus dans la plupart des villes. Si les transports jouent encore un rôle important, c'est de façon très différente que par le passé : la route plus que le rail et l'eau et, de façon plus précise, la proximité d'un échangeur autoroutier et les facilités de manœuvre des camions à l'entrée de l'établissement. Mais c'est surtout à travers les déplacements de personnes que les transports influent sur les localisations industrielles : ils permettent un recrutement d'autant plus aisé que l'accessibilité est meilleure et éviteront de recourir au coûteux ramassage en autocar (que les très grandes entreprises, en raison de leurs effectifs qu'elles doivent recruter très loin, sont cependant contraintes de pratiquer). De bons transports de voyageurs permettent aussi les relations d'affaires, etc. Il est significatif de constater que, dans la banlieue parisienne, depuis vingt ans, c'est dans la zone desservie par la ligne de Sceaux qu'il y a le plus d'implantations industrielles, alors que cette ligne est précisément la seule qui n'assure pas le transport des marchandises; mais que c'est elle qui offre le meilleur service de voyageurs. Il reste que quelques industries, de moins en moins nombreuses, auront besoin d'un branchement ferroviaire ou de l'accès direct à une voie d'eau, mais pour la plupart des industries, les frais de transport représentent moins de 5 % de leurs frais totaux et ne sont pas suffisants pour emporter la décision. C'est donc seulement la proximité des gares et des échangeurs, par la main-d'œuvre qu'elle permet de recruter (soit qu'elle habite dans des logements construits près de ces mêmes gares et de ces mêmes échangeurs, soit qu'elle les utilise pour se déplacer) qui importe.

Un élément nouveau apparaît cependant : le rôle des aéroports. Encore peu répandues en France, les localisations sur les aéroports ou à leur voisinage immédiat accélèrent le transport de marchandises urgentes (exemple : le magasin de pièces de rechange des ordinateurs I.B.M. à Orly), facilitent les déplacements d'affaires (des hommes d'affaires se déplacent souvent d'aéroport à aéroport et tiennent leurs réunions de travail dans des bureaux loués à cet effet), surtout créent une image moderne, prestigieuse.

Dans quelques cas, peu nombreux, des contraintes techniques majeures peuvent dicter la localisation : soit par suite d'une règlementation (établissements dangereux et nuisants); soit par suite de besoins localisés (exemple : centrales à béton prêt à l'emploi qui ont besoin d'eau, de gravier et de sable).

Les zones industrielles aménagées, accueillent une fraction croissante, souvent majoritaire, des nouvelles implantations industrielles. C'est dire que, dans ce domaine, les possibilités d'intervention planifiée sont assez larges.

En fait, une dernière série de facteurs influe de plus en plus : la perception sociale de l'espace et le prestige de l'adresse. Des sociologues ont montré qu'à côté des établissements traditionnels liés à l'espace par des contraintes techniques précises, la plupart des établissements appartiennent actuellement à une catégorie intermédiaire qui a seulement besoin d'être sur un axe de transports (pour le recrutement), tandis que s'étend la troisième catégorie, celle des établissements de pointe à qui leurs activités, leur organisation, la nature de leur main-d'œuvre, permet une indifférence presque totale à l'égard des contraintes techniques ou de transports. Cette dernière catégorie — centres de recherche, laboratoires, industrie de pointe — préfigure en quelque sorte les facteurs de localisation des industries de demain : libres de leurs choix dans l'espace, elles choisissent l'adresse qui valorisera le plus leur image ([1]).

Ce type de facteurs est d'ores et déjà prédominant pour les implantations de bureau et les conduit à se concentrer dans les centres d'affaires, ou dans leurs extensions récentes, des grandes villes. A Paris, plus des deux tiers des bureaux se créent dans la ville de Paris et surtout dans la proche banlieue ouest (Neuilly, La Défense), accentuant un déséquilibre déjà ancien. Cette remarque est valable pour la plupart des grandes villes : à Londres, la City, Victoria Street et le centre périphérique de Croydon attirent l'essentiel des constructions ; à New York, après le développement de Midtown, c'est à nouveau Downtoun qui accueille la majorité des constructions, au point que de nombreux bureaux restent vacants. Les entreprises payent cette recherche de l'adresse prestigieuse et la facilité des relations d'affaires qu'elle permet, d'un prix élevé : le loyer des bureaux dans le centre d'une très grande ville atteint, par personne, la moitié du salaire d'un employé de bureau, alors qu'une localisation périphérique permettrait une économie des deux tiers. C'est dire que ces facteurs, apparemment subjectifs ont, pour les entreprises, une dimension économique certaine.

La localisation des commerces dépend du type de magasin et des schémas généraux d'urbanisation. Longtemps, on a pu distinguer les commerces quotidiens, qui s'implantent près des résidences, les commerces occasionnels, qui se regroupent en petits centres et les commerces rares ou anomaux, qu'on ne trouve que dans le centre des grandes villes. Mais la place prise par l'automobile détruit ces schémas traditionnels : le commerce quotidien a moins besoin de la proximité immédiate, le commerce occasionnel gagne à se regrouper dans des centres commerciaux périphériques, facilement accessibles (souvent près du croisement de deux autoroutes), entourés de vastes parcs de stationnement et où filiales des grands magasins et petites boutiques s'entraînent mutuellement. Le centre urbain conserve certes les commerces rares, mais, s'il veut survivre, doit s'adapter en améliorant son accessibilité (parcs de stationnement). Cette évolution dépend évidemment du style de vie et elle est plus poussée en Amérique où elle est favorisée par l'habitat individuel à faible densité, par le maillage serré des autoroutes urbaines, par l'absence d'une réelle tradition urbaine. En Europe, cette évolution est plus lente, mais s'esquisse néanmoins tandis que les centres urbains maintiennent mieux leur vigueur, voire la renforcent en créant des rues piétonnes très appréciées des clients et des promeneurs (qui sont aussi des clients potentiels).

Il est clair, à travers cette présentation échafaudée à grands traits quelque peu brutaux, que les facteurs de localisation des ménages et des activités, qui expliquent leurs formes que prend la croissance urbaine, sont multiples, diffus,

([1]) AHTIK (Vitomir), CASTELLS (Manuel), OSTROWETSKI-ZYGEL (Sylvia) et TOURAINE (Alain). — Mobilité des entreprises industrielles en région parisienne, in *Cahiers de l'A.U.R.P.*, vol. 11, Mai 1968, 88 p.

délicats à cerner et *a fortiori* à mesurer. C'est dire que, dans ce domaine, l'application de méthodes quantitatives, si elle s'avère indispensable pour préciser tout ce que les remarques ci-dessous contiennent de flou, se heurtera à des obstacles importants.

II. — GÉNÉRALITÉS SUR LES MODÈLES D'URBANISATION

Il est pourtant nécessaire de connaître précisément ces mécanismes qui régissent la croissance urbaine si on veut pouvoir prévoir celle-ci. L'urbaniste, en effet, est confronté avec la nécessité de prévoir une image du futur. Celle-ci ne peut résulter d'une simple image de la forme spatiale jugée par lui le plus souhaitable, à partir de raisonnement utopiques ou subjectifs. Même s'il estime nécessaire d'infléchir les tendances spontanées — c'est son rôle — il ne peut ignorer leurs effets. Et pour mieux les canaliser, n'est-il pas plus efficace de prévoir leurs conséquences en l'absence de toute action volontaire.

Ce besoin de connaître le futur le plus probable du développement des villes s'est notamment concrétisé, peu avant 1960, avec l'apparition des premières études globales de transport au niveau d'une agglomération. Celles-ci, en effet, à partir d'enquêtes très détaillées sur le comportement des personnes, essaient de dégager des lois de comportement (modèles) pour les utiliser ensuite à des fins de prévision [1]. Mais, pour cette utilisation, il est nécessaire de connaître la distribution dans l'espace des populations et des divers types d'activités qui sont l'origine ou la destination des déplacements.

Les modèles de développement urbain ont donc eu tendance à apparaître, au début des années 1960 aux États-Unis, vers 1965 en France, parallèlement aux modèles de transport. Ce n'est pas un hasard si la plupart d'entre eux ont été commandés ou établis par l'équipe d'étude des transports d'une grande agglomération (Chicago, Philadelphie, Boston, Los Angeles...). Cette origine est importante pour expliquer la structure même des modèles qui accorde une place privilégiée aux éléments de transports et d'accessibilité [2]. Mais on a vu que tel était déjà le cas des modèles théoriques de valeurs foncières établis, à peu près à la même époque, par des théoriciens de l'économie imprégnés par l'approche néoclassique [3].

Un autre élément circonstanciel explique l'apparition de ces modèles aux cours des années 1960. Comme les modèles de transport, leur mise au point et leur emploi suppose des moyens de calcul importants. Seule l'apparition et le prodigieux développement des ordinateurs au cours de la dernière décennie pouvait les fournir, permettant par exemple de traiter des matrices d'une centaine de lignes et d'une centaine de colonnes.

---

[1] Voir chapitre IV.
[2] MERLIN (Pierre). — Modèles d'urbanisation. Analyse bibliographique, in *Cahiers de l'I.A.U.R.P.*, vol. 11, Mai 1968, 72 p.
[3] Voir chapitre II.

Parmi les auteurs de ces modèles, les premiers, tâtonnant quelque peu, furent les plus ambitieux. Imprégnés des théories des économistes, souvent inspirés par les modèles théoriques des valeurs foncières, et en particulier par celui d'Alonso [1], ils cherchèrent à établir des modèles qui ne soient pas seulement des outils de prévision, mais également des instruments d'analyse. Pour ce faire, les modèles qu'ils construisirent se présentèrent comme une série de relations s'enchaînant et formalisant les mécanismes qui régissent le développement urbain. En ce sens, ces modèles qu'on qualifiera d'explicatifs en raison de cette ambition, s'opposent aux modèles descriptifs, moins ambitieux, qui visent seulement à constituer un outil de prévision, sans aucune prétention théorique ou explicative. Quelques chercheurs isolés ont défriché une voie originale : des modèles de simulation d'un processus stochastique de développement urbain.

Enfin, surtout lorsqu'il apparut que les modèles globaux de développement urbain seraient difficiles à appliquer opérationnellement, sauf à perdre toute valeur explicative, certains chercheurs se sont limités à la mise au point de modèles partiels : le développement commercial et les mécanismes de la rénovation urbaine, notamment, devaient susciter de telles approches.

III. — LES MODÈLES EXPLICATIFS

Bien que les modèles explicatifs soient assez nombreux [2], on se limitera à la présentation de deux modèles caractéristiques, — celui d'Herbert et Stevens, conçu pour la ville de Philadelphie; — le modèle Polymetric de K. Dieter, conçu pour la ville de Boston. Tous deux ont été conçus pour répondre aux besoins d'une équipe d'études de transport d'une grande agglomération. Tous deux se sont révélés très difficiles à appliquer en pratique, compte tenu des moyens et données dont on disposait à l'époque (au début des années 1960) et on dut leur substituer des modèles descriptifs en vue des prévisions nécessaires à l'étude de transport.

LE MODÈLE D'HERBERT ET STEVENS

Ce modèle est un des plus anciens des modèles d'urbanisation : il date de 1960 [3]. Reposant sur les premiers travaux d'Alonso, il fut demandé par le Groupe d'études de transport de la région urbaine de Philadelphie [4] à deux universitaires. Ceux-ci l'élaborèrent en quelques semaines, ne cachant pas qu'il s'agissait, selon eux, d'un essai théorique. Mais des moyens importants furent consacrés pour tenter de le rendre opérationnel. Lorsqu'on décida de

---

[1] Voir chapitre II.
[2] MERLIN (Pierre). — Cf. op. cit. pour une présentation d'autres modèles explicatifs.
[3] HERBERT (J. D.) et STEVENS (B. H.). — A model for the distribution of residential activity in urban areas, in *Journal of regional science association*, vol. 2, automne 1960, pp. 21-36.
[4] Penn Jersey Transportation Study.

l'abandonner pour l'étude de transport de Philadelphie, il fut repris, dans le cadre de l'université de Pennsylvanie, par le professeur Britton Harris, avec les moyens importants dont peut disposer une université américaine. Pour toutes ces raisons, et aussi parce qu'il est caractéristique dans sa conception même de l'approche américaine du processus d'urbanisation, il apparaît comme un des plus intéressants des modèles de cette période, malgré un abord conceptuel difficile.

En fait, le modèle d'Herbert et Stevens concerne seulement la distribution géographique des résidences. Il est présenté comme une partie d'un modèle d'urbanisation plus général, incluant les activités, les transports et les autres utilisateurs du sol. Mais ce modèle plus général ne fut jamais ébauché.

Modèle de programmation, il cherche à assurer une répartition optimale des résidences des ménages au cours d'une période assez courte (en pratique un ou deux ans) : il est donc appliqué, de façon itérative, par périodes successives. Il prend la forme d'un programme linéaire qui assure une localisation optimale des ménages, en rendant maximal le total des loyers supportés par ceux-ci pour le terrain (seul) où est construit leur logement. Cette proposition peut paraître surprenante. En fait, le modèle dual, montre que ce maximum correspond, pour les propriétaires, à un minimum des loyers perçus : il s'établit donc un équilibre entre les exigences des propriétaires et les possibilités des ménages, correspondant à la localisation optimale de ceux-ci. A l'équilibre, un ménage a trouvé la localisation qui lui permet le maximum d'économie sur les autres biens, donc la possibilité de consacrer le maximum d'argent à son logement. Ce dernier est appréhendé à travers le terrain sur lequel il est construit, ce qui permet de mieux mettre en évidence les rapports entre la répartition spatiale des utilisateurs du sol et les valeurs foncières et ce qui correspond à la conception américaine du logement et des maisons construites en série pouvant être installées sur n'importe quel terrain, la localisation et le coût de celui-ci constituant le facteur principal du coût du logement. L'importance accordée au coût du terrain, donc à la localisation du logement est également caractéristique de l'organisation des villes américaines où la ségrégation spatiale par catégorie de revenus est poussée à l'extrême et conduit à des quartiers ou à des rues, occupés par des ménages de revenus semblables, et consacrant la même somme au terrain sur lequel leur maison est construite.

Le modèle suppose des hypothèses bien précises :

— que la distribution passée des ménages soit optimale ;
— qu'une catégorie de ménages donnée ne puisse choisir qu'une seule solution (on distingue 10 à 15 catégories de ménages, par exemple).

Au niveau des résultats, plusieurs cas sont possibles :

— une seule catégorie de ménages occupe un quartier en entier : quartier homogène ;
— plusieurs catégories de ménages peuvent occuper ensemble un quartier si celle qui peut payer les loyers les plus élevés ne l'occupe pas en totalité : quartier mélangé ;
— une catégorie de ménages (ou plusieurs) peuvent occuper partiellement

un quartier, s'ils ne peuvent suffire à le remplir et sont les seuls à trouver des avantages à ce quartier : quartier partiellement urbanisé, homogène ou mélangé;

— un quartier peut être vacant si toutes les catégories de ménages peuvent payer des loyers plus élevés pour d'autres quartiers, non totalement occupés, plus intéressants pour eux.

En fait, l'analyse économétrique montre que pour que tous les ménages soient logés, il faut établir un mécanisme de subventions à certaines catégories de ménages [1].

---

[1] La formulation mathématique (simplifiée) est la suivante :

— soit b la partie du budget d'un ménage consacrée à son logement et à ses déplacements et qui lui procure un certain niveau d'agrément;
— soit c le coût du logement, terrain non compris, et des déplacements du ménage liés à l'emplacement et au niveau d'agrément procuré par le logement.

Le principe du modèle (maximiser le total des loyers qui peuvent supporter les ménages) revient à maximiser la somme des différences $b - c$, en distinguant :
— les catégories i des ménages : i varie de 1 à n (10 à 15);
— les quartiers k : k varie de 1 à K (10 environ);
ce qui conduit à la relation de base :

$$\text{Max } Z = \sum_{i=1}^{i=n} \sum_{k=1}^{k=K} m_i^k (b_i - c_i^k)$$

m_i^k représentant le nombre de ménages de la catégorie i logés dans le quartier k avec les contraintes suivantes :

$$\sum_i m_i^k q_i \leqslant S_k$$

q_i : surface occupée par un ménage de la catégorie i.
S_k : surface totale du quartier k (contraintes de surface)

$$\sum_k m_i^k = P_i$$
$$m_i^k \geqslant 0$$

(tous les ménages de catégorie i sont logés).
P_i : population de la catégorie i.
On notera qu'il peut paraître surprenant que, dans le modèle, la grandeur b paraisse indépendante de la localisation k du ménage. En outre, la notion d'agrément procuré par le logement est en partie liée à des qualités d'un site déterminé (vues, accessibilité, voisinage...), alors que dans le modèle, ces qualités sont intégrées au loyer $(b - c)$ payé au propriétaire.
Le modèle dual a une formulation très instructive :

$$\text{Min } Z' = \sum_{k=1}^{k=K} r_k S_k + \sum_{i=1}^{i=n} V_i \cdot (- P_i)$$

où r est le loyer annuel de l'unité de surface de terrain.
V_i est la subvention annuelle versée aux ménages de la catégorie i.
Le modèle dual revient donc bien à minimiser le total des loyers et des subventions. Il y a donc bien équilibre entre les loyers que peuvent payer les ménages (maximisés) et les loyers reçus par les propriétaires fonciers (minimisés).

Les auteurs considéraient ce modèle comme une recherche théorique et ne l'ont pas caché à leurs commanditaires (le groupe d'étude de transports de la région de Philadelphie). Mais ils ont indiqué :

— Les applications possibles de ce type de modèles, qui rappellent celles des modèles théoriques des valeurs foncières : élaborer une politique de transports, de zonage, d'équipements collectifs, en testant l'effet des mesures prises (ou envisagées) sur les loyers et la répartition des résidences; guider une politique de rénovation, par exemple en mettant en évidence des loyers élevés possibles dans des quartiers où l'état immobilier conduit à des loyers très bas...; politique d'aide au logement (par l'étude des subventions); mécanismes de ségrégation sociale ou raciale (en introduisant des coûts d'agrément).

— Les difficultés d'application. La collecte des données nécessaires à la mise en œuvre du modèle peut constituer un obstacle presque insurmontable, notamment quant aux préférences des ménages et aux niveaux d'agrément. De même, le modèle nécessite une connaissance précise de la structure et des caractéristiques des ménages et des terrains disponibles.

— Les insuffisances théoriques. Plusieurs hypothèses, implicites ou explicites, réduisent la portée du modèle :
• l'utilisation de périodes itératives, même courtes, ne simulent pas nécessairement l'évolution réelle dans un temps continu;
• les interactions entre les ménages ne sont pas prises en compte, sauf pour la compétition pour les terrains;
• les interactions, en cours de période, entre localisation des résidences et des activités économiques, ne sont pas prises en compte;
• l'influence des coûts de transport peut conduire les ménages à se concentrer près du centre principal;
• l'optimum économique proposé ne constitue pas nécessairement un optimum social.

C'est parce qu'ils étaient conscients de ces difficultés que les auteurs proposaient eux-mêmes des voies de recherche ultérieure :
— élargir le champ des possibilités de choix offertes à chaque ménage;
— introduire un lien entre la localisation d'un ménage et le schéma de ses déplacements (donc de ses activités);
— introduire l'interaction entre les activités au cours de chaque période itérative;
— rechercher si la quantité maximisée est la meilleure possible.

Les spécialistes du groupe d'étude de transports de la région de Philadelphie, malgré l'aide de l'université de Pennsylvanie, ne réussirent pas à rendre ce modèle opérationnel et l'abandonnèrent [1]. Cependant, quelques années plus tard, Britton Harris [2] devant tenter à nouveau d'appliquer ce modèle aux

---

[1] Au profit des modèles de Seidman, modèles empiriques, voir MERLIN (Pierre), op. cit.
[2] Le professeur B. HARRIS, qui conseillait le Penn Jersey Transportation Study, avait été à l'origine du contrat confié à STEVENS et J. D. HERBERT. Après l'échec de la Penn Jersey Transportation Study, il reçut, en 1965, une subvention de la National Science Foundation.

agglomérations de New York et San Francisco, après l'avoir simplifié et complété dans le cadre d'un séminaire universitaire ([1]).

([1]) B. Harris repart de la formulation d'Alonso, très proche sur le plan théorique du modèle d'Herbert et Stevens :

$$y = Z + R + T$$ équation de revenu

où $Z = p_z \cdot z$ autres biens que le terrain et les transports
$R = r(x) \cdot q$ loyer du terrain
$T = k(x)$ coût des transports qui est fonction de l'accessibilité

et il propose une formulation mathématique de la formule d'utilité en fonction de Z et de la valeur Q du logement :

$$U = \log(ZQ^\alpha) + A(x)$$

d'où, pour chaque quartier k, une équation du type :

$$\log Z_k = u_k + \sum_i \alpha_{ik} W_{ik} + \sum_j \beta_{jk} x_{jk}$$

où $W = \log Q$ mesure la qualité et la dimension du logement.

$A(x) = \sum_j \beta_j x_j$ est la somme des termes caractérisant l'accessibilité (distances, logarithmes, de distances...);

i caractérisant la catégorie des ménages;
j caractérisant le type de logements;
α_i, β_j et u_k étant des paramètres qui sont des fonctions linéaires de variables socio-économiques v_h

$$\alpha_{ik} = \alpha_{io} + \sum_h \alpha_{ih} v_{hk}$$

$$\beta_{jk} = \beta_{jo} + \sum_h \beta_{jh} v_{hk}$$

$$u_k = u_o + \sum_h u_h v_{hk}$$

$(\alpha_{io}, \beta_{jo}, u_o, \ldots \alpha_{ih}, \beta_{jh}, u_h, \ldots)$ sont des coefficients à ajuster.
Les variables socio-économiques, v_h sont :
— le revenu médian annuel des ménages (dans chaque quartier k);
— le nombre médian de personnes par ménage (dans chaque quartier k);
— la proportion d'habitants de couleurs (dans chaque quartier k);
— la proportion de logements en propriété (dans chaque quartier k).

Les revenus y, les dépenses de loyer du terrain R et la plupart des variables socio-économiques et des données concernant le logement proviennent du recensement de la population. Les autres données sont tirées d'enquêtes diverses (transports, utilisation du sol...). Les variables d'accessibilité (x_{jk}) sont des coûts généralisés mesurés séparément en automobile et en transports en commun, par rapport aux populations, à l'emploi industriel, aux commerces de détail et aux autres emplois.
L'ajustement du modèle permet de déterminer les coefficients du système d'équations. Pour son application prospective, on détermine par différence les loyers R que les ménages peuvent payer en fonction des caractéristiques du logement (Q) :

$$R = y - Z - T$$

On obtient ainsi les courbes d'enchères $R(Q)$ de chaque catégorie de ménages. La courbe des loyers est l'enveloppe de ces courbes d'enchères (cf. théorie d'Alonso). Le point de tangence entre la courbe d'enchères et la courbe des loyers détermine le loyer (et les caractéristiques du logement) pour la catégorie de ménages considérée.
Une application itérative du modèle permet d'assurer la tangence de toutes les courbes d'enchères avec la courbe des loyers et donc d'éliminer les subventions du modèle d'Herbert et Stevens.

Cette application permet un certain nombre de tests concernant :

— la structure de l'agglomération;
— la modification de la répartition spatiale des emplois;
— la distribution des prix des terrains libres;
— la modification des fonctions de préférence des ménages;
— les réseaux de transport;
— la structure du parc de logements;
— la politique de loyers, etc.

Sur le plan théorique, l'adaptation du modèle par B. Harris, réintroduit, en utilisant la théorie d'Alonso :

— l'influence du zonage;
— les activités;
— la diversité des types j de logements dans un quartier k;
— les centres secondaires.

L'application à New York a conduit à des résultats excellents : environ 98 % de variance expliquée. Mais les résultats arrivèrent après que la Regional Plan Association ait présenté son nouveau plan régional. A San Francisco, la collecte des données nécessaires ne fut jamais assurée.

Mais, même si l'application à New York et à San Francisco s'est révélée difficile, le modèle d'Herbert et Stevens s'est révélé constituer un remarquable outil d'analyse des mécanismes du développement urbain. Il a influé toute une lignée de chercheurs, au même titre que la théorie d'Alonso, à laquelle il se rattache directement.

LE MODÈLE « POLYMETRIC » DE DIETER

C'est aussi pour les besoins de l'étude de transport d'une grande agglomération, celle de Boston, que fut conçu le modèle « Polymetric ». Comme le modèle d'Herbert et Stevens, sa conception est très intéressante, mais il se révéla difficile à mettre en œuvre. Aussi fut-il abandonné au profit d'un modèle moins séduisant mais plus opérationnel, le modèle « Empiric ». Malgré cet échec initial, il inspira de nombreux chercheurs et fut encore récemment utilisé en France pour simuler le desserrement des industries parisiennes vers la banlieue.

Le modèle « Polymetric » accorde une importance primordiale aux facteurs d'accessibilité et cherche à expliquer la variation dans le temps de la distribution spatiale des catégories de population et d'emploi en fonction d'une « désirabilité » de chaque quartier liée notamment à son accessibilité. Le rôle primordial joué par ce facteur est à relier à l'objectif initial du modèle : effectuer les prévisions de répartition de la population et des activités nécessaires à une étude de transports.

Plus précisément, le modèle a la structure d'un modèle démographique : le niveau, dans un quartier, d'une catégorie d'activités ou de population, varie d'un terme proportionnel à la croissance générale dans l'agglomération de cette catégorie (mouvement naturel) et de la somme des mouvements entre quartiers (migrations). Ces mouvements entre quartiers sont eux-mêmes fonction d'une mobilité générale propre à cette activité (ou à cette catégorie de population) et à la différence de désirabilité, pour cette activité ou cette population, entre les deux quartiers. La désirabilité est fonction des accessibilités pour les différentes activités et catégories de population et du contenu du quartier : activités et catégories de population existantes, certaines s'attirant, d'autres se repoussant au contraire (¹).

Malgré sa structure « logique », le modèle Polymetric a été peu utilisé. Il a été mis au point sur le cas de Boston, en distinguant cinq activités : deux catégories de population (les « cols blancs » et les « cols bleus ») et trois catégories d'emplois (industrie, commerce et entrepôts, autres emplois). Les données de recensements et enquêtes de 1950, 1955, 1960 ont servi à déterminer les valeurs des coefficients numériques. Il a été repris pour expliquer la localisation des activités dans les modèles mis au point, après l'abandon de

---

(¹) La formulation mathématique est la suivante :

soit G_i^k le niveau d'une activité (ou l'effectif d'une catégorie de population) k dans le quartier i;
soit p^k le taux de croissance de l'activité k pour l'ensemble de l'agglomération au cours de la période étudiée;
soit M_{ij}^k le mouvement de l'activité k entre les quartiers i et j pendant la période étudiée.

Le solde des mouvements consernant l'activité k dans le quartier i au cours de la période étudiée s'exprime :

$$\frac{dG_i^k}{dt} = p^k G_i^k + \sum_{j=1}^{j=n} M_{ij}^k - \sum_{j=1}^{j=n} M_{ji}^k$$

Les mouvements des activités sont une fonction de leur mobilité générale p^k et de la différence de désirabilité entre quartiers pour cette activité. Soit H_i^k la désirabilité du quartier i pour l'ctivité k :

$$M_{ij}^k = G_i^k \cdot e^{(H_j^k - H_i^k + p^k)}$$

Les termes $H_i^k - H_i^k$ traduisent la mobilité raisonnée et le terme p^k traduit la mobilité aléatoire.
La désirabilité H_i^k s'exprime elle-même par :

$$H_i^k = \sum_{k=1}^{k=K} \alpha^{kk'} \frac{G_i^{k'}}{S_i} + \sum_{k=1}^{k=K} \beta_i^{kk'} A_i^{k'}$$

où S_i représente la surface totale du quartier i;
$G_i^{k'}$ le niveau de l'activité k' (distincte de k) dans le quartier i;
$A_i^{k'}$ l'accessibilité du quartier i pour l'activité k'.

$\alpha_{kk'}$ est un coefficient qui caractérise l'effet d'entraînement (positif ou négatif) exercé par l'activité k' sur l'activité k . $\beta_i^{kk'}$ est un coefficient qui caractérise l'attraction exercée, dans le quartier i, par l'accessibilité de celui-ci pour l'activité k', sur le niveau de l'activité k.
Enfin, l'accessibilité $A_i^{k'}$ du quartier i pour l'activité k' s'exprime :

$$A_i^{k'} = \sum_{j=1}^{j=n} G_j^{k'} \cdot e^{\gamma C_{ij}}$$

où C_{ij} est le coût généralisé de transport entre les quartiers i et j et γ est un coefficient.

celui d'Herbert et Stevens, pour l'étude de transport de la région de Philadelphie.

Le modèle Polymetric, sous une forme simplifiée et un peu modifiée, a été également utilisée pour l'étude des mouvements des établissements industriels en région parisienne ([1]). Sa forme même semblait le prédestiner pour décrire un mécanisme dont l'élément principal est constitué par le desserrement : l'idée fondamentale était en effet que ces desserrements obéissent aux différences d'attractivité entre les quartiers de l'agglomération parisienne, ce qui les conduit généralement à des déplacements radiaux centrifuges ([2]). Mais il a fallu introduire une résistance au déplacement croissant avec la longueur de celui-ci, mais non négligeable même pour de petits déplacements et qui traduit en quelque sorte un attachement évident à une localisation existante.

Une analyse préalable des départs d'une part, des implantations d'autre part, a fait apparaître une variable importante — le nombre d'établissements de la même activité — qui a conduit à mener l'analyse branche par branche. Les attractivités sont des fonctions linéaires ([3]) de la densité des établissements dans la population résidente, du niveau des redevances d'implantation, etc.

Les résultats sont assez médiocres, ce qui souligne l'existence de facteurs de localisation subjectifs, étudiés par ailleurs ([4]). Ils ne deviennent acceptables (un peu plus de la moitié de la variance expliquée) que si on se limite aux mouvements vers les zones industrielles. En fait, le découpage géographique retenu était trop grossier pour pouvoir obtenir des résultats très satisfaisants, ce qui souligne encore une fois, la sensibilité des résultats d'un tel modèle au découpage retenu ([5]).

IV. — LES MODÈLES DESCRIPTIFS

Si les modèles explicatifs possèdent en commun la double caractéristique d'une approche conceptuelle intéressante et d'une inadaptation aux problèmes opérationnels, les modèles descriptifs présentent les caractéristiques inverses. Après l'échec des premiers, on tenta de mettre au point des modèles opérationnels, reposant largement sur des analyses statistiques simples, sans se soucier d'expliquer le développement urbain.

Ainsi les modèles de Seidman furent-ils établis et utilisés par le groupe d'études de transports de la région de Philadelphie après l'abandon du modèle d'Herbert et Stevens ([6]). De même, le modèle « Empiric » de D. Hill, qu'on

---

([1]) GUIONNET (Sylvie), CROSET (Gérard) et divers, sous la direction de MERLIN (Pierre). — Facteurs de localisation des activités en région parisienne, Paris, *I.A.U.R.P.*, 2 vol., Juin et Août 1969, 122 + 127 p.

([2]) PALIERNE (Jean-Paul). — Mouvement des établissements industriels en région parisienne, in *Cahiers de l'I.A.U.R.P.*, vol. 1, Octobre 1964, 112 p.

([3]) Dont les coefficients sont déterminés par régression multiple « pas à pas », c'est-à-dire en introduisant les variables par ordre d'importance décroissante.

([4]) AHTIK (Vitomir), CASTELLS (Manuel), OSTROWETSKY-ZYGEL (Sylvia) et TOURAINE (Alain). — Mobilité des entreprises industrielles en région parisienne, in *Cahiers de l'I.A.U.R.P.*, vol. 11, Mai 1968, 88 p.

([5]) Voir chapitre I.

([6]) MERLIN (Pierre). — *Op. cit.*

analysera ci-dessous, fut conçu comme une version simplifiée du modèle « Polymetric » de Dieter et, comme lui, mis au point pour l'agglomération de Boston. Des moyens souvent considérables furent affectés à ces travaux, sans que les résultats soient toujours proportionnels aux efforts entrepris. Ainsi, plus que les modèles complexes et inachevés de la puissante Rand Corporation (¹), qui ont établi de multiples relations statistiques sur ordinateur sans aucun fil directeur, on retiendra le modèle de Lowry, mis au point pour Pittsburgh et qui a été le plus souvent utilisé aux Etats-Unis. On présentera enfin les modèles mis au point à Paris, par l'Institut d'Aménagement et d'Urbanisme de la région parisienne (I.A.U.R.P.), dans le cadre de la préparation et de la mise en œuvre du schéma directeur régional.

LE MODÈLE « EMPIRIC »

Conçu par D. M. Hill (²) pour Boston, parallèlement au modèle « Polymetric » conçu par K. Dieter pour la même ville, le modèle « Empiric » repose sur les mêmes bases théoriques que celui-ci, notamment l'idée d'attraction (ou de répulsion) qu'exercent les unes sur les autres les différentes activités ou catégories de population, et le rôle des accessibilités.

Sa formulation mathématique est plus simple. Au lieu d'une série de relations explicatives qui s'emboîtent, il se présente sous forme d'équations simultanées de régression multiple.

Les activités considérées sont les mêmes que celles du modèle « Polymetric » : deux catégories de populations et trois catégories d'emplois. Les variables explicatives sont diverses :

— intensité d'utilisation du sol (densités),
— politique de zonage,
— accessibilité en automobile,
— accessibilité en transports en commun,
— niveau de service du système d'égouts.

Ces variables ont été retenues après une série d'analyses statistiques préalables ayant pour objet de dégager celles dont l'influence semblait la plus importante. Elles sont déterminées par divers services statistiques (recensements, services publics...). Les accessibilités sont des fonctions des temps de trajet.

Le modèle prend une forme linéaire : la variation de l'importance relative d'une activité dans une zone entre deux dates est la somme de :

— l'effet des variations de l'importance relative des autres activités dans la même zone (effets d'entraînement ou de répulsion);
— l'effet des variations de l'importance relative de certaines variables explicatives dans la même zone (ou celui du niveau de cette importance relative pour les autres variables explicatives).

(¹) Voir note 6, page précédente.
(²) Hill (Donald M.). — *A growth allocation model for the Boston region. Its development, calibration and validation*, Philadelphia, Traffic Research Corporation, 1964, 20 + 12 p.

On notera que le modèle prend en compte les relations réciproques entre les catégories de population et d'activités concernées ([1]).

Le modèle « Empiric » a été ajusté sur les données de la période 1950-1960. Il fut d'abord utilisé pour « retrouver » les résultats de 1955 (test de qualité de l'ajustement, très discutable dans son principe, puisque 1955 est compris dans la période d'ajustement). Il a ensuite été appliqué dans un but prospectif pour prévoir l'évolution entre 1960 et 1970, 1970 et 1980, etc. jusqu'à la fin du siècle. Il est apparu que les résultats dépendant, comme on pouvait s'y attendre, de la longueur des périodes considérées et qu'il était préférable que celles-ci soient plus courtes. Le modèle a été appliqué en divisant l'agglomération en 29 quartiers, sa précision décroissant pour un trop grand nombre de quartiers.

([1]) La formulation mathématique, simple dans son principe, est complexe dans les notations dont elle nécessite l'emploi :

Soit G_i^k le niveau de l'activité (ou catégorie de population) k dans le quartier i (k varie de 1 à K).

Soient (t) et $(t + 1)$ les deux dates considérées.

Soit $v_i{}^j$ le niveau de la variable explicative j dans le quartier i.

Soit n le nombre de quartiers (i varie de 1 à n).

Soit $\alpha_{kk'}$ un coefficient caractérisant les relations (attraction ou répulsion) entre les activités k et k'.

Soit β_{jk} un coefficient caractérisant les relations entre l'activité k et la variable explicative j (j varie de 1 à J).

La variation relative de l'importance de l'activité k dans le quartier i, entre les dates (t) et $(t + 1)$ s'exprime :

$$\frac{G_i^{k(t+1)}}{\sum\limits_{i=1}^{i=n} G_i^{k(t+1)}} - \frac{G_i^{k(t)}}{\sum\limits_{i=1}^{i=n} G_i^{k(t)}} = \sum\limits_{\substack{k'=1 \\ k' \neq k}}^{k'=K} \alpha_{kk'} \left[\frac{G_i^{k'(t+1)}}{\sum\limits_{i=1}^{i=n} G_i^{k'(t+1)}} - \frac{G_i^{k'(t)}}{\sum\limits_{i=1}^{i=n} G_i^{k'(t)}} \right]$$

$$+ \sum\limits_{j=1}^{j=j_1} \beta_{jk} \left[\frac{v_i^{j(t+1)}}{\sum\limits_{i=1}^{i=n} v_i^{j(t+1)}} - \frac{v_i^{j(t)}}{\sum\limits_{i=1}^{i=n} v_i^{j(t)}} \right] + \sum\limits_{j=j_1+1}^{j=J} \beta_{jk} \left[\frac{1}{n} - \frac{v_i^{j(t)}}{\sum\limits_{i=1}^{i=n} v_i^{j(t)}} \right]$$

Les coefficients tels que $\alpha_{kk'}$ et β_{jk} sont déterminés lors de l'ajustement du modèle en vérifiant certaines contraintes fixées *a priori*; parmi les variables explicatives v, l'accessibilité en automobile A^{auto} s'écrit :

$$(A^{auto})_i^j = \sum\limits_{i'=1}^{i'=n} v_i^j e^{-\gamma t_{ii'}^{auto}}$$

où $t_{ii'}^{auto}$ est le temps de trajet en automobile entre les quartiers i et i' et γ un coefficient à ajuster;

De même l'accessibilité en transports en commun A^{TC} :

$$(A^{TC})_i^j = \sum\limits_{i'=1}^{i'=n} v_i^j e^{\gamma t_{ii'}^{TC}}$$

où $T_{ii'}^{tc}$ est le temps de trajet en transport en commun entre les quartiers i et i'.

Il est apparu particulièrement apte à tenir compte des changements dans la politique de transport et, surtout, dans la politique de zonage. On l'a utilisé pour prévoir les conséquences de différentes politiques d'urbanisme. Il a aussi servi à établir des prévisions détaillées de répartition spatiale des activités (10 catégories d'activités, 600 quartiers).

Par rapport à d'autres modèles descriptifs, le modèle « Empiric » présente plusieurs avantages :

— il intègre l'analyse conceptuelle du modèle « Polymetric » notamment quant aux interactions des activités actuelles et au rôle (et à l'expression) des accessibilités ;

— ces interactions des activités entre elles apparaissent dans la formulation même sous forme d'équations simultanées.

Mais, comme tout modèle seulement descriptif, il ne peut pas prendre en compte une éventuelle évolution des relations liant ces activités et les variables explicatives.

LE MODÈLE DE LOWRY

Le modèle de Lowry, initialement conçu pour être appliqué à la ville de Pittsburgh, est également opérationnel. Ici, cependant, la démarche a été un peu différente. C'est, en effet, dès 1959 (donc avant les premiers travaux d'Alonso ou le modèle d'Herbert et Stevens que I. S. Lowry présente ce modèle comme thèse universitaire [1]. Celui-ci fut ensuite repris par l'organisme de planification de la région urbaine de Pittsburgh [2] puis par la Rand Corporation où l'auteur fut engagé et poursuivit ses travaux grâce à une subvention de la fondation Ford [3].

Le modèle se présente comme un outil expérimental ayant pour objet de décrire la répartition géographique de la population et de l'emploi et de définir l'utilisation du sol dans une agglomération. Il distingue trois secteurs, par ordre de mobilité croissante, ce qui le conduira à les localiser dans cet ordre :

— les activités de base (industrie, bureaux, administration), dont les clients ne sont pas locaux : bref, il s'agit de l'emploi fondamental [4] ;

— les activités résidentielles liées à une clientèle locale [4] : commerce de détail, services aux particuliers, administration locale...) ;

— les ménages (population résidente).

Les activités de base sont supposées connues de façon exogène par rapport

---

[1] LOWRY (Ira S.). — *Residential location in urban areas*, Thèse Berkeley, University of California, 1959.

[2] LOWRY (Ira S.). — *Design for an intra regional location model*, Pittsburgh, Pittsburgh Regional Planning Association, 1960.

LOWRY (Ira S.). — Locational parameters in the Pittsburgh models, *Papers and proceedings of the Regional Science Association*, vol. II, 1963, pp. 145-166.

[3] LOWRY (Ira S.). — A model of metropolis : Santa Monica, *Rand Corporation*, Août 1964, xi + 136 p.

[4] Voir chapitre i.

au modèle (c'est-à-dire réparties *a priori*). La population résidente correspondant à ces emplois est ensuite répartie en utilisant un modèle de type gravitaire ([1]) avec des contraintes de densité pour éviter une concentration trop grande près des pôles d'activités. Les ménages ainsi localisés induisent des activités résidentielles, dont la localisation sera la même que celle des ménages, et d'effectif proportionnel à ceux-ci ([2]). La population résidente correspondant à ces emplois résidentiels est ensuite localisée (au même endroit) et ainsi de suite... Des contraintes permettent en outre d'assurer le regroupement des activités tertiaires à différents niveaux (centres hiérarchisés).

Ce modèle repose donc uniquement sur la description statistique du lien entre le lieu de résidence et le lieu d'emploi des citadins qui est simulé par un modèle gravitaire. Aucune notion économique n'est introduite. Les interactions entre activités n'apparaissent qu'au niveau des trois secteurs (ménages, activités de base, activités résidentielles). Les règles d'urbanisme interviennent seulement sous forme de contraintes [densités maximales, zonage ([3])].

([1]) Voir chapitre IV.
([2]) Voir chapitre I.
([3]) La formulation mathématique du modèle est la suivante :

$$S_i = S_i^V + S_i^B + S_i^R + S_i^M$$

où i $(1, \ldots, n)$ caractérise le quartier;
S la surface totale;
B caractérise les activités de base,
S^V la surface vacante (inutilisable);
R caractérise les activités résidentielles;
M caractérise les ménages.

L'emploi résidentiel E^a dans une activité a est liée à la population totale P de l'agglomération par la relation :

$$E^a = k^a P$$

a varie de 1 à A (nombre d'activités résidentielles).
L'emploi résidentiel dans une activité a dans un quartier i est la somme de deux éléments :
— une part induite par les populations résidentes P_j des différents quartiers j et fonction de l'accessibilité de ceux-ci au quartier i (utilisation du modèle gravitaire);
— une part induite par l'emploi du quartier et proportionnelle à celui-ci :

$$E_i^a = \alpha^a \left[\sum_{j=1}^{j=n} \frac{\gamma^a P_j}{A_{ij}\beta} + \delta^a E_j \right]$$

où β est le paramètre du modèle gravitaire;
α^a, γ^a et δ^a, sont des paramètres à ajuster;
A_{ij} mesure l'accessibilité entre les quartiers i et j (c'est un indice de distribution des déplacements).
L'emploi résidentiel total dans une activité a est la somme de l'emploi dans cette activité dans les différents quartiers :

$$E^a = k^a P = \sum_{i=1}^{i=n} E_i^a = \sum_{i=1}^{i=n} \alpha_a \left[\sum_{j=1}^{j=n} \frac{\gamma^a P_j}{A_{ij}\beta} + \delta^a E_j \right]$$

L'emploi total E_i dans un quartier i est la somme de l'emploi de base E_i^B et de l'emploi

Les premiers résultats obtenus par le modèle de Lowry, appliqué à Pittsburgh, furent assez médiocres. Ceci était dû en partie à l'insuffisance des données. Ainsi, les accessibilités furent-elles mesurées par des distances à vol d'oiseau.

Le découpage en quartier était une grille rectangulaire de un mile (1,6 km) de côté. Il a néanmoins été utilisé pour étudier les problèmes de rénovation du centre de Pittsburgh (1963-1965) et pour les études de transport. Il a, sous une forme parfois modifiée, été utilisé dans de nombreuses agglomérations américaines (San Francisco, etc.).

On peut reprocher avant tout à ce modèle son caractère statique : le temps n'intervient qu'indirectement, par le jeu du découpage de la période de prévision en sous-périodes au cours desquelles le modèle est appliqué. Comme dans tout modèle descriptif, on ne peut retracer les mécanismes qui régissent le

---

résidentiel dans les différentes activités :

$$E_i = E_i^B + \sum_{a=1}^{a=A} E_i^a = E_i^B + \sum_{a=1}^{a=A} \alpha^a \left[\sum_{j=1}^{j=n} \frac{\gamma^a P_j}{A_{ij}\beta} + \delta^a E_j \right]$$

Enfin, le terrain utilisé pour les activités résidentielles est déterminé par la densité en emplois d^a de l'activité a

$$S_i^R = \sum_{a=1}^{a=A} S_i^A = \sum_{a=1}^{a=A} \frac{E_i^a}{d^a}$$

La population totale de l'agglomération P est reliée à l'emploi total E par la relation :

$$P = \sum_{i=1}^{i=n} \frac{E_i}{z}$$

où z est le taux d'activité de la population de l'agglomération.

La distribution de la population résidente entre les quartiers est effectuée à l'aide du modèle gravitaire :

$$P_i = z' \sum_{j=1}^{j=n} \frac{E_j}{A_{ij}\beta}$$

z' étant un coefficient numérique déterminé par la relation :

$$P = \sum_{i=1}^{i=n} P_i$$

Enfin, on introduit les contraintes suivantes :

$E_i^a \geqslant E_o^a$
ou sinon : $E_i^a = 0$ Cette contrainte exprime qu'il doit y avoir une clientèle minimum dans ce quartier pour une activité pour que celle-ci y soit représentée;

$P_i \leqslant d_i^M S_i^R$:   contrainte de densité résidentielle, cette densité d^M variant selon les quartiers;

$S_i^R \leqslant S_i - S_i^Y - S_i^B$:   contrainte de surface.

L'ajustement du modèle est effectué en plusieurs étapes par itérations successives.

marché immobilier, ni ceux qui gouvernent le comportement des individus et des agents économiques. Il s'agit d'un modèle macro-économique, d'une approche de physicien en quelque sorte. Il ne peut donc prendre en compte une éventuelle modification des comportements que par un changement *a priori* de la valeur des coefficients.

Le choix d'un modèle gravitaire pour la répartition des ménages en fonction de celle des emplois donne une importance primordiale à la répartition de ces derniers et conduit à une accumulation de la population près des centres d'emplois, seulement tempérée par les contraintes de densité introduites. En outre, la liaison habitat-emploi est supposée être la même pour les emplois de base et pour les emplois résidentiels, ce qui est en contradiction avec la définition même de ces deux notions ([1]).

Le modèle de Lowry présente cependant deux avantages, d'ailleurs liés entre eux : sa simplicité et son caractère opérationnel. Malgré les réserves théoriques qu'il suscite, c'est un outil directement utilisable. C'est sans doute la raison pour laquelle, de tous les modèles d'urbanisation, ce fut le plus utilisé.

L'auteur lui-même, bien qu'ayant abandonné ce secteur de recherche, était très conscient des limites d'un tel modèle. Il lui paraissait moins important d'améliorer celui-ci pour aboutir à des prévisions plus précises que de porter les efforts sur les aspects économiques du mode de répartition des ménages et des activités (coûts, loyers, subventions...) afin de pouvoir tester les conséquences prévisibles de telle ou telle mesure d'urbanisme ([2]).

LES MODÈLES DE L'INSTITUT D'AMÉNAGEMENT ET D'URBANISME DE LA RÉGION PARISIENNE

Si quelques théories brillantes ont été élaborées en France sur la croissance urbaine ([3]), peu de modèles à vocation opérationnelle ont été mis au point. La Société d'Économie et de Mathématiques Appliquées (S.E.M.A.), chercha, pour le Ministère de la Construction, à la suite d'une intéressante réflexion théorique, à mettre au point un modèle expliquant la croissance urbaine à partir de la structure du marché foncier, mais ce modèle ne s'est guère avéré opérationnel ([4]). Une autre approche, plus modeste, a été tentée par l'Institut d'Aménagement et d'Urbanisme de la Région Parisienne (I.A.U.R.P.). Celle-ci vise à s'insérer dans un effort de planification régionale en fournissant au planificateur, qui propose un schéma volontariste, non un guide mais des critères de vraisemblance et un moyen de mesurer les chances de réalisation du plan qu'il propose ([5]).

([1]) Voir chapitre I.

([2]) C'est dans ce sens que s'est engagée la ville de San Francisco pour étudier ses problèmes de rénovation.

([3]) Voir ci-dessus la théorie de R. MAYER.

([4]) MAAREK. — *Recherche sur l'urbanisation spontanée*, Paris, *S.E.M.A.*, Juin 1964, 60 p.

([5]) MERLIN (Pierre). — Modèle d'urbanisation spontanée, in *Cahiers de l'Institut d'Aménagement et d'Urbanisme de la Région Parisienne*, vol. n° 4-5, Transports urbains, fascicule 3, Avril 1966, 47 p.

Le modèle retrace l'évolution de la croissance de la banlieue parisienne depuis le début du siècle. Pour l'étude des populations, l'analyse limitée à la moitié sud et est, distingue trois périodes très différentes par le type d'urbanisation :

— l'avant guerre : entre les recensements de 1901 et 1911 ;
— l'entre deux guerres : entre les recensements de 1921 et 1936 ;
— l'après guerre : entre les recensements de 1946 et 1962.

Pour les emplois, l'étude porte sur l'ensemble de la banlieue entre 1954 et 1962, dates des deux seuls recensements pour lesquels on disposait de statistiques d'emploi au lieu de travail (par sondage au 1/20 seulement, lors de l'établissement du modèle, pour le recensement de 1962). Le modèle ne distingue pas différentes catégories de population ni d'emplois. L'étude est menée au niveau géographique le plus fin pour lequel les statistiques sont disponibles : la commune.

Le modèle ne prétend pas expliquer les mécanismes qui ont régi l'urbanisation de la région parisienne depuis le début du siècle. Plus modestement, il vise à retracer cette évolution à l'aide d'un modèle descriptif et à permettre des prévisions. La forme du modèle, quelque peu inhabituelle, est celle d'un schéma multiplicatif où l'effet de chacun des facteurs pris en compte intervient sous forme de coefficient multiplicateur du rythme moyen de croissance pour l'ensemble de l'agglomération. Ces coefficients multiplicatifs sont déterminés par une méthode de résidus. Ce schéma multiplicatif, qui a semblé résulter d'une réflexion intuitive, n'est, en fait, pas justifié.

Parmi les nombreux facteurs susceptibles d'intervenir sur le phénomène décrit, un nombre limité a pu être retenu. En effet les facteurs pris en compte doivent être mesurables, ou au moins ordonnables. En outre, le caractère « historique » du modèle impose que les valeurs de ces facteurs puissent être déterminées rétrospectivement depuis le début du siècle. Ainsi des facteurs aussi importants *a priori* que les valeurs foncières ont dû être écartés. D'autres, telle que la valeur du site n'ont pu être retenus ne pouvant être mesurés ou même classés de façon objective. L'auteur note que la restriction du nombre des facteurs pris en compte ne nuit que modérément à la qualité du modèle, les facteurs éliminés étant souvent en forte corrélation avec les facteurs retenus qui suffisent à expliquer la plus grande part de leur variance. En outre, la simplicité du modèle et le désir de l'appliquer à des fins prospectives nécessitaient l'introduction d'un nombre limité de facteurs, faciles à déterminer. Les facteurs suivants ont été retenus pour l'analyse de la croissance de la population :

— la distance aux portes de Paris intra-muros ;
— la densité de population calculée par rapport à la surface urbanisable ;
— la nature de la desserte par transports en commun ;
— la répartition de surface libre (pour la seule période 1946-1962, ce facteur ne pouvant être mesuré avant 1945).

Pour l'analyse des emplois entre 1954 et 1962, les facteurs suivants ont été retenus ([1]) :

— la distance aux portes de Paris intra-muros;
— la proportion de surface libre;
— la nature de la desserte par transports en commun;
— l'existence ou l'absence de voies navigables.

Une méthode analogue a permis sur les exemples des autoroutes de l'Ouest et du Sud, en comparant le rythme d'urbanisation observé au rythme calculé par le modèle précédent, de déterminer l'effet particulier de la desserte par autoroute sur l'urbanisation.

Le modèle concernant les emplois est analogue. Mais pour tenir compte de la possibilité de diminution de l'emploi d'une commune, la variable expliquée n'est pas le taux de croissance r mais l'augmentation relative $1 + r$. Il est ajusté de façon analogue.

L'ajustement du modèle est médiocre pour la période 1901-1911, très bon pour les deux autres périodes et pour le modèle de répartition géographique des emplois (variance résiduelle de l'ordre de 30 %).

Le modèle permet de mettre en évidence :

— l'influence prépondérante, au cours de chacune des trois périodes, du facteur densité, en particulier entre les deux guerres (lotissements) (fig. 6);
— l'influence, quelque peu décroissante, du facteur distance (fig. 7);
— l'influence décroissante de la desserte par transports en commun, celle d'une ligne à desserte intensive (type : ligne de Sceaux) restant très importante puisqu'elle augmente de 50 % le rythme d'urbanisation, toutes choses égales par ailleurs (fig. 8);

([1]) La formulation mathématique du modèle de croissance des populations est la suivante (avec trois facteurs explicatifs) :

$$r_\alpha = \bar{r} \times K_i^F \times K_j^G \times K_k^H$$

où r_α est le rythme de croissance de la population calculé pour la commune α;
$\bar{r}$ est le rythme de croissance de la population calculé sur l'ensemble de la région;
K_i^F représente l'effet du facteur F pour la classe i de ce facteur;
K_j^G représente l'effet du facteur G pour la classe j de ce facteur;
K_k^H représente l'effet du facteur H pour la classe k de ce facteur.
La valeur de ces coefficients multiplicatifs est déterminée en considérant des paires de communes α et α' — ou de groupes de communes — qui sont rangées dans la même classe pour tous les facteurs sauf un, le facteur F par exemple. On a alors :

$$r_\alpha = \bar{r} \times K_i^F \times K_j^G \times K_k^H$$
$$r_{\alpha'} = \bar{r} \times K_{i'}^F \times K_j^G \times K_k^H$$

ou en effectuant le rapport :

$$\frac{r_\alpha}{r_{\alpha'}} = \frac{K_i^F}{K_{i'}^F}$$

On peut estimer ainsi les rapports deux à deux des coefficients multiplicatifs. Le nombre de rapports ainsi estimé étant supérieur à celui des coefficients à déterminer, un traitement par moindres carrés, après transformation logarithmique, est effectué pour déterminer les valeurs les plus probables de ces coefficients. Des corrections sont enfin effectuées pour assurer que les moyennes marginales obtenues par le modèle sont égales aux rythmes observés.

— l'influence très importante de la desserte par autoroute (accélération de 70 % du rythme d'urbanisation par l'autoroute du Sud);

— la croissance plus rapide de l'emploi entre 3 et 10 kilomètres des portes de Paris et à l'extérieur de l'agglomération, qu'en proche et en lointaine banlieue.

L'auteur voit dans ces résultats la démonstration du rôle accélérateur joué par les moyens de transport (surtout lignes ferrées à desserte intensive et de plus en plus, autoroutes) sur l'urbanisation, ce qui souligne l'attention qui doit être apportée à la sélection de ces infrastructures et des zones qu'elles desserviront. En outre, il apparaît que la tendance naturelle de l'urbanisation serait une combinaison de la densification de la banlieue actuelle par des grands ensembles et d'une diffusion de pavillons rappelant la période de lotis-

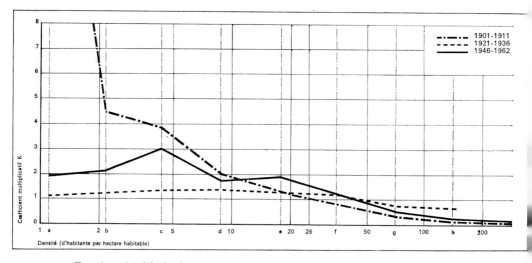

Fig. 6. — *Modèle d'urbanisation spontanée : influence de la densité (d'après Merlin).*

sements, c'est-à-dire dans les deux cas, une urbanisation anarchique ne laissant pas subsister la place nécessaire pour la réalisation des équipements indispensables.

La portée de ces conclusions est largement diminuée par deux caractéristiques du modèle. D'une part, celui-ci, purement descriptif, ne repose sur aucune théorie et, comme les modèles précédemment examinés dans ce paragraphe, les résultats ne font que décrire une situation observée et les perspectives ne permettent pas d'appréhender les mécanismes qui régissent l'urbanisation. D'autre part, le manque de stabilité des résultats d'une période à l'autre, qui traduit des phases différentes de l'urbanisation de la banlieue de Paris, diminue la portée de l'utilisation prospective du modèle. Son principal mérite est sa simplicité et son caractère opérationnel : il a servi dans le cadre de l'établissement des prospectives de population et d'emploi du schéma directeur d'aménagement et d'urbanisme de la région de Paris.

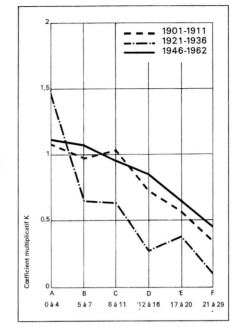

FIG. 7. — *Modèle d'urbanisation spontanée : influence de la distance (d'après Merlin).*

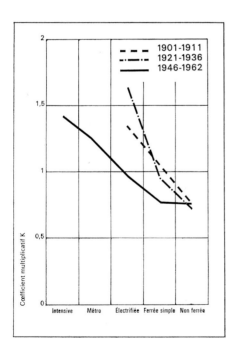

FIG. 8. — *Modèle d'urbanisation spontanée : influence de la desserte (d'après Merlin).*

Un autre essai, également destiné à la mise à jour des prévisions localisées de population et d'emploi en région parisienne a conduit l'I.A.U.R.P. en 1967 à construire un modèle sommaire de croissance de la population, des emplois industriels et tertiaires ([1]).

Le cadre géographique retenu exclut Paris et les communes limitrophes : l'évolution de ce noyau dense s'opère par renouvellement, parcelle par parcelle, du patrimoine construit et ce mécanisme était difficilement analysable avec les variables retenues, très agrégées en raison de la nature de l'information statistique disponible.

Le modèle, ajusté sur les secteurs de moyenne banlieue à partir de l'évolution observée entre les recensements de 1954 et de 1962, avait pour objet essentiel :

— d'apprécier sommairement les diverses composantes de l'évolution de l'emploi (emploi induit par la population, densification des emplois existants, créations d'activités sur les terrains disponibles);

— de tester quelques facteurs simples à prendre en compte pour effectuer des prévisions localisées de population et d'emploi, les facteurs retenus devant être faciles à déterminer au début de chaque période d'application du modèle.

Celui-ci prend la forme d'un système de trois équations linéaires simultanées à ajuster ([2]).

Le modèle a été utilisé pour calculer les prévisions de population en 1970. Les résultats ont été comparés à une prévision effectuée à partir des statistiques de permis de construire : les écarts en moins sont situés dans le Sud et l'Ouest (en cours d'urbanisation rapide) et dans les secteurs où ont lieu des opérations volontaires d'urbanisation; le modèle surestime au contraire la croissance des autres secteurs.

([1]) LEBEL (Didier). — Modèle sommaire d'évolution des populations et des emplois en banlieue parisienne de 1954 à 1962, Paris, *I.A.U.R.P.*, 1967 (déc.), 40 p.

([2]) La formulation mathématique est la suivante :

$$\Delta P = \mathcal{L}[P, \Delta E^{ind} D E^{tert}, S(C_0 - C)]$$
$$\Delta E^{ind} = \mathcal{L}'[\Delta P(C_1 - C), E^{ind}, S)]$$
$$\Delta E^{tert} = \mathcal{L}''(\Delta P, E^{tert})$$

où P représente la population totale et ΔP sa variation pendant la période étudiée;
E^{ind} représente l'emploi industriel et ΔE^{ind} sa variation pendant la période étudiée;
E^{tert} représente l'emploi tertiaire et ΔE^{tert} sa variation pendant la période étudiée;
S représente la surface disponible en début de période;
C représente la distance aux portes de Paris mesurée en coût généralisé de déplacement;
C_0 et C_1 sont des constantes à déterminer.
Les résultats obtenus sur la période 1954-1962 sont les suivants :

$$\Delta P = 1,03 \, \Delta E^{ind} + 3,41 \, \Delta E^{tert} + 2,58 \, S - 1,48 \, S \times C + k \, (R^2 = 0,79)$$
$$\Delta E^{ind} = 0,20 \, E^{ind} + 0,17 \, \Delta P - 0,07 \, C \times \Delta P + 0,05 \, S - 0,75 \, (R^2 = 0,68)$$
$$\Delta E^{tert} = 0,09 \, \Delta P + 0,14 \, E^{tert} + 0,30$$

(effectifs en milliers, surfaces en kilomètres carrés).
Le coefficient de P dans la première équation n'était pas significatif : on a donc supprimé le terme correspondant. Par contre, on améliore sensiblement la précision du modèle en modulant la constante k de la première équation selon le secteur cardinal et la présence ou l'absence d'autoroute : ce dernier peut donner à penser que la façon dont intervient la distance, mesurée par le coût généralisé C de déplacement, est trop sommaire et qu'il y aurait eu intérêt à affiner cette variable.

Ce modèle n'échappe pas cependant à la critique habituellement formulée à l'égard des modèles statistiques. La signification concrète des coefficients ajustés n'est pas claire et l'utilisation à des fins de prévision demande une grande prudence. Peut-être, estime l'auteur, les résultats auraient-ils été meilleurs en utilisant des catégories plus fines de ménages et d'emplois.

V. — LES MODÈLES STOCHASTIQUES

Les modèles explicatifs se sont, pour la plupart, révélés non opérationnels. Les modèles descriptifs sont, certes, opérationnels, mais l'absence de base théorique leur interdit d'être des outils d'analyse. Une troisième voie a été défrichée par quelques équipes : celles de modèles laissant une place au hasard, les modèles stochastiques.

Un modèle reposant sur la probabilité de migrations des ménages, en fonction de l'accessibilité des quartiers, a été présenté comme thèse à l'Université de Yale par un chercheur québequois; mais ces travaux n'ont pas été poursuivis et restent à l'état d'ébauche [1]. Plus intéressant parce que plus complet est le modèle élaboré par l'équipe de l'Université de Caroline du Nord.

LE MODÈLE DE L'UNIVERSITÉ DE CAROLINE DU NORD

Dans le cadre de l'importante étude de la croissance urbaine de la conurbation de Grenesboro (Caroline du Nord), menée à l'aide d'une importante subvention de la fondation Ford de 1957 à 1961, l'équipe de F. Stuart Chapin a été conduite à rechercher les facteurs explicatifs de la croissance urbaine et les modalités de leur intervention [2].

Procédant par régression multiple, les auteurs ont cherché à expliquer la quantité de terrain urbanisé et la densité de logements [3]. Les variables explicatives ont varié. Celles qui ont finalement été retenues sont au nombre de 15 :

— certaines ont trait à la situation foncière : valeurs foncières; proportions de terrain libre; règlementation relative au zonage;

— d'autres ont trait à la desserte : présence de routes importantes, accessibilité aux zones de travail; temps de trajet vers le centre;

— d'autres encore concernent l'environnement : proximité de zones à utilisation mixte du sol; proximité de quartiers taudifiés; proximité de quartiers habités par des gens de couleur; agrément résidentiel;

---

[1] LAROUCHE (Pierre). — *The simulation of residential growth in the Montreal region*, Québec, Department of roads, 1965 (février). Voir présentation dans MERLIN (Pierre), *op. cit.*, 74 p.

[2] CHAPIN (F. Stuart), WEISS (Shirley F.) et DONNELLY (Thomas S.). — *Factors influencing land development. Evaluation of inputs for a forecast model*, Chapel Hill, Institute for research in social science, 1962, 101 p. Voir aussi une première ébauche dans CHAPIN (F. Stuart) et WEISS (Shirley). — *Urban growth dynamics in a regional cluster of cities*, New York, J. Wiley, 1965, x + 484 p. (chap. XIII).

[3] Dans la première ébauche, la variable expliquée était l'écart entre le rythme de construction observé et celui qui résulterait d'un schéma de croissance radio-concentrique.

— enfin, les dernières concernent le niveau d'équipement : présence d'une école primaire, distance à un terrain de jeux ou à une zone de loisirs ; distance à un quartier commerçant ; proximité de zones d'emploi importantes ; desserte par le service municipal d'égouts.

Ces variables permettent d'expliquer les deux tiers de la variance pour le terrain urbanisé (fig. 9), plus de la moitié pour la densité de logements.

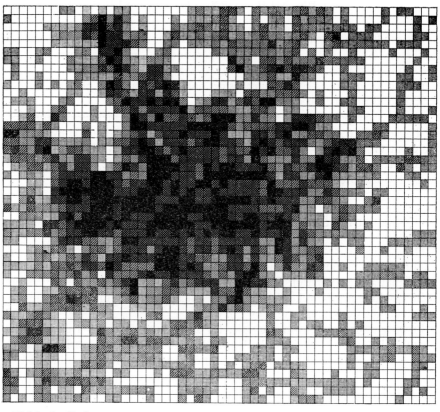

Unités de développement

▨ 9		▨ 5 - 6		▨ 1 - 2
▨ 7 - 8		▨ 3 - 4		☐ 0

Fig. 9. — *Utilisation du sol, Greensboro, Caroline du Nord, 1960 (d'après Chapin et Weiss).*

Les facteurs ainsi dégagés ont été pris en compte dans un modèle de simulation du développement urbain qui tient compte de la croissance prévue au niveau de la ville, des principales contraintes de zonage et de développement (1).

(1) DONNELLY (Thomas G.), CHAPIN (F. Stuart), WEISS (Shirley F.). — *A probabilistic model for residential growth*, Chapel Hill, Institute for research in social science, 1964 (mai), 66 p.

L'espace urbanisable est divisé en cellules et on détermine la probabilité d'urbanisation de chacune d'elles au cours de chaque période.

L'attractivité de chaque unité (1 hectare environ) est fonction de l'effet des « décisions primaires » relatives à la politique d'urbanisme, de transports, d'équipements, etc. Cet effet est mesuré à travers les facteurs suivants :

- accessibilité aux zones d'emploi : poids 6;
- distance à une route principale : poids 2;
- distance à une école primaire : poids 6;
- desserte par le réseau d'égouts : poids 6.
- des valeurs foncières en début de période : poids 15.

La valeur de ces attractivités est évaluée au début de chaque période (3 ans dans l'application qui a été faite). La simulation est effectuée sur ordinateur. Le modèle étant probabiliste devra être utilisé un très grand nombre de fois (de l'ordre de 100 par exemple), ce qui nécessite un programme très économique en temps-machine.

Cet objectif a été atteint. Cependant, la simulation n'est pas excellente, si on en juge par l'application faite à la ville de Greensboro (fig. 10). L'amélioration des données semble nécessaire pour obtenir de meilleurs résultats. En introduisant des contraintes (terrains vacants, non urbanisables par exemple), on obtient une meilleure simulation, les écarts par rapport au développement réel pouvant être expliqués par divers facteurs, en particulier les règles qui régissent le marché foncier.

Le modèle ainsi établi ne repose sur aucune base théorique. Il est synthétique, dynamique et stochastique. Il tient compte des proximités et des accessibilités, ce qui le rend utilisable pour les études de transport, d'autant plus qu'il décrit l'effet des décisions primaires et que la division de l'espace est très fine. Le caractère stochastique permet en outre de mesurer la dispersion des effets d'une décision primaire.

On peut lui reprocher de n'être adapté qu'aux zones périphériques de la ville et non aux zones centrales en déclin et de ne pouvoir servir aux études de rénovation urbaine. En outre, la liste des facteurs retenus ne prend pas en compte de facteurs subjectifs.

Malgré ces réserves, le modèle peut servir à simuler le mécanisme de développement urbain, à analyser et à expliquer le développement passé et, en étudiant les écarts entre la croissance observée et la croissance simulée, à mettre en évidence de nouveaux facteurs explicatifs. Il peut aussi être utilisé pour simuler les conséquences de décisions en matière de transports (infrastructures nouvelles, tarification, horaires...) ou pour tester des décisions d'urbanisme (zonages, densités limites) en simulant l'effet de leur application. Inversement, il peut servir à rechercher les mesures nécessaires pour orienter le développement urbain dans une direction choisie.

Les auteurs estimaient de nombreuses améliorations nécessaires, notamment pour introduire, à côté d'un modèle amélioré de comportement des ménages, un modèle de comportement des promoteurs, ceux-ci guidant largement les ménages dans leurs choix, et obéissant à leurs critères propres. Diverses enquêtes (préférences des ménages en matière de localisation, budgets-temps, comportement des promoteurs) ont été entreprises à cette fin.

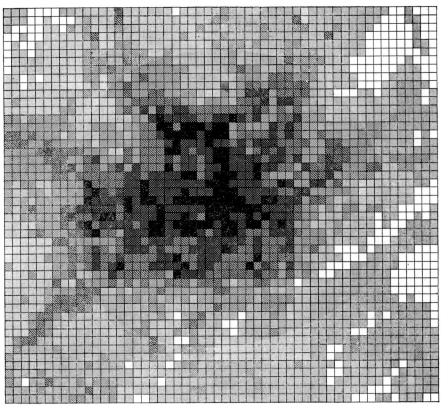

Unités de développement.

▨	9	▨	5 - 6	▨	1 - 2
▨	7 - 8	▨	3 - 4	☐	0

Fig. 10. — *Utilisation du sol prévue par le modèle, Greensboro, Caroline du Nord, 1960 (d'après Chapin et Weiss).*

VI. — LES MODÈLES PARTIELS

Ainsi, les modèles d'urbanisation apparaissent-ils comme des outils grossiers, non pleinement satisfaisants. Lorsqu'ils reposent sur une conceptualisation théorique acceptable, comme les modèles explicatifs, ils sont presque inapplicables sur le plan opérationnel. Lorsqu'ils sont opérationnels, comme les modèles descriptifs, ils n'apportent rien à la compréhension des mécanismes qui régissent la croissance urbaine. Les modèles stochastiques n'échappent pas à cette dernière critique. Aussi quelques auteurs ont préféré restreindre leur ambition à l'élaboration de modèles partiels, concernant un secteur particulier. Ce sont tout naturellement les problèmes de rénovation urbaine qui se posent surtout au centre des villes — alors que les modèles globaux ont été avant tout conçus pour prévoir la croissance périphérique — et ceux de localisation des équipements commerciaux, laissés au second plan par les mêmes modèles, qui ont suscité ces travaux.

MODÈLES DE LOCALISATION DES COMMERCES

C'est à un jeune géographe, le plus brillant représentant de l'école quantitative américaine, B. J. L. Berry, spécialiste des problèmes commerciaux [1] qu'on doit une première approche [2].

D'une part, une analyse factorielle permet, en partant comme base théorique de la théorie des places centrales [3], de dégager les facteurs expliquant la taille, le contenu et les caractéristiques de l'aire du marché des différents centres commerciaux [4].

Il est alors possible d'établir des relations indiquant :

— le nombre d'établissements selon le nombre de fonctions (établissements de nature différente) représentées;

— la surface totale du centre (y compris stationnement et voiries);

— la surface construite du centre (au sol);

— la surface de plancher du centre.

Ces modèles, dont l'ajustement est satisfaisant [5] sont opérationnels. Mais ils n'apportent guère d'éléments explicatifs à une situation que B. J. L. Berry a largement analysée par ailleurs [6]. Des travaux ultérieurs de divers auteurs ont développé ces méthodes sans vraiment les renouveler.

---

[1] BERRY (Brian J. L.). — Commercial structure and commercial blight, Chicago, University of Chicago, Department of geography, *Research paper* 85, 1963, xv + 235 p.
BERRY (Brian J. L.). — *Geography of market centres and retail distribution*, Englewood-Cliffs (New Jersey), Prentice-Hall, 1967, x + 146 p. et de nombreux articles du même auteur.

[2] BERRY (B. J. L.). — The retail component of the urban model, *Journal of the American Institute of Planners*, Vol. 31, n° 2, 1965 (mai), pp. 150-155.

[3] Voir chapitre v.

[4] A partir de 16 variables, les 4 premiers facteurs expliquent près de 90 % de la variance pour les centres non planifiés et 99,6 % pour les centres planifiés.

[5] L'application à l'agglomération de Chicago a été menée par l'auteur à partir des données fournies par les recensements commerciaux de 1948 à 1958. Ainsi, le nombre d'établissements de commerce de détail E a-t-il été déterminé en fonction de la population P (en milliers d'habitants) et de l'indice de reveny y
en 1948 :

$$E = 1\ 492 + 10,44\ P - 13,31\ y \qquad \text{(part de variance expliquée : } R^2 = 0,89)$$

en 1958 :

$$E = 899 + 7,34\ P - 4,41\ y \qquad \text{(part de variance expliquée : } R^2 = 0,84)$$

Pour la période 1948-1958, le taux annuel de croissance du nombre d'établissements commerciaux C_E s'exprime en fonction de celui de la population C_P et du revenu C_y :

$$C_E = -1,7 + 1,022\ C_P + 1,248\ C_y \qquad \text{(part de variance expliquée : } R^2 = 0,91)$$

[6] Voir note [1] ci-dessus.

D'autres approches ont cherché à appliquer des modèles classiques, utilisés notamment pour la prévision de la distribution des déplacements [1], tel le modèle gravitaire, afin de déterminer le volume d'achats possible dans chaque quartier d'une ville. Tel est le cas du modèle mis au point pour Baltimore — pour être appliqué dans le cadre d'un modèle global d'urbanisation — par T. R. Lakshmanan et W. G. Hansen [2] qui cherchaient à l'utiliser pour la planification des centres des villes nouvelles prévues dans cette région. Le test sur les données de 1963 concernant Baltimore a permis de connaître la valeur du paramètre β (résistance à la distance) en vue d'une prévision aux horizons 1970 et 1980 [3].

Appliqué de façon prospective, ce modèle permet de définir des critères d'efficacité de l'armature commerciale : ventes par unité de surface, distance moyenne des trajets effectués par la clientèle... Il nécessite la connaissance précise de la demande par quartier, de la localisation et de la taille des établissements existants, des habitudes d'achat et des temps de trajet.

De nombreux autres travaux ont repris une formulation analogue.

LES MODÈLES DE RÉNOVATION

Les mécanismes qui régissent la rénovation urbaine sont particulièrement complexes à modéliser. Ils doivent en effet tenir compte à la fois de facteurs relatifs au parc immobilier (vétusté des bâtiments, qualité de l'environnement, localisation dans la ville...) et de facteurs économiques (loyers actuels et espérés après rénovation, coût de la rénovation...). Mais la rénovation urbaine n'est pas toujours un mécanisme spontané. D'où l'importance, pour de tels modèles, d'être utilisables pour l'étude des différentes stratégies possibles et des différents programmes de rénovation, la prévision de leurs conséquences, la détermination d'indicateurs de changement.

---

[1] Voir chapitre IV.

[2] LAKSHMANAN (T. R.) et HANSEN (W. G.). — A retail market potential model, *Journal of the American Institute of Planners*, Vol. 31, 1965, n° 2 (mai), pp. 134-143.

LAKSHMANAN (T. R.) et HANSEN (W. G.). — Market potential model and its application to a regional planning problem, *Highway Research Recor* n° 102 *s* (1965), pp. 19-41.

[3] La formulation mathématique est la suivante :

$$Z_{ij} = Z_i \frac{\dfrac{E_j}{T_{ij}\beta}}{\displaystyle\sum_j \dfrac{E_j}{T_{ij}\beta}}$$

où Z_{ij} représente les dépenses des habitants du quartier i dans les commerces de détail des quartiers j ;

Z_i représente les dépenses dans les commerces de détail par les habitants du quartier i ;

E_j représente l'importance des commerces de détail du quartier j (surface de plancher par exemple) ;

T_{ij} représente la distance-temps entre les quartiers i et j .

La part de variance expliquée, à Baltimore, était de 91 %.

C'est le mérite du modèle mis au point par la firme A. D. Little, pour être appliqué à la ville de San Francisco, d'avoir cherché à atteindre ces différents objectifs en formalisant la compétition qui s'exerce pour le terrain constructible dans le centre d'une ville ([1]).

Le modèle cherche à déterminer :

— le nombre et la localisation des nouvelles constructions et des logements restaurés ;
— le coût total de la construction privée ;
— le déficit des opérations de logement pour la ville.
— le loyer attendu par localisation ;
— les types de localisation où la pression de la demande est élevée ;
— les ménages non localisés.

Pour cela, il simule les décisions des différents utilisateurs de l'espace en matière de localisation et le comportement des investisseurs privés en matière d'investissements ainsi que la politique, les programmes et les décisions des pouvoirs publics. A ce dernier titre, il doit permettre l'estimation et l'identification de l'influence des différentes actions publiques sur l'équilibre général et permettre d'identifier et de surveiller des indices révélateurs des transformations affectant la structure du marché immobilier. C'est donc à la fois un modèle-consommateur, un modèle-promoteur et un modèle-planificateur.

L'espace est divisé en zones élémentaires ou îlots (en fait, plusieurs îlots, même disjoints, peuvent être regroupés) : ces îlots, d'une surface de l'ordre de l'hectare (de 40 à 200 logements environ) sont homogènes quant à l'utilisation du sol et à l'état immobilier. Au cours de chaque période élémentaire (deux ans), le vieillissement du parc immobilier et la construction d'immeubles neufs sont simulés : un îlot se dégrade peu à peu jusqu'à sa rénovation.

Le modèle confronte : la composition de la population, classée en groupes homogènes selon :

— le type actuel d'habitat ;
— la composition du ménage ;
— la race du chef de ménage ;
— le revenu du ménage ;
— la profession du chef de ménage ;
— le loyer maximum que peut payer le ménage ;

avec les décisions d'ordre public :

— blocage des loyers ;
— modification des taux d'intérêt des prêts ;
— prêts spéciaux pour l'accession à la propriété ;

([1]) ROBINSON (I. M.), WOLFE (H. B.) et BARRINGER (R. L.). — A simulation model for renewal programming, *Journal of the American Institute of Planners*, vol. 31, 1965, n° 2 (mai), pp. 126-134.
Voir aussi la série des « technical papers » de la firme A. D. Little concernant le *San Francisco Community Renewal Program*, qui décrivent l'avancement des études techniques pour l'élaboration et l'application de ce modèle au cas de San Francisco.

— niveau des impôts locaux;
— restriction des échanges privés;
— achat d'immeubles à d'autres fins que résidentielles;
— règlements d'urbanisme (zonage, limites de densités...);
— opérations de rénovation;
et avec l'état du parc immobilier.

Chaque groupe homogène de ménages classe les types de logements, par ordre de préférence (établi par une étude de comportement). Lorsque deux groupes sont en concurrence pour un îlot, celui qui peut payer le loyer le plus élevé l'emporte. On définit la pression de la demande sur un îlot par le rapport p du nombre de demandeurs à sa capacité. Plus la pression p sera élevée, plus le loyer réel r' (par unité de surface) sera supérieur au loyer normal r résultant de sa localisation. Si on peut espérer, après restauration, un loyer r'' encore supérieur, et un loyer r''' après rénovation (démolition et reconstruction), on peut comparer :

— le profit de l'opération de restauration : différence de loyer $r'' - r'$ rapportée au coût C_R de restauration;
— le profit de l'opération de rénovation : rapport du loyer r''' au coût de rénovation (achat de l'immeuble existant, démolition et reconstruction).

Les projets de restauration sont classés en fonction du rapport de ces deux taux de profit annuel. Le planificateur peut fixer le niveau minimum de cet indice à partir duquel on procèdera à une restauration et intervenir par les différents moyens évoqués ci-dessus. Le modèle permet de déterminer le coût de chaque stratégie, de chaque programme, sur les finances municipales, en tenant compte du coût des opérations, des intérêts des prêts, des rentrées d'impôts locaux, des dépenses de fonctionnement des équipements et même des améliorations qualitatives telles que celles du patrimoine immobilier. De nombreuses données relatives à la population (composition des ménages, revenus, loyers actuels, conditions de logement...) sont fournis par le recensement tandis que les coûts de restauration $C_{R''}$ et de rénovation $C_{R'''}$ sont estimés et recoupés avec des données réelles.

Le modèle, qui a coûté en tout quelques 5 millions de francs (1 million de dollars), était opérationnel vers 1965 et devait être appliqué à San Francisco. Mais la ville a reculé devant la collecte des données nécessaires. Ce modèle, cependant, constitue une approche très intéressante. En effet, sur le plan théorique, l'approche micro-économique et la simulation du comportement des ménages et des investisseurs rappelle le modèle d'Herbert-Stevens. Mais le modèle est opérationnel et permet de tester les politiques de la ville. Sa complication et la multiplicité des données nécessaires rendent cependant très lourde son utilisation : cette difficulté devait s'avérer déterminante à San Francisco.

CONCLUSION SUR L'APPORT DES MODÈLES D'URBANISATION

Les efforts entrepris peuvent paraître disproportionnés avec les résultats obtenus. Qu'il s'agisse de la tentative entreprise par Britton Harris pour rendre opérationnel le modèle d'Herbert et Stevens, des travaux de la *Rand Corporation*, de l'équipe de l'University of North Carloina, des équipes de valeur et parfois nombreuses, des moyens financiers importants ont été consacrés à ces modèles, sans jamais atteindre pleinement les objectifs annoncés. Il est d'ailleurs remarquable que la vague — et la vogue — des modèles avait décru à la fin des années soixante, d'abord aux Etats-Unis, puis en France où son ampleur avait néanmoins été plus réduite.

Alors, faut-il parler d'échec? Ce serait vite aller en besogne. Certes, la réalité urbaine a fait, une fois de plus, la preuve de sa complexité, et ne s'est pas laissée « modéliser » aussi aisément que les plus optimistes l'avaient pensé. Mais le bilan est loin d'être négatif. Les modèles d'urbanisation ont permis de définir les grandes lignes du développement urbain. Lorsqu'ils n'ont pas été appliqués seulement pour prévoir les conséquences d'infrastructures décidées par ailleurs, en fonction de critères où les considérations de planification n'intervenaient pas, ils ont pu constituer un outil précieux. Les raisonnements théoriques d'un Alonso ou d'un René Mayer ont rendu moins obscurs les mécanismes qui régissent la formation et la croissance des prix fonciers. Un modèle comme celui d'Herbert et Stevens ou comme le modèle de rénovation de San Francisco éclaire de même les procédures d'arbitrage entre groupes de ménages consommateurs d'espace et les décisions des investisseurs. Un modèle comme celui de K. Dieter (Polymetric) met remarquablement en évidence les interactions entre la localisation des différentes activités et fonctions urbaines, le rôle des accessibilités... Des modèles plus simples comme celui de D. Hill (Empiric) ou celui de I. S. Lowry ont permis une application opérationnelle de ces interactions.

Outre leur rôle comme outil de planification, de préparation des décisions, les modèles d'urbanisation ont joué un second rôle, très voisin du précédent, plus proprement pédagogique. La compréhension et la mesure de l'influence de différents facteurs qui interviennent dans la croissance urbaine sont plus clairement illustrées par un modèle que par un raisonnement qualitatif. Si les modèles explicatifs sont souvent préférables sur le plan purement pédagogique, l'apport des modèles descriptifs a parfois été capital pour mesurer tel ou tel phénomène, comme qualitativement mais de façon vague... Ainsi, le petit modèle de l'I.A.U.R.P., si insuffisant par ailleurs, a permis de mesurer pour la première fois l'influence exacte sur l'urbanisation des types de desserte par les transports publics. Il a aussi permis de prévoir l'influence probable du réseau de transport prévu par le schéma directeur de la région parisienne et de tester l'adéquation des vues des planificateurs physiques avec l'ouverture de transports proposée.

Un autre apport des modèles d'urbanisation, presque toujours passé sous silence, a été d'abaisser les barrières disciplinaires. Le recours à une formalisation conceptuelle, puis à une expression mathématique conduit à utiliser un concept et des langages communs que les tenants des différentes sciences sociales n'ont pas naturellement.

Ainsi, les modèles resteront au moins autant par leur valeur pédagogique que par leur valeur théorique ou opérationnelle.

CHAPITRE IV

LES TRANSPORTS URBAINS :
ANALYSES ET MODÈLES

Les transports ne sont pas, dans une ville, une fin en soi. Dans la charte d'Athènes, Le Corbusier et ses pairs ont fort bien précisé que les trois fonctions fondamentales étaient l'habitat, le travail et la récréation et que l'organisation de la circulation était un des objets de l'urbanisme qui doit veiller à l'accomplissement des fonctions précédentes.

C'est dire que, tant pour l'analyse que pour la prévision, le problème des transports est directement lié à ceux de la localisation des résidences et de celle des activités, examinés dans les chapitres précédents.

Depuis une quinzaine d'années, les transports urbains ont fait l'objet d'études systématiques et approfondies, d'abord dans les grandes villes nord-américaines (Pittsburgh, Chicago, Detroit, Los Angeles, Toronto, New York, etc.), puis dans les grandes villes européennes (Londres, Athènes, Paris, etc.). Une méthodologie s'en est dégagée, à vrai dire inspirée du cas des villes américaines où on accordait, vers 1960, une priorité quasi exclusive aux autoroutes urbaines. Cette méthode a été transposée presque sans modification en Europe, notamment lors des grandes études de Londres et d'Athènes, entreprises par des équipes américaines. A Paris cependant, à l'initiative de l'I.A.U.R.P., une méthode plus adaptée au cas des villes européennes a été mise au point, triant parmi l'apport d'outre Atlantique ce qui était transposable et ce qui devait être modifié.

Ces méthodes, que certains estiment déjà dépassées, mais qui ne sont pas encore remplacées [1], consistent toutes en plusieurs étapes successives :

— détermination de la demande globale de déplacements;

---

[1] MELLET (François). — Méthodes modernes de préparation des décisions appliquées à l'aménagement, in *Cahiers de l'I.A.U.R.P.*, vol. 25, Octobre 1971, 36 p.

— étude de la distribution géographique de ces déplacements (origine et destination);

— étude du choix du moyen de transport par les usagers;

— affectation des déplacements de chaque moyen de transport aux réseaux existants (voirie et transports en commun) et, par comparaison avec les capacités de ceux-ci, détermination des nouveaux réseaux nécessaires;

— analyse économique de rentabilité des nouveaux réseaux proposés.

On examinera ici les premières étapes, celles qui impliquent un rapport direct avec l'espace.

I. — LA DEMANDE GLOBALE DE DÉPLACEMENTS

La demande globale de déplacements varie d'une ville à une autre, en fonction de sa taille bien sûr, mais aussi en fonction de sa population. Un cadre supérieur motorisé se déplace plus qu'un ouvrier non motorisé. Les habitants de New York se déplacent plus que ceux de Paris et *a fortiori* que ceux de Saint-Etienne, etc.

LES FACTEURS INDIVIDUELS

L'analyse des déplacements des ménages permet d'affirmer que les facteurs socio-économiques jouent un rôle important :

— le nombre de déplacements effectués par les membres d'un ménage augmente avec le revenu d'un ménage. Lors de l'enquête entreprise à la fin de 1965 en région parisienne ([1]), on a obtenu les résultats suivants : 0,7 déplacement par ménage pour un revenu annuel déclaré de 5 000 francs; 2 vers 8 000 francs; 4 vers 16 000 francs; 6 vers 30 000 francs et 7 vers 80 000 francs;

— le nombre de déplacements augmente de façon très sensible, selon le niveau de motorisation : il double en moyenne entre les ménages non motorisés (2,27 déplacements par jour) et ceux qui disposent d'une voiture (4,57) et double encore pour ceux qui en ont deux (8,47);

— la catégorie socio-professionnelle influe également : les cadres supérieurs et les professions libérales se déplacent plus que les cadres moyens et les commerçants et *a fortiori* plus que les employés et les ouvriers.

Mais tous ces facteurs ne sont pas indépendants et il importe de les analyser en les croisant pour ne pas les faire intervenir plusieurs fois : par exemple, l'effet du revenu apparaît à travers ce facteur, mais aussi à travers la motorisation et la catégorie socio-professionnelle. Il faudra donc, après analyse de

---

([1]) BARBIER (Michel), MERLIN (Pierre) et divers. — Déplacements des personnes en région parisienne, *Cahiers de l'I.A.U.R.P.*, vol. 17-18, Octobre 1969, 64 p.

l'effet du revenu, tester l'influence des autres facteurs pour des ménages ayant le même niveau de revenus (tableau ci-joint pour le revenu et le niveau de motorisation).

LES FACTEURS AU NIVEAU DE LA VILLE

La morphologie de la ville influe également sur la demande de déplacements. On a constaté :

— que la demande de déplacements utilisant un moyen de transport augmente avec la distance au centre de la ville ;
— qu'elle diminue lorsque la densité de la ville augmente ;
— qu'elle est plus élevée pour les ménages résidant dans des logements individuels.

Mais, ici encore, ces facteurs sont très liés entre eux : c'est au centre de la ville qu'on rencontre les plus fortes densités et le plus de logements collectifs.

Les différences dans la demande entre plusieurs villes résultent des différences relatives à la forme de la ville (plus ou moins étendue, massive ou allongée...), à la qualité des réseaux de transport mais surtout de leur population et notamment de son niveau de revenus :

— 6 à 8 déplacements par jour dans les grandes villes américaines ;
— 4 déplacements par jour à Londres en 1962 ;
— 3,5 déplacements par jour à Paris en 1965 (4 en 1968) ;
— moins de 4 dans les villes de province françaises.

L'ÉVOLUTION DE LA DEMANDE

La demande de déplacements croît très vite, au fur et à mesure de l'élévation du niveau de vie, des taux de motorisation et du temps libre. Si les déplacements domicile-travail croissent au même rythme que la population, les autres types de déplacements augmentent beaucoup plus vite. Les déplacements de loisirs varient à peu près proportionnellement au revenu réel (actuellement 3,5 % par an environ en France, soit un doublement en 20 ans). Les déplacements pour achats se multiplient avec la motorisation des ménages et plus vite que celle-ci : si m est le taux de motorisation de la population, le nombre L de déplacements de loisirs varie comme $L = k \cdot m^{3/2}$ (où k est une constante). Enfin les déplacements d'affaires se multiplient encore plus vite.

Cette évolution fait varier la part de chaque type de déplacements dans le total : les migrations alternantes représentent 52 % à Rennes vers 1960, 45 % à Paris en 1965, 38 % dans les villes américaines en 1959 et 30 % environ vers 1970.

II. — LES MODÈLES DE DISTRIBUTION GÉOGRAPHIQUE DES DÉPLACEMENTS [1]

La distribution géographique de la demande révèle une adaptation du citadin aux possibilités qui lui sont offertes. Ainsi, les habitants d'une agglomération ne choisissent-ils pas au hasard leur lieu de travail, mais, dans la mesure du possible, évitent de trop s'éloigner de leur domicile.

Les habitants de Nanterre et de Rueil-Malmaison vont travailler essentiellement en banlieue ouest, dans le voisinage immédiat (Puteaux, Suresnes, Saint-Cloud, Neuilly-Courbevoie) et le long de la ligne de chemin de fer de Saint-Germain qui dessert ces deux communes, et au-delà de celle-ci (Poissy). A Paris, ils se concentrent dans les quartiers ouest (8e, 9e, 16e, 17e) proches de la gare Saint-Lazare et du Pont de Neuilly.

Dès lors, on est tenté de vouloir préciser les « lois » qui régissent ce choix réciproque du lieu de résidence et du lieu de travail. Tel est l'objet des « modèles » de distribution géographique des déplacements, qui visent à formaliser mathématiquement ce comportement : une telle formule est ajustée et testée sur la situation actuelle (ou récente) pour être utilisée en prévision. On décrira ces modèles dans le cas des migrations alternantes.

Pour cela, on cherche à prévoir le nombre de déplacements t_{ij} qui auront pour origine, dans un découpage géographique défini à l'avance, une zone i et pour destination une zone j. Ce nombre t_{ij} dépendra de l'attraction exercée par la zone j (en l'occurrence le nombre d'emplois E_j qu'elle offre), du trafic engendré par la zone i (en l'occurrence le nombre A_i de personnes actives y résidant) et de la difficulté à se rendre de i en j.

LES MODÈLES DE FACTEUR DE CROISSANCE

C'est le type de modèles le plus simple, voire simpliste. On définit pour chaque zone un facteur de croissance entre deux dates 0 et 1 et on corrige le nombre de déplacements t_{ij}^0 observés à la date 0 (où une enquête précise a été effectuée, par exemple) par le facteur de croissance pour obtenir le nombre de déplacements t_{ij}^1 à la date 1.

Si le facteur de croissance F est uniforme pour toutes les zones de la ville, on a : $t_{ij}^1 = t_{ij}^0 \times F$.

S'il est différent d'une zone à l'autre, on peut utiliser un facteur de croissance moyen :

$$t_{ij}^1 = t_{ij}^0 \times \frac{F_i + F_j}{2} \quad \text{(moyenne arithmétique)}$$

---

[1] Un rapport, déjà ancien, présente ces modèles en détail : BARBIER, GOLDBERG, HENRY et MARAIS. — *Modèles de trafic*, Analyse bibliographique I.A.U.R.P., 1963, 70 p. (épuisé ainsi que la 2e édition effectuée en 1964 par le Service d'Études et Recherches de la Circulation Routière : S.E.R.C.).

ou

$$t^1_{ij} = t^0_{ij} \times \frac{F_i \times F_j}{F}$$ (moyenne géométrique : cette méthode a été utilisée à Détroit).

La formule de Fratar, utilisée à Cleveland, est un peu plus complexe :

$$t^1_{ij} = t^0_{ij} \times F_i \times F_j \times \frac{t_i}{\sum_j t_{ij} F_j}.$$

La méthode du facteur de croissance est intéressante pour les faibles variations, mais elle ne tient pas compte :

— des modifications de structures de l'agglomération entre les dates 0 et 1 ;
— des modifications des réseaux de transport entre les dates 0 et 1 ;
— des modifications de frontières des zones entre les dates 0 et 1.

LES MODÈLES GRAVITAIRES

Le principe, analogue à celui de la loi de Reilly [1], est celui de la loi de la gravitation universelle : le nombre de déplacements entre les zones i et j sera proportionnel à l'attraction exercée par la zone j (son nombre d'emplois E_j pour les migrations alternantes) à la « génération » de la zone i (sa population active A_i pour les migrations alternantes) et variera en fonction de la difficulté à se rendre de i en j (coût de transport C_{ij}, temps nécessaire θ_{ij}, distance D_{ij}, etc...).

$$t_{ij} = A_i + E_j \times f(D_{ij}, \theta_{ij}, C_{ij} ...)$$

où f est appelée fonction de résistance au trafic [2]. La fonction de résistance f peut prendre diverses formes. Les plus courantes sont la fonction puissance

---

[1] Voir chapitre v.
[2] Les formules de ce type, comme celles de facteur de croissance, doivent être ajustées car on n'est pas certain que la somme des déplacements, ainsi calculés, aboutissant à une zone j, ou originaire d'une zone i, soit égale à l'emploi E_j ou à la population active A_i.
L'ajustement peut être effectué par la méthode des moindres carrés en rendant minime la quantité

$$\sum_{ij} \left[t_{ij} - \frac{A_i E_j}{G} . f(D_{ij} ...) \right]^2$$

où $G = \sum_i A_i = \sum_j E_j$ représente le nombre total de déplacements.

On peut aussi utiliser des facteurs de correction φ_i et φ'_{ij}, tels que $t'_{ij} = t_{ij} \times \varphi_i$ de telle façon que $\sum_j t'_{ij} = A_i$ puis $t''_{ij} = t'_{ij} . \varphi'_{ij}$ de telle façon que $\sum_i t''_{ij} = E_j$, etc.

Les nombres de déplacements t_{ij} sont corrigés : t'_{ij}, puis t''_{ij}, etc. jusqu'à ce qu'on obtienne une approximation suffisante.

Enfin, la méthode de Washington consiste à utiliser la formule :

$$t_{ij} = \frac{A_i \times E_j \times f(D_{ij}, ...)}{\sum_j E_j \times f(D_{ij}, ...)}$$

et la fonction exponentielle. Dans le premier cas, on utilise une formule du type : $f(D) = \dfrac{\alpha}{D^\beta}$ (en fonction de la distance D par exemple).

Le paramètre β est généralement compris entre 0 et 2. Plus β est élevé, plus l'influence de la distance est importante (α n'est qu'une constante de mise à l'échelle).

Dans le second cas, la formule est du type :

$$f(D) = \alpha . e^{-\beta D}$$

où les paramètres α et β jouent le même rôle que dans le cas précédent.

En pratique, on utilise généralement des formules plus complexes, dérivées du principe précédent. Par exemple, les prévisions de migrations alternantes en région parisienne [1], lors de la préparation du schéma directeur régional, ont utilisé la formule suivante :

$$t_{ij} = \lambda \frac{A_i E_j}{D_{ij}^\beta} \times \frac{1}{\sum\limits_{j} \dfrac{E_j}{D_i^\beta}} + \mu \frac{A_i E_j}{\sum\limits_{i} \dfrac{A_i}{D_{ij}^\beta}} + (1 - \lambda - \mu) \frac{A_i E_j}{G}$$

où $G = \sum\limits_{i} A_i = \sum\limits_{j} E_j$ représente le nombre total de déplacements, et où λ et μ sont des paramètres. Les migrants sont supposés appartenir à trois catégories distinctes : la première, en proportion λ, est plus sensible au choix du lieu de résidence (70 % en région parisienne); la seconde, en proportion μ (2 % en région parisienne) est plus sensible au choix du lieu de travail; la troisième en proportion $1 - \lambda - \mu$ (28 %) est indifférente.

Les modèles gravitaires, malgré l'intéressante analogie qu'ils présentent avec la loi de la gravitation universelle, posent plusieurs problèmes :

— les paramètres (notamment le paramètre β qui caractérise la plus ou moins grande résistance au trafic selon la distance, le coût ou le temps) resteront-ils constants d'une ville à l'autre (il semble que non) ou, pour une même ville, d'une date 0 (enquête et ajustement du modèle) à une date 1 (application en prévision)?

— il est nécessaire de ne pas se limiter à utiliser la distance D : on verra comment on peut utiliser à la fois, la dépense monétaire, la distance-temps, la pénibilité du déplacement, etc., intégrés en un « coût généralisé » du déplacement [2];

— les calculs sont lourds, même sur ordinateur. Pour une division d'une agglomération en 100 zones, il y a 10 000 valeurs t_{ij} à calculer;

— la valeur des paramètres peut varier selon les caractéristiques individuelles (revenu, motorisation...) et le type de liaison (radiale, tangentielle, dans le centre...) : on peut déterminer une valeur pour chaque type de liaison

---

[1] BARBIER (Michel) et MERLIN (Pierre). — Le futur réseau de transports en région de Paris, *Cahiers de l'I.A.U.R.P.*, vol. 4-5, Avril 1966, 100 p. Le modèle dit « d'équilibre préférentiel » a été mis au point pour la première fois par la Société d'Économie et de Mathématiques Appliquées (S.E.M.A.) et adapté par l'I.A.U.R.P.

[2] Voir ci-dessous, en III.

ou chaque catégorie de migrants, mais cette complication n'améliore guère les résultats ;

— si élégante que soit la forme gravitaire du modèle, elle ne repose pas sur une explication du comportement individuel.

LES MODÈLES D'OPPORTUNITÉ

Utilisés à Pittsburgh et Chicago, ils l'ont été récemment (1969) à Paris. Ils reposent sur le principe qu'un individu choisira l'emploi le plus proche correspondant à ses besoins. On classera donc les différentes destinations j possibles par ordre croissant de distance. Soit dV le nombre de destinations possibles dans une zone j et l la probabilité qu'un emploi quelconque lui convienne : il aura $l.dV$ chances de choisir un emploi dans la zone j, s'il n'en a pas déjà choisi un dans une zone plus proche, d'où la probabilité dP de le choisir dans la zone j :

$$dP = (1 - P) \quad . \quad l\, dV$$

probabilité	probabilité de
de ne pas avoir	choisir un emploi
choisi avant	de j

ou :
$$\frac{dP}{1 - P} = l\, dV$$

L'intégration de cette formule donne :

$$P = 1 - e^{-lV}$$

On a alors :
$$t_{ij} = A_i\, [- P(v + v_j) - P(v)]$$
ou
$$t_{ij} = A_i . e^{-lv}(1 - e^{-lv_j})$$

où v représente les destinations plus proches que j et v_j représente les destinations possibles dans la zone j.

Les modèles d'opportunité présentent l'avantage moyen de reposer sur une hypothèse logique de comportement de l'individu cherchant un lieu de travail à partir de son domicile et, si possible, au plus près. On remarquera, en outre, que ce sont les distances relatives entre les zones qui interviennent dans le calcul et non les distances absolues, ce qui est peut-être plus conforme au comportement humain. Mais, comme pour les modèles gravitaires, les formules peuvent être corrigées pour obtenir un ajustement correct, les paramètres (notamment le paramètre l qui joue un rôle analogue au paramètre β des modèles gravitaires, caractériser la « résistance » à la distance) sont difficiles à estimer, peuvent varier dans l'espace et dans le temps, selon le type de liaison et les caractéristiques des individus.

Tous ces modèles (gravitaires, d'opportunité) permettent de recalculer (ou de prévoir dans le futur) les déplacements avec une erreur, pour chaque liaison t_{ij}, de l'ordre de 20 à 25 %.

III. — LE CHOIX DU MOYEN DE TRANSPORT
PAR L'USAGER

Dans la méthode classique des études de transport, l'étude du choix du moyen de transport par l'usager apparaît comme une phase-clé du processus. S'il en est ainsi, c'est parce que, non seulement il apporte une réponse à cette question, mais aussi parce qu'il contribue à en éclairer d'autres. Ainsi, les moyens de transport envisageables dans l'avenir ne peuvent être étudiés indépendamment du comportement prévisible des usagers à leur égard. La distribution dans l'espace des déplacements est fonction du coût généralisé de chaque liaison pour chaque mode de transport, donc des arbitrages rendus par les usagers, chacun en ce qui le concerne, entre dépense monétaire, temps de trajet, confort, etc. La répartition par itinéraire sera effectuée par comparaison entre les coûts généralisés du trajet, pour un même moyen de transport, selon les différents itinéraires concurrents, selon une méthode analogue à celle du choix modal. Enfin, le coût des infrastructures et la politique de tarification seront fonction du comportement des usagers et de leur réaction : il faudra faire porter les investissements en priorité sur les moyens de transport les plus demandés et éviter que la politique de tarification adoptée ne détourne les usagers de ceux qui seront les moins coûteux pour la collectivité.

L'objectif de cette recherche est double :

— déterminer une procédure permettant de prévoir le moyen de transport que choisira un usager donné (âge, sexe, revenu...) pour un déplacement déterminé par son motif, son origine et sa destination, son horaire, etc. ;

— pour cela, définir les relations d'équivalence entre les différents éléments entre lesquels il doit arbitrer (dépense monétaire, temps de trajet, confort...).

LES MÉTHODES UTILISÉES

Le problème du choix du moyen de transport a été posé dès qu'ont été entreprises vers 1955 aux États-Unis (à Détroit, Pittsburgh et Chicago notamment) les premières études « globales » de transport. Les solutions adoptées sont souvent restées sommaires. Les unes partaient de courbes empiriques, indiquant, pour différentes classes économico-sociales, la répartition observée entre les différents moyens de transport selon la distance au centre de la ville de l'origine du déplacement. Les autres utilisaient des formules simples indiquant cette répartition en fonction de caractéristiques de l'individu et du trajet à effectuer.

Ce n'est qu'au cours des dix dernières années que l'amélioration des méthodes a été sensible. Sans prétendre les présenter toutes ici, on s'attachera à celles qui ont été utilisées, sous leur forme initiale ou sous une forme modifiée, dans le cadre de l'I.A.U.R.P. et qui sont maintenant employées dans la plupart des études de transport urbain conduites en France, en région parisienne comme en province.

La méthode I.A.U.R.P. ([1]).

La méthode mise au point en 1963-1964 par l'I.A.U.R.P. consiste à analyser de façon *objective* le comportement *effectif* des usagers pour en déduire les estimations *subjectives* de l'évaluation qu'ils effectuent des différents éléments qui interviendront dans leur choix. Ces éléments peuvent être mis en évidence de façon qualitative. Ainsi, en région parisienne, on a étudié systématiquement le comportement des banlieusards venant travailler à Paris. Leur destination, donc le lieu de travail qu'ils ont choisi, révèle déjà une surprenante adaptation aux conditions de transport ([2]). Par exemple, la carte ci-jointe montre que les

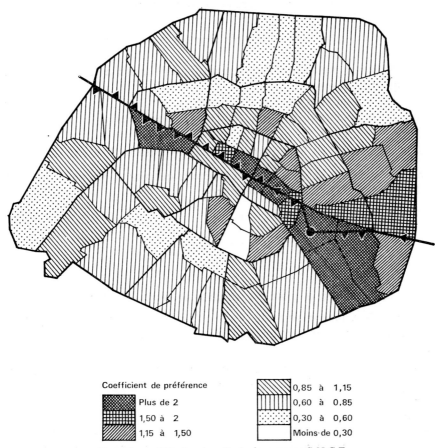

Coefficient de préférence

- Plus de 2
- 1,50 à 2
- 1,15 à 1,50
- 0,85 à 1,15
- 0,60 à 0,85
- 0,30 à 0,60
- Moins de 0,30

FIG. 11. — *Diffusion dans Paris des usagers S.N.C.F.*
à partir de la gare de Lyon (d'après P. Merlin).

([1]) BARBIER (M.). et MERLIN (P.). — Choix du moyen de transport par les usagers, 58 p. dans *Cahiers de l'I.A.U.R.P.*, vol. spécial n° 4/5 sur les « Transports urbains », fascicule 2, Avril 1966.
([2]) MERLIN (P.). — Diffusion des travailleurs dans Paris, 54 p., dans *Cahiers de l'I.A.U.R.P.*, vol. spécial n° 4/5 sur les « Transports urbains », fascicule 2, Avril 1966.
Voir aussi MERLIN (P.). — *Les transports parisiens*, 1967, Paris, Masson et Cie, 496 p.

banlieusards venant du Sud-Est de l'agglomération en train jusqu'à la gare de Lyon travaillent de préférence (fig. 11) :

— dans les quartiers proches de la gare de Lyon (gain de temps et pas de changement);

— dans les quartiers desservis par la ligne 1 (Vincennes-Neuilly) du métro (temps gagné et surtout pas de changement);

— dans les quartiers de la périphérie Sud-Est (12e, sud des 11e et 20e arrondissements), ceux qui permettent un déplacement à contre-sens du flux centripète des migrants, donc dans de meilleures conditions de confort.

La grandeur représentée sur la carte, baptisée coefficient de préférence des banlieusards transitant par une gare pour un quartier donné, est défini comme suit :

soit t_{ij} le nombre de banlieusards arrivant à Paris par la gare i et travaillant dans le quartier j;

soit $t_{i.}$ le nombre de banlieusards arrivant à Paris par la gare i (quel que soit le quartier de travail);

soit $t_{.j}$ le nombre d'emplois du quartirr j;

soit $t_{..}$ le nombre total d'emplois dans la ville de Paris.

Si le rapport $\dfrac{t_{ij}}{t_{i.}}$ est supérieur au rapport $\dfrac{t_{.j}}{t_{..}}$, les banlieusards arrivant à Paris par la gare i ont une préférence pour le quartier j. On définit alors le coefficient de préférence comme le rapport

$$C_i^j = \frac{\dfrac{t_{ij}}{t_{i.}}}{\dfrac{t_{.j}}{t_{..}}} = \frac{t_{ij} \times t_{..}}{t_{i.} \times t_{.j}}$$

dont la valeur moyenne, égale à 1, traduit une répartition normale.

Cette analyse, menée sur toutes les gares de Paris, a permis de préciser les facteurs à prendre en compte lors de l'analyse du choix du moyen de transport par les usagers :

— dépense monétaire (prix du billet pour les transports en commun, coût marginal d'utilisation du véhicule pour les automobilistes);

— temps de trajet (y compris les temps annexes, tels que l'attente, les changements, la marche à pied terminale...);

— les éléments d'inconfort (attente, changement de moyens de transport, marche à pied terminale, surcharge des moyens de transport, recherche d'une place de stationnement, embarras de la circulation...).

Le problème posé revient à tenter d'appréhender ces différents éléments à l'aide d'une même unité (temps, argent...). Pour que la méthode soit objective, il faut qu'elle repose sur la connaissance des arbitrages effectifs des usagers et non sur des déclarations d'intention ou sur des opinions. Aussi les enquêtes effectuées demandaient-elles aux usagers quel était le moyen de transport utilisé pour des déplacements effectivement réalisés. Ces enquêtes sont d'origines diverses :

— une enquête réalisée en 1961 dans les trains de banlieue : on demandait uniquement aux usagers porteurs de cartes hebdomadaires leur destination dans Paris (station de métro la plus proche) et le moyen de transport terminal (métro, autobus, à pied, etc.) utilisé pour s'y rendre à partir de la gare parisienne ;

— le questionnaire « transports » du recensement de 1962 qui donnait des indications sur les migrations alternantes, les moyens de transport utilisés à cette occasion, leurs horaires, etc.

Seules ces deux enquêtes ont donné lieu à l'application de la méthode I.A.U.R.P.

— une enquête, réalisée à la fin de 1965 auprès de 3 000 ménages seulement à leur domicile sur les déplacements effectués la veille ;

— une enquête, réalisée à la fin de 1967 auprès de 3 000 personnes sur leurs déplacements de loisirs récents.

Les éléments de coût du déplacement, de temps de trajet, de confort (nombre de changements, attente moyenne) sont reconstitués de façon objective à partir d'éléments et d'observations extérieurs à l'enquête (les usagers risquent de modifier, objectivement ou non, les valeurs réelles, si on utilise leurs déclarations).

La méthode retenue consiste à regrouper les trajets de telle façon que deux éléments seulement du déplacement diffèrent, par exemple la différence de temps entre deux moyens de transport possibles et la différence de dépense. On établit alors la courbe représentant le taux d'utilisation du moyen de transport A en fonction de la différence de temps de trajet entre A et B. Une courbe de ce type est établie pour chaque valeur de la différence de dépense. Une même répartition observée entre les deux moyens de transport A et B correspond à des situations jugées équivalentes par les usagers (fig. 12). On peut donc dire que les points correspondants des courbes traduisent un arbitrage, pour l'usager moyen, entre le temps de trajet et la dépense consentie. Cette relation d'équivalence conduit à un équivalent monétaire λ du

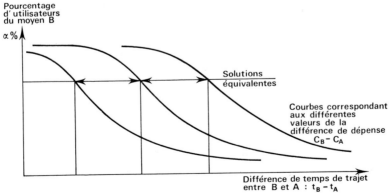

Fig. 12. — *Principe de la méthode I.A.U.R.P.*

temps de trajet supplémentaire (ou inversement à un équivalent en temps $\dfrac{1}{\lambda}$ de la différence de dépense monétaire). Si les courbes établies sont parallèles, cette valeur λ est unique. Utilisant ce premier résultat, on peut transférer les différences de temps de trajet en différence de dépense monétaire (ou l'inverse) et réutiliser à nouveau la méthode pour déterminer des équivalents (en temps ou en argent) des éléments d'inconfort, etc...

Il est finalement possible d'exprimer à l'aide d'une même unité l'ensemble des coûts de déplacement, pour un trajet et un moyen de transport donné. Ce coût global est appelé *coût généralisé* du déplacement pour le moyen de transport considéré : on établit alors une courbe indiquant, à partir des résultats de l'enquête utilisée, la répartition entre deux modes de transport en fonction de la différence de coût généralisé pour ces deux moyens : c'est la *courbe d'affectation* des usagers entre ces deux moyens. Elle pourra être appliquée de façon prospective à condition de faire des hypothèses délicates, sur l'évolution des équivalents établis entre temps et argent, entre temps et confort, etc.

Cette méthode peut être appliquée pour chaque motif de déplacement ou par catégorie d'individus (selon le revenu par exemple), le comportement en matière de choix du moyen de transport dépendant évidemment de l'objet du déplacement et des caractéristiques de l'individu (âge, sexe, disposition d'une automobile, revenu...). Elle permet seulement la comparaison de deux moyens de transport et on devra procéder en pratique par dichotomies successives (marche à pied ou moyen de transport; transports en commun ou automobile, métro ou autobus, etc.).

Le caractère plus ou moins étalé de la courbe d'affectation traduit la variabilité des comportements des individus mais aussi l'imprécision des données et de la méthode, elle-même et la non prise en compte de certains éléments (de confort notamment). Un choix absolument rationnel (au sens de la méthode) de tous les usagers conduirait à une courbe verticale (dite répartition par tout ou rien).

La méthode de Beesley [1].

La méthode mise au point par le Professeur Beesley en Angleterre à l'occasion des études de la Victoria Line (dont le premier tronçon a été ouvert récemment) du métro de Londres, est mieux adaptée au cas de petits échantillons.

Comme la méthode I.A.U.R.P., elle s'efforce d'analyser objectivement le comportement effectif des usagers, connu à partir d'enquêtes sur les choix effectifs lors d'un déplacement passé pour déterminer la valeur subjective accordée au temps de trajet.

L'hypothèse de départ est celle d'un comportement *rationnel* des usagers dans leur choix du moyen de transport. Comparant, pour un trajet donné, la différence de temps de trajet Δt et la différence de dépense correspondante

---

[1] BEESLEY (M. E.). — *The values of time apant in travelling? some new evidence*, Londres, Economics, 1965, vol. 32.

Δp pour deux modes de transport, l'usager effectue son choix en fonction d'une valeur λ accordée par lui à son temps. C'est donc la différence ΔC de coût généralisé (réduit dans la méthode Beesley à deux termes : dépense et temps de trajet) qui sert de base à cette comparaison comme dans la méthode I.A.U.R.P. :

$$\Delta C = \Delta p + \lambda \Delta t$$

On considère que l'individu est rationnel s'il choisit le moyen de transport le plus intéressant pour son coût généralisé. En fait, la méthode retient pour seuil une valeur a non nulle de la différence de coût généralisé. Cette valeur a est choisie de telle façon qu'elle minimise le nombre d'usagers dont le choix apparaîtra irrationnel. Elle traduit la non prise en compte de certains éléments (de confort en particulier), l'imprécision des données et de la méthode elle-même. Le fait qu'il subsiste des irrationnels traduit la variabilité du comportement des individus. A l'I.A.U.R.P., on a déduit ensuite la courbe d'affectation des usagers entre deux modes de transport en fonction de la différence ΔC de coûts généralisés en tenant compte des probabilités observées pour chaque valeur de la différence de coût généralisé ΔC : on obtient ainsi la méthode de Beesley généralisée (fig. 13).

Cette méthode peut être appliquée séparément pour différents motifs de déplacement ou pour différentes catégories d'individus pour les mêmes raisons que pour la méthode I.A.U.R.P. De même, elle ne permet que la comparaison de deux moyens de transport : on doit donc procéder à des dichotomies successives.

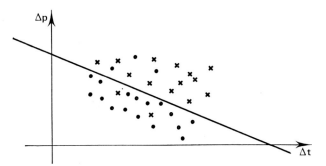

FIG. 13. — *Principe de la méthode de Beesley.*

La proportion d'individus qui apparaissent irrationnels constitue un test simple de la qualité de la méthode : elle ne permet cependant pas de distinguer le caractère plus ou moins accentué de ces écarts par rapport au critère de rationalité retenu.

Dans l'application par l'I.A.U.R.P. de la méthode de Beesley, on a légèrement modifié celle-ci en introduisant des estimations de certains éléments de confort (précédemment déterminées par la méthode I.A.U.R.P.) qui ont été incorporés au temps de trajet, celui-ci devenant donc un temps généralisé de trajet.

La méthode de Warner.

La méthode de Warner [1] est purement économétrique, à la différence des deux précédentes qui recouraient à l'emploi d'une détermination graphique (même si leurs fondements sont de nature économétrique).

Le principe est de déterminer un critère de discrimination entre les usagers afin de les dichotomiser : ceux qui utiliseront le moyen de transport A et ceux qui utiliseront le moyen B. Ce critère est, ici encore, établi à partir d'observations objectives des choix effectifs des usagers. La valeur 1 sera par exemple attribuée aux utilisateurs du moyen A et la valeur 0 à ceux du moyen B. On détermine, pour chaque individu et chaque déplacement, une fonction discriminante Z en fonction des caractéristiques de l'individu et du déplacement à effectuer. Deux possibilités se présentent alors :

— soit affecter les individus à un moyen de transport par « tout ou rien » en fonction de la position de la valeur de Z par rapport à une constante *a*;

— soit construire une courbe de probabilité P(Z) d'un individu de choisir le mode de transport A en fonction de la valeur de la fonction discriminante Z.

Cette seconde possibilité traduit, comme dans les deux méthodes précédentes, la variabilité du comportement des individus, l'imprécision des données et de la méthode elle-même.

La méthode, dans le second cas, se décompose en deux phases :

— Ajustement de la fonction discriminante Z (seule phase prise en compte dans le premier cas, celui de l'affectation par « tout ou rien »). On choisit généralement une fonction linéaire

$$Z = \sum_i s_i x_i \quad (s_i \text{ sont des coefficients à ajuster})$$

des caractéristiques x_i des individus et du déplacement à effectuer (et éventuellement toute autre variable continue). On démontre que cette hypothèse de linéarité est correcte si les distributions des variables x_i suivent la loi de Laplace-Gauss et si les matrices de variance-covariance sont identiques pour les deux populations (utilisateurs de A et B).

— Ajustement de la courbe de probabilité P(Z). Sous les mêmes hypothèses que précédemment, on peut utiliser une fonction logistique :

$$P(Z) = \frac{e^{\alpha Z + \beta}}{1 + e^{\alpha Z + \beta}} \quad (\alpha \text{ et } \beta : \text{paramètres à ajuster})$$

qu'on ajuste après transformation logarithmique :

$$\log . \frac{P(Z)}{1 - P(Z)} = \alpha Z + \beta$$

[1] WARNER (Stanley). — *Stochastic choice of mode in urban travel? a study in binary choice*, Chicago, Northwestern University Press, 1962, 90 p.
QUARMBY (D. A.). — *Transport planning and the choice of travel mods*, Summary report. Leeds, Juillet 1964.
QUARMBY (D. A.). — Choice of travel mode for the journey to work : some findings, in *Journal of transport economics and policy*, September 1967, pp. 273-274.

P(Z) étant estimé par la proportion d'usagers de la tranche correspondante de valeur de Z qui utilisent le moyen de transport A. La courbe P(Z) constitue la courbe d'affectation des usagers.

Les calculs correspondants ont été programmés par le Centre d'Etudes et de Recherches sur l'Aménagement Urbain (C.E.R.A.U.) sous le nom de programme B.I.R.E.G. ([1]).

La méthode de Warner peut être utilisée pour chaque motif de déplacement.

En région parisienne, elle a été appliquée aux déplacements de loisirs en utilisant les variables x_i suivantes :

— différence de coût monétaire ;
— différence de temps de parcours proprements dits ;
— différence des autres éléments de temps de trajet (attente, marche à pied, correspondances...).

Pour les migrations alternantes, on a introduit le revenu du ménage. Les coûts monétaires et les temps de trajet généralisés (temps de trajet corrigé des éléments d'inconfort estimés à partir de l'application de la méthode I.A.U.R.P.) ont été introduits sous forme de différence et sous forme de rapports pour tester la meilleure formulation ([2]).

On remarquera que ces différentes méthodes, pour diverses qu'elles soient dans leurs modalités, reposent en fait sur les mêmes principes : la comparaison des différents moyens de transport par les usagers en fonction des éléments du coût du trajet (dépense monétaire, temps de trajet et, dans la méthode I.A.U.R.P., éléments de confort). Elles visent toutes à estimer *objectivement* les valeurs *subjectivement* accordées par les usagers lors de ces éléments lors de leurs choix *affectifs* d'un moyen de transport.

LES RÉSULTATS POUR LA RÉGION PARISIENNE

Plusieurs études ont été effectuées en région parisienne dont les résultats ont été réunis dans deux volumes des *Cahiers de l'I.A.U.R.P.* consacrés aux transports urbains et en particulier au choix modal ([3]). Elles ont d'abord concerné les seules migrations alternantes. La raison de cette limitation est la suivante : dans une étude complète de transports, l'objectif premier est de définir les réseaux à construire et donc de déterminer la demande à l'heure la plus chargée. Or, à l'heure de pointe, au moins dans les transports en commun, les migrations alternantes représentent 80 à 95 % du trafic, ce qui justifie qu'on leur accorde la priorité dans les études, même si elles représentent moins de 50 % du total des déplacements.

Par la suite cependant, il est apparu nécessaire d'étudier chaque type de déplacement (migrations alternantes, achats, loisirs), le choix du moyen de

([1]) C.E.R.A.U. — *Choix binaires. Note technique sur les programmes de choix binaires.*
([2]) MELLET (F.). — Analyse du choix du moyen de transport par les usagers, *Cahiers de l'I.A.U.R.P.*, vol. 17-18, fascicule 2, Octobre 1969, 42 p.
([3]) Volume n° 4-5 en Avril 1966 et volume n° 17-18 en Octobre 1969.

transport ne s'effectuant pas selon les mêmes critères, en distinguant en outre, chaque fois que cela a été possible le type géographique de déplacements (Paris-Paris; Paris-banlieue; banlieue-Paris; banlieue-banlieue). Dans une phase ultérieure, il conviendra de prendre en compte les caractéristiques des individus (on a cependant déjà étudié l'influence du revenu pour les migrations alternantes).

Migrations alternantes.

La première série d'études a eu pour objet de mettre au point et d'utiliser la méthode dite I.A.U.R.P. ([1]). Celle-ci repose sur l'examen de trois choix successifs :

— utilisation d'un moyen de transport ou marche à pied;
— utilisation de l'automobile ou des transports en commun;
— pour les utilisateurs des transports en commun, choix entre les moyens offerts (métro et autobus dans Paris, chemin de fer et autobus en banlieue).

Utilisation d'un moyen de transport ou marche à pied. — Ce cas est le plus simple : la dépense monétaire étant nulle. On a établi, pour les différentes gares de Paris, à partir des résultats de l'enquête de 1961 et du recensement de 1962, la courbe d'affectation en fonction du temps de trajet à pied (ou de la distance). Ces courbes traduisent une diminution de la fréquence de la marche à pied selon la distance qui est moins rapide que ce qu'on pourrait attendre (fig. 14). Le rayon médian de marche à pied (distance que 50 % des usagers acceptent de parcourir à pied) varie selon la qualité de la desserte de la gare par les transports en commun (métro surtout) : ainsi, elle est plus faible (1 km) par la gare Montparnasse (4 lignes de métro) que par la gare d'Orsay (plus de 1,5 km : pas de desserte en métro).

Choix entre automobile et transports en commun. — Cette analyse qui, chronologiquement a été effectuée après celle du choix entre différents moyens de transport en commun et en utilisant les résultats de celle-ci (valeurs d'éléments de confort tel que le changement de moyen de transport et l'attente), conduit à établir, par la méthode I.A.U.R.P., une courbe d'affectation (fig. 15) à partir des résultats du questionnaire « transports » du recensement de 1962.

Pour l'établir, il a été nécessaire de mettre au point par la méthode décrite ci-dessus, les équivalences suivantes :

— Valeur accordée par les usagers à leur temps de trajet :

● habitants des quatre quartiers de Paris (Luxembourg, École Militaire, Montparnasse, Porte d'Orléans) : 5,70 F/h.
● habitants de deux quartiers de banlieue (Châtillon-Malakoff, Antony-Bourg-la-Reine) : 4,90 F/h;

Valeur moyenne : 5,10 F/h (il convient de noter qu'il s'agit des seuls usagers pour qui l'utilisation de l'automobile est possible, c'est-à-dire de ménages motorisés, dont le revenu, donc la valeur accordée au temps, est supérieure à la moyenne).

([1]) BARBIER (M.) et MERLIN (P.). — *Op. cit.*

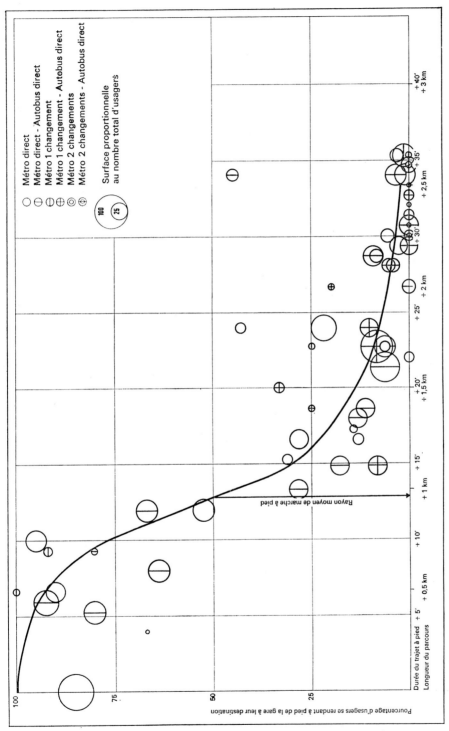

FIG. 14. — Choix entre l'utilisation d'un moyen de transport ou la marche à pied (usagers S.N.C.F. de la gare Montparnasse) (d'après Barbier et Merlin).

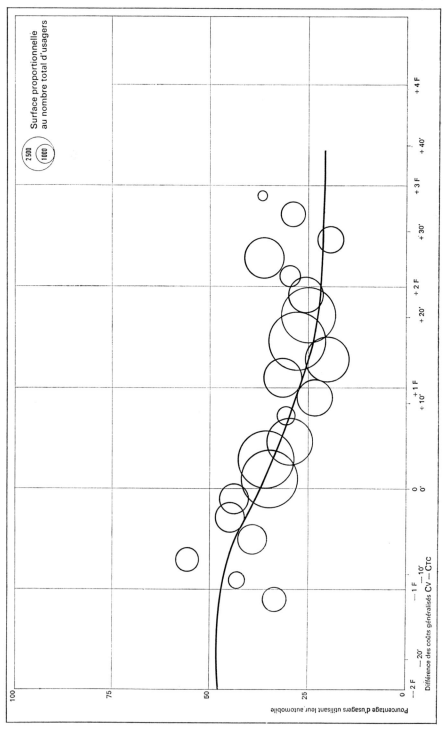

Fig. 15. — *Courbe d'affectation entre automobile et transport en commun. D'après les migrations alternantes 1962 (sondage au 1/20⁰) (d'après Barbier et Merlin).*

— Inconfort de la recherche d'une place de stationnement (temps de recherche non compris) :

● arrondissements centraux de Paris : 1,40 F;
● arrondissements périphériques de Paris : 0,40 F.

La même étude a été reprise, à partir d'une nouvelle enquête (l'enquête à domicile de la fin de 1965), en utilisant deux autres méthodes : la méthode de

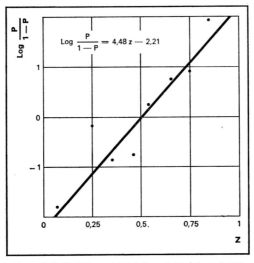

$$Z = 40^{-3} (0,32 \, R - 1,13 \, \Delta C - 4,55 \, \Delta t) + 0,627$$

R : revenu du ménage.
ΔC : différence de dépense monétaire.
Δt : différence de temps de trajet.

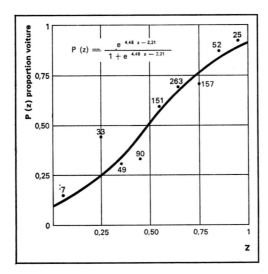

FIG. 16. — *Choix automobile-transports en commun pour les migrations alternantes par la méthode de Warner (d'après Mellet).*

Beesley et celle de Warner (¹). L'application de cette dernière méthode, selon plusieurs formulations différentes, a permis de montrer que la meilleure formulation était celle qui utilise des différences de dépense monétaire et des différences de coût, grandeurs dont la comparaison est à la base de la méthode I.A.U.R.P. et de la méthode de Beesley.

Les coefficients de régression sont hautement significatifs et conduisent à des courbes de répartition, soit globalement (fig. 16), soit par type géographique de déplacement, soit par catégorie de revenus.

Le nombre d'individus mal classés est très faible : un peu plus de 4 %. La méthode de Beesley généralisée conduit à des résultats moins satisfaisants (de l'ordre de 30 % de mal classés) mais voisins. Les deux méthodes permettent d'estimer la valeur accordée par les usagers au temps de trajet : celles-ci varient, dans une méthode comme dans l'autre de 1,5 à 3,5 F environ (moyenne : 2,5 F environ) selon le revenu, ce qui confirme l'importance de la prise en compte de cette variable. Ces résultats sont cependant inférieurs de moitié à ceux qui avaient été obtenus par la méthode I.A.U.R.P. Il semble donc bien qu'il y ait une différence des résultats selon la méthode utilisée, ce qui est inquiétant et nécessitera des études supplémentaires.

On a pu aussi estimer la différence de confort entre un déplacement en automobile et le même déplacement en transports en commun : ces estimations, comparables selon les deux méthodes, sont de plus de 5 francs pour un déplacement de banlieue à banlieue (mal assuré par les transports en commun), mais seulement de 0,6 francs pour un déplacement radial (de banlieue vers Paris). Cette estimation du confort de l'automobile varie du simple au double selon le revenu de l'usager.

On a en outre utilisé la méthode de Warner pour déterminer le moyen de transport choisi par les usagers lors de leurs trajets terminaux entre leur domicile et la gare de chemin de fer (²) en fonction des différences de temps généralisé et des différences de coût (automobile, autobus...). On a pu en déduire une méthode de dimensionnement des « parcs de discussion » à construire près des gares pour les usagers utilisant leur voiture comme moyen de rabattement sur le réseau ferré.

Choix entre autobus et métropolitain. — Cette analyse, effectuée chronologiquement la première, a permis, à partir de l'enquête de 1961, de mettre au point la méthode I.A.U.R.P. et de déterminer les premiers équivalents en termes monétaires du temps passé en déplacements et de certains éléments de confort.

On a obtenu les résultats suivants :

— valeur accordée par les usagers à leur temps de trajet : 2,90 F/h, déterminé à partir du choix différent des usagers selon le nombre de sections (donc le coût car en 1961, le tarif des autobus était encore différencié en six sections à l'intérieur de Paris;

(¹) MELLET (F.). — *Op. cit.*
(²) MELLET (F.). — Stationnement aux gares et dimensionnement des parcs de discussion, 52 p., *Cahiers de l'I.A.U.R.P.*, vol. 17-18, fascicule 3, Octobre 1969, 50 p.

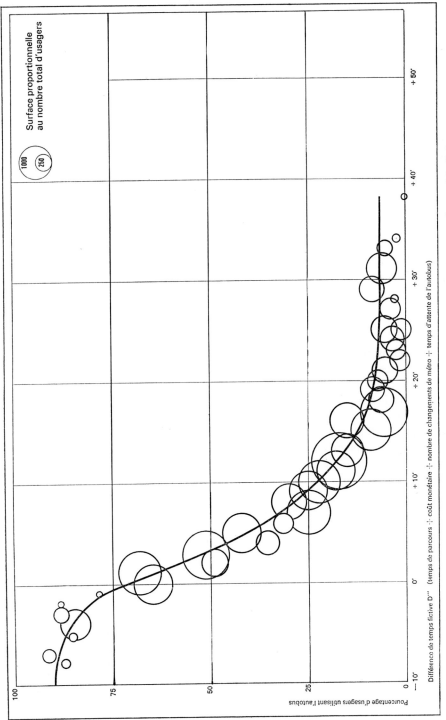

Fig. 17. — *Courbe d'affectation entre autobus et métropolitain (d'après Barbier et Merlin).*

— estimation de l'inconfort attaché à un changement de métro : en comparant les courbes de répartition établies séparément selon le nombre de changement nécessaires pour effectuer le déplacement en métro, on a pu évaluer la valeur de cet inconfort (non compris le temps nécessaire pour l'effectuer) à 4 minutes, ce qui revient approximativement à doubler le temps effectif qu'il demande;

— estimation de l'inconfort attaché à l'attente des autobus : en répartissant les différents déplacements selon l'attente nécessaire en autobus, on a montré que la durée de l'attente théorique (calculée d'après les tableaux de marche) devait être doublée pour obtenir l'attente réelle moyenne (en raison de l'irrégularité des autobus) et qu'elle était perçue par les usagers comme si elle était triplée;

— estimation de l'inconfort lié à la marche à pied : à partir des courbes de distribution des trajets effectués à pied, on a estimé que le temps de trajet devait être multiplié par un coefficient de pénibilité égal à 1,75 environ.

A partir de ces différents éléments, on a pu estimer, pour chaque déplacement, le coût généralisé en autobus et en métro. La comparaison de ces coûts généralisés permet d'établir une courbe d'affectation (fig. 17).

Déplacements achats.

L'application de la méthode de Beesley généralisée a seule été appliquée aux déplacements d'achats à partir des résultats de l'enquête de la fin de 1965 ([1]). Elle conduit à des résultats assez satisfaisants (25 % d'irrationnels). La valeur du temps λ estimée pour ces déplacements est de 3,50 francs l'heure. Cette valeur est presque la même pour les différents types géographiques de déplacement (banlieue-banlieue, Paris-Paris, Paris-banlieue).

On a établi finalement une courbe d'affectation séparément pour les déplacements entre secteurs de banlieue et pour les autres déplacements (fig. 18).

Déplacements des loisirs.

Les déplacements de loisirs ont fait l'objet d'une enquête particulière à la fin de 1967 ([1]). On a utilisé pour l'analyse la méthode de Beesley généralisée et la méthode de Werner.

La première méthode a montré la difficulté de prendre en compte, pour les déplacements de loisirs, des estimations des éléments d'inconfort déterminées à partir d'une autre enquête concernant un autre type de déplacements (l'enquête de 1961 sur les migrations alternantes) par une autre méthode (la méthode I.A.U.R.P.). Cependant, cette méthode conduit à un tiers de mal classés. La valeur du temps estimé est de 1,80 francs. La méthode de Warner conduit à une valeur encore plus faible (1,15 francs). Les courbes d'affectation

---

([1]) MELLET (F.). — *Op. cit.*

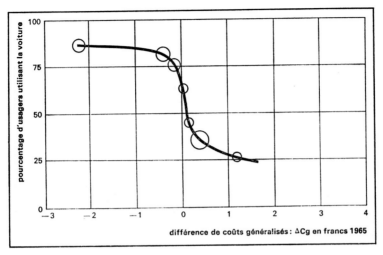

a

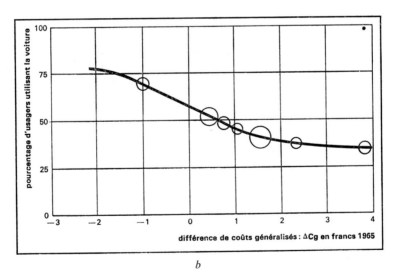

b

FIG. 18. — *Courbe de répartition pour les déplacements achats (d'après Mellet).*

a) *Déplacements Banlieue-banlieue.*
b) *Déplacements Paris-Banlieue, Banlieue-Paris et Paris-Paris.*

établies sont comparables : celle établie par la méthode de Warner est très étalée (fig. 19), ce qui traduit la grande variabilité des comportements des individus et l'imprécision des données et donc des résultats.

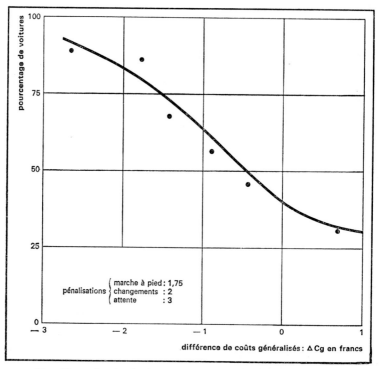

FIG. 19. — *Courbe de répartition (méthode Beesley généralisée).*
Déplacement de loisirs banlieue-Paris (d'après Mellet).

CONCLUSION

Ces études sont encore incomplètes. Les différentes méthodes peuvent être comparées. La méthode I.A.U.R.P. a surtout le double mérite d'avoir été la première à dégager la notion de coût généralisé et d'inclure des estimations objectives de divers éléments de confort, attente, changements, pénibilité de la marche à pied, recherche d'une place de stationnement...). La méthode de Beesley, grossière sur le plan de la recherche, est d'une application particulièrement simple. La méthode de Warner est la plus intéressante sur le plan théorique : si elle ne fournit pas encore de résultats opérationnels supérieurs à ceux des deux autres méthodes, elle est la seule qui permette la prise en compte dans un modèle unique de caractéristiques des individus.

Jusqu'à présent, on s'est limité à l'introduction du revenu mais les résultats sont prometteurs. Ce sera probablement un des principaux objectifs des recherches ultérieures. Il faudra en outre améliorer et compléter les estimations des éléments d'inconfort des différents moyens de transport (surcharge des moyens de transport, recherche d'une place de stationnement). Il conviendra aussi de préciser diverses notions, telle celle d'équivalence entre temps et dépense monétaire qui paraît trop simplifiée ou celle de demande « captive » d'un moyen de transport (c'est-à-dire les usagers qui ne peuvent pas en utiliser un autre : ainsi les ménages non motorisés sont captifs des transports en commun et les personnes utilisant leur automobile pour leur travail dans la journée sont captifs de l'automobile). Enfin, il faudra détailler ces résultats au niveau des chaînes de déplacements, beaucoup d'usagers utilisent successivement l'automobile et les transports en commun pour un même déplacement : l'étude du trajet terminal entre le domicile et la gare constitue la première approche dans cette voie.

Sur un plan plus théorique, on peut envisager de faire porter les efforts sur une meilleure analyse du mécanisme de choix individuel, alors que toutes les méthodes précédentes portent surtout sur une analyse statistique des comportements les plus fréquents au niveau des groupes d'usagers.

D'un point de vue plus opérationnel, il convient de rappeler la portée qu'ont déjà eue ces études. L'utilisation du coût généralisé, au lieu de la seule dépense monétaire, dasn les études de transport urbain, a permis de prendre en compte le temps passé en déplacement et les inconforts subis. L'examen économique de la rentabilité de telle ou telle infrastructure nouvelle est désormais effectué en évaluant, en termes d'équivalents monétaires, les gains de temps et les améliorations de confort qu'elle procurera. Ce progrès considérable a permis d'accélérer l'effort d'investissement public en faveur des transports en commun, au moment même où différentes études économiques rejoignaient l'opinion publique, qui a enfin pris la mesure des limites d'une politique basée uniquement sur des infrastructures autoroutières coûteuses et des parcs de stationnement qui seront toujours insuffisants ont démontré la nécessité d'une priorité absolue à accorder aux transports en commun, à condition cependant que ceux-ci offrent à leurs usagers un niveau de service (vitesse surtout et confort) susceptible de les détacher de l'utilisation de l'automobile.

IV. — LES MODÈLES D'ÉTUDES ÉCONOMIQUES DES RÉSEAUX

L'utilisation, en vue de prévisions, des modèles de distribution géographique et des modèles de choix modal permet de connaître la demande par trajet et par moyen de transport. Par comparaison avec la capacité des réseaux existants, on peut déterminer les liaisons pour lesquelles une nouvelle infrastructure est souhaitable. Mais pour décider de sa réalisation, *a fortiori* pour définir un ordre de priorité entre les liaisons qui apparaissent souhaitables, une étude économique est nécessaire. De la même façon, l'analyse économique peut aider à préciser l'équilibre entre les investissements dans les différents moyens de transport. On présentera deux études allant en ce sens qui ont servi à définir les nouveaux réseaux de transport en région parisienne (Réseau Express Régional et réseau d'autoroutes).

RECHERCHE D'UN NOUVEAU RÉSEAU FERRÉ [1]

L'objet est de déterminer un réseau ferré permettant de satisfaire une demande déterminée (prévue par exemple à l'aide des modèles de distribution géographique et de choix modal examinés ci-dessus). Ce réseau est choisi parmi un ensemble de réseaux possibles de façon à optimiser le coût total.

Le réseau recherché doit passer par tous les centres des secteurs du découpage géographique utilisé et permettre la prise en compte de toutes les demandes (trafics potentiels) : il s'agit de déterminer la possibilité de liaisons entre nœuds voisins. L'optimisation consiste à minimiser le coût global de transport pour la collectivité : coûts de construction du réseau, coûts d'exploitation, valeur du temps et des inconforts subis. Pour cela il faut affecter chaque trafic potentiel t_{ij} entre deux secteurs i et j à un itinéraire, série de liaison entre nœuds qui seront reliés.

On recherche le chemin optimal entre deux nœuds i et j en empruntant des maillons existants ou des maillons nouveaux à construire. Pour cela, l'ordre d'affectation n'est pas indifférent et on n'est pas certain d'obtenir le réseau optimal. Aussi procède-t-on en plusieurs phases :

— les trafics potentiels sont d'abord affectés aux itinéraires les plus courts (c'est-à-dire qu'on suppose les coûts de construction nuls);

— sur chaque maillon, on détermine, en réintroduisant les coûts de construction, la rentabilité pour le trafic déterminé dans la phase précédente : en introduisant les trafics par ordre d'importance décroissant, on détermine les chemins de coût minimal, ce qui conduit à des nouveaux maillons à construire;

— on suppose réalisé l'ensemble des maillons ainsi déterminés et on leur affecte les trafics potentiels par ordre décroissant.

La méthode a été appliquée à la région parisienne, à partir d'un réseau comportant 120 nœuds, centres de secteur. Elle a servi à déterminer les axes de transport ferré nouveau à construire pour satisfaire les besoins de l'agglomération existante et des extensions (villes nouvelles notamment) prévues par le schéma directeur régional. C'est ainsi qu'ont été déterminées les grandes lignes du Réseau Express Régional (R.E.R.). Par la suite, des études précises de trafic, de tracé et de bilan économique ont été évidemment effectuées pour chaque ligne. Mais la méthode précédente a permis une détermination globale et homogène des caractéristiques générales du réseau à construire.

L'ÉQUILIBRE DES INVESTISSEMENTS

Le problème de la priorité aux transports en commun ou aux autoroutes est hautement controversé. Sur le plan du souhaitable, il est pourtant clair : le problème essentiel est d'assurer une capacité suffisante à la demande en

---

[1] BARBIER (Michel). — Éléments d'étude d'un réseau ferré rationnel, in *Cahiers de l'I.A.U.R.P.*, vol. 4-5, Avril 1966, 42 p. + cartes.

heure de pointe. Or, par passager supplémentaire acheminé vers le centre d'une grande ville, les investissements nécessaires sont cinq à dix fois moins élevés, selon le niveau de confort offert, par transport en commun ferré que par autoroute urbaine. La priorité semble donc devoir être donnée aux transports en commun, de préférence ayant un haut niveau de confort pour offrir une alternative valable aux automobilistes qu'on souhaite détourner de leur véhicule ([1]). Des investissements autoroutiers sont cependant nécessaires pour assurer les déplacements, entre secteurs de banlieue en particulier, incommodes par les transports en commun, et pour les déplacements d'affaires, d'achats, de loisirs, heureusement plus étalés dans l'espace, et surtout dans le temps, que les migrations alternantes. En outre, pour guider une politique d'investissements, on ne peut se fier au seul souhaitable, sans se préoccuper du comportement des usagers. Un équilibre des investissements entre voirie urbaine et transports ferrés est donc à rechercher.

A cette fin, on a construit un modèle simulant le comportement des banlieusards dans un secteur radial de banlieue ([2]). On suppose qu'on le dessert par une autoroute et une ligne ferrée. On précise la répartition des lieux de résidence et des lieux de travail, les horaires de travail de chaque usager ([3]) et la disponibilité (ou non) d'une automobile.

Le modèle va rechercher la capacité à assurer aux infrastructures (autoroute, voie ferrée, stationnement) et leur tarification optimale en tenant compte des coûts d'investissement, des coûts de fonctionnement, du coût généralisé pour les usagers et des recettes tarifaires.

Pour cela, il simule leurs déplacements et, en premier lieu, leur répartition entre les transports en commun (en allant à la gare à pied ou en autobus), et l'automobile (avec stationnement au centre ou aux « portes » de la ville) ([4]). Ce choix sera fonction du temps de trajet en automobile, lui-même déterminé par simulation de l'écoulement du trafic sur l'autoroute conformément aux lois reliant la vitesse au débit. Le bilan économique s'appuie sur la théorie de l'utilité généralisée ([5]). Le modèle est couplé avec deux autres modèles permettant de déterminer l'emplacement optimal des gares sur la voie ferrée et des échangeurs sur l'autoroute.

Dans l'application à des données numériques comparables à la situation parisienne prévue à la date d'application (c'est-à-dire celles où les infrastructures seront réalisées), on a trouvé qu'un réseau comportant une quinzaine d'autoroutes radiales et de voies ferrées rapides était justifié (les autoroutes ayant trois voies par sens en proche banlieue jusqu'à 5 km des portes, et deux

---

([1]) MERLIN (Pierre). — *Les transports parisiens*, Paris, Masson, 1967, 495 p.

([2]) BARBIER (Michel), MOISDON (Jean-Claude), SCHAUVLIEGE (J. M.) et JOSEPH (M. D.) et divers. — Investissement et tarification des transports urbains. Un essai d'approche systématique, in *Cahiers de l'I.A.U.R.P.*, vol. 17-18, Octobre 1969, 44 p.

([3]) Sous forme d'une courbe : on suppose que les travailleurs quittent leur travail le soir dans l'ordre où ils le prennent le matin.

([4]) Comme on le voit, le modèle a été construit pour simuler un secteur radial de l'agglomération de Paris. Les données numériques utilisées correspondent à la situation parisienne. Mais la portée du modèle reste générale.

([5]) LESOURNE (Jacques). — *Le calcul économique*, Paris, Dunod, 1964, 252 p.

ensuite et les voies ferrées ayant 5 gares en banlieue) à condition d'établir un tarif élevé en stationnement : de 15 à 23 francs par jour à Paris, selon le quartier; 11 francs aux portes (7 F s'il y a péage sur l'autoroute) et 5 F aux gares de banlieue. Le péage optimal sur l'autoroute correspond à 4,50 F pour 20 km.

Ce modèle, comme le précédent, a joué un rôle important dans la planification du réseau de transports de Paris pour la fin du siècle et dans la définition d'une politique de transport (rôle du stationnement payant en particulier).

CHAPITRE V

MÉTHODES D'ÉTUDES
DES RÉSEAUX URBAINS

Longtemps, la ville a été étudiée en elle-même, par une approche morphologique et structurale, généralement dans une perspective d'analyse historique de son processus de développement. C'est pourquoi il n'est pas surprenant que ce soient des historiens qui aient pu, dans ce contexte, rédiger des traités de géographie urbaine [1].

Parallèlement, l'analyse régionale se développait largement au sein de l'école géographique française qui lui doit la plus grande part de son renom [2]. Mais les deux démarches semblaient s'ignorer, tandis que l'économie spatiale n'attirait que des isolés parmi les économistes [3].

Le thème des réseaux urbains devait bouleverser, après les travaux des précurseurs, comme W. Christaller [4], cette situation. Il devait mobiliser en particulier les efforts des économistes et des géographes, comme ceux des tenants d'une discipline nouvelle, qui visait à réunir — et y a réussi aux Etats-Unis — les tenants des deux disciplines, la science régionale. L'intérêt nouveau pour les problèmes d'aménagement du territoire explique, au moins pour la France, cette évolution, avec la nécessité d'une spécialisation et d'un renouveau. L'attrait des méthodes de recherche opérationnelle est à la base de cette convergence autour de la science régionale aux Etats-Unis.

Il ne faudrait pas croire cependant que l'unification des objectifs, des approches et des méthodes soit chose faite. Si elle semble se rapprocher aux Etats-Unis à travers l'utilisation, voire l'abus, de méthodes quantitatives, elle reste très éloignée dans la plupart des pays européens (sauf peut-être l'Angleterre, l'Allemagne et la Suède). La rivalité entre disciplines — économistes, géographes et sociologues notamment — face aux problèmes d'urbanisme et d'aménagement du territoire, est sans doute à la base de cette igno-

---

[1] LAVEDAN (Pierre). — *La géographie des villes*, Paris, 1936 (3e éd. en 1959), 341 p. Voir aussi un ouvrage de HASSER (K.). —*Die Städte geographisch betrachtet*, qui a cependant paru en 1907.

[2] CLAVAL (Paul), JUILLARD (Étienne) et divers. — *Région et régionalisation dans la géographie française et dans d'autres sciences sociales*, Bibliographie analytique, Paris, Dalloz, 1967, 99 p.

[3] PONSARD (Claude). — *Histoire des théories économiques spatiales*, Paris, A. Colin (Centre d'Études Économiques), 1958, 202 p.

[4] CHRISTALLER (Walter). — *Die zentralen Orte in Suddeutschland*, Iena, G. Fischer, 1933, 331 p.

rance réciproque, évidente à l'examen des méthodes utilisées comme dans les bibliographies.

On distinguera trois grands courants sur le plan des méthodes d'approche :

— l'apport théorique de l'économie spatiale (en négligeant quelque peu les développements récents de cette discipline qui s'écartent peut-être d'une véritable analyse spatiale, en ne considérant l'espace que comme un facteur modélisable);

— l'apport des modèles statistiques, le plus souvent purement descriptifs (donc non explicatifs);

— l'apport de l'enquête géographique, que celle-ci vienne à l'appui d'un modèle géographique, comme chez Christaller [1] ou soit menée pour elle-même comme dans les études d'économistes et de géographes français autour de 1960.

Le cas de l'étude de l'armature urbaine française fournira un exemple, rare mais bien imparfait, d'approche multiple, pluri-disciplinaire et synthétique. Mais cet exemple ne doit pas faire illusion : la fusion des méthodes reste à opérer pour dégager une véritable méthodologie qui n'est encore qu'embryonnaire.

I. — L'APPORT DE L'ÉCONOMIE SPATIALE

L'économie spatiale aurait pu, par son objet, être le point de rencontre des géographes et des économistes. Les circonstances l'ont voulu différemment et elle a évolué, depuis von Thünen, à l'écart des courants de la pensée de l'économie politique, comme elle n'a, jusqu'à Christaller, guère intéressé les géographes. Il s'agit d'une école essentiellement allemande jusqu'à 1945, américaine depuis où elle tend à prendre le nom de « regional science ».

Elle a cependant été remise à la mode en France depuis une quinzaine d'années, par les travaux de Cl. Ponsard [2], J. R. Boudeville [3] puis P. Moran [4].

Comme le souligne ce dernier, les spécialistes de l'économie spatiale ont proposé des théories, mais plus encore des géométries. Leur hypothèse de départ, celle de la plaine uniforme, nie en effet les distorsions introduites par la topographie ou par l'action de l'homme, bref par la géographie, même si, par la suite, ils sont conduits à compliquer le modèle initial pour le rendre moins rigide et plus réaliste.

---

[1] CHRISTALLER (Walter). — *Op. cit.*

[2] PONSARD (Claude). — *Économie et espace. Essai d'intégration du facteur spatial dans l'analyse économique*, Paris, S.E.D.E.S., 1955, 467 p.

PONSARD (Claude). — *Histoire des théories économiques spatiales*, Paris, A. Colin (Centre d'Études économiques), 1958, 202 p. Le présent exposé doit beaucoup à la remarquable analyse présentée dans ce dernier ouvrage.

[3] BOUDEVILLE (Jacques Raoul). — L'économie régionale. Espace opérationnel, Paris, *Cahiers de l'I.S.E.A.*, (Série L, n° 3), Juin 1958, 84 p.

BOUDEVILLE (Jacques Raoul). — *Les espaces économiques*, Paris, P.U.F. (Que Sais-Je?), 1961, 128 p.

[4] MORAN (Pierre). —*L'analyse spatiale en science économique*, Paris, Cujas, 1966 (Connaissances économiques), 294 p.

C'est à J. M. von Thünen et à sa théorie de l'économie agricole qu'on fait remonter habituellement l'économie spatiale. A. Weber et sa théorie de la localisation industrielle, complétée par T. Palander, a marqué une influence profonde. Mais c'est A. Lösch qui a élaboré le premier une théorie complète, avant sa mort, laissant une œuvre inachevée que l'américain W. Isard devait prolonger.

LA THÉORIE DE L'ÉCONOMIE AGRICOLE DE VON THÜNEN (¹)

Bien que son intérêt ne soit plus guère qu'historique, la théorie de Von Thünen est très intéressante. D'abord par sa genèse : gentilhomme-campagnard, celui-ci a pu étudier, sur son propre domaine dans le Mecklembourg, les lois qui régissent l'économie agricole et dégager l'influence de la proximité d'une ville-marché (en l'occurrence, Rostock). Il se livrera lui-même à des observations, à une expérimentation et à une comptabilité qui confèrent à ses travaux un caractère expérimental rare chez les économistes de l'époque.

Le problème posé est celui de la répartition des cultures, sur la plaine jugée uniforme et de fertilité égale en tous points, autour de la ville-marché, centre unique, qui maximise la rente foncière. Celle-ci est la différence entre le prix de vente du produit agricole sur le marché et le coût des facteurs de production, parmi lesquels, et c'est là son apport original, Thünen introduit les coûts de transport. Il y aura, pour chaque produit, une distance limite au-delà de laquelle la production ne sera plus rentable. Si le producteur peut choisir entre plusieurs productions rentables, il choisira celle qui permet la rente la plus élevée. Les limites des zones de cultures prendront donc la forme de cercles concentriques Thünen aboutit ainsi à six couronnes successives :

— la zone centrale, où le loyer du sol est élevé, sera la zone du maraîchage et de l'élevage laitier : les produits correspondants ont une valeur élevée et sont délicats à transporter ; la proximité de la ville permet l'utilisation d'engrais ;

— la deuxième couronne est réservée à la sylviculture, très rentable à l'époque ;

— la troisième couronne est celle de la culture alternée des céréales ;

— la quatrième couronne est celle de l'assolement pastoral ;

— la cinquième couronne est celle de l'assolement triennal ;

— la sixième couronne est celle de l'élevage extensif du bétail.

Certes, une telle disposition correspondait aux conditions de l'économie agricole du milieu du XIXᵉ siècle. Thünen lui-même a d'ailleurs proposé diverses modifications. Un axe de transport (en l'occurrence une rivière, mais le raisonnement serait identique pour une voie ferrée ou routière), conduit à modifier la forme des couronnes qui sont séparées par des courbes d'égal coût de transport. Des différences de fertilité compliquent encore le schéma. L'existence de plusieurs villes conduit à plusieurs faisceaux de couronnes.

(¹) Von Thünen (Johann Heinrich). — *Der isolierte Stadt in Beziehung auf Landwirtschaft und Nationalokonomie* (3 vol., 1826, 1850, 1863). Cet ouvrage n'a été que partiellement traduit en français) (290 + 391 + 284 p.).

Il n'en reste pas moins que la théorie de Thünen est la première à avoir intégré la notion de distance. Il devrait en outre, par d'autres aspects de ses travaux (une théorie originale, et quelque peu révolutionnaire, mais qui s'est révélée controuvée, des salaires), apparaître comme un précurseur des marginalistes et a pressenti la notion de subtitution qui deviendra vitale en économie spatiale. Il a en outre eu le mérite d'apporter à son analyse théorique le poids de ses observations concrètes.

LA THÉORIE DES LOCALISATIONS INDUSTRIELLES DE WEBER

Ce furent W. Launhardt ([1]) et surtout A. Weber ([2]), qui ne se connaissaient pas, qui devaient mettre au point, longtemps après les travaux de J. H. Von Thünen, la théorie des implantations industrielles. Leur analyse repose sur l'idée que, pour définir le point optimal de production, il faut rechercher le point où la somme des coûts de transport (des matières premières et produit fini) sera la plus faible. On suppose les frais de transport proportionnels à la distance et au poids et indépendants du produit transporté. On obtient ainsi, par exemple pour deux lieux d'origine des matières premières et un marché de consommation, un triangle de localisation. On peut assimiler les poids à transporter à des forces et rechercher le point d'équilibre : c'est là un problème de mécanique classique ([3]).

([1]) Launhardt (Wilhelm). — *Die Bestimmung des Zweckmässigsten Standortes einer gewerblichen Anlage*, Berlin, 1882.

([2]) Weber (Alfred). — *Uber den Standort der Industrien*, Tubingen, 1909. Traduction américaine : *Alfred Weber's Theory of the location of industries*, présentée par Friedrich (C. J.), Chicago, 1928. Nouvelle traduction américaine : Chicago, University of Chicago Press, 1957, 256 p.

([3]) Le système des trois forces p_1, p_2 et p_3 et des trois distances $\vec{r_1}, \vec{r_2}$ et $\vec{r_3}$ est équilibré si : $p_1\vec{r_1} + p_2\vec{r_2} + p_3\vec{r_3}$ est maximum c'est-à-dire si $p_1\vec{dr_1} + p_2\vec{dr_2} + p_3\vec{dr_3} = 0$. La solution est fournie par le parallélogramme des forces (fig. 20).

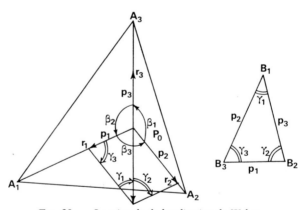

Fig. 20. — *Le triangle de localisation de Weber.*

Le triangle $B_1B_2B_3$ dont les côtés sont égaux aux poids p_1, p_2 et p_3 est le triangle des poids. Ses angles γ_1, γ_2 et γ_3 sont les suppléments des angles β_1, β_2 et β_3 du parallélo-

A. Weber sera amené à modifier ce schéma simplifié pour tenir compte de l'attraction de la main-d'œuvre. En fait, plus que de différences de salaires, Weber préfère parler de différences de coût du travail, ce qui tient compte de l'efficacité de celui-ci. Si l'entrepreneur s'écarte du point P_0 d'équilibre où les coûts de transport sont minimaux pour faire une économie sur les coûts de travail, les premiers augmenteront. Weber appelle isodapane le lieu géométrique des points pour lesquels les coûts de transport sont égaux. Il y a donc, autour du point P_0, une famille d'isodapanes. Il y aura une isodapane dite isodapane critique pour laquelle l'économie de coût de travail espérée est compensée par l'accroissement des coûts de transport. Si le centre de main-d'œuvre est situé à l'intérieur de l'isodapane critique, il constituera la localisation optimale; dans le cas contraire, P_0 reste le point de localisation le meilleur. Ce raisonnement suppose le centre de main-d'œuvre bon marché absolument ponctuel, ce qui est très discutable. Suivant l'importance relative des frais de transport et des coûts du travail, ce déplacement sera plus ou moins important. Une population dense exercera une déviation plus forte à partir de P_0, surtout si les coûts de transport s'abaissent. Tel semble bien le sens général de l'évolution, encore que les progrès techniques diminuent l'attraction de la main-d'œuvre.

A. Weber devait introduire un troisième élément important dans sa théorie : les formes d'agglomération (ou de déglomération). Les économies entraînées par la production de masse, contrebalancées en partie par les rentes foncières plus élevées, peuvent conduire à modifier le schéma de localisation en attirant le point optimal vers les agglomérations. Cette « force agglomérative » est variable selon le degré de concentration et conduit à définir une véritable fonction d'économie d'agglomération. Weber est alors amené à établir, pour chaque production et chaque niveau de concentration, une nouvelle série d'isodapanes et une nouvelle isodapane critique. S'il existe une localisation où de nombreuses isodapanes critiques se recoupent, elle sera favorable à un processus d'agglomération : on le vérifie en comparant l'économie d'agglomération qu'elle permet avec l'augmentation des coûts de transport qui en résulte : selon les cas, l'agglomération apparaîtra avantageuse ou non.

T. Palander ([1]) devait préciser les schémas de A. Weber en traçant des réseaux d'isolignes qui correspondent à diverses hypothèses concernant la tarification des transports (uniforme ou dégressive), le nombre de matières premières... Un tarif variable de transport peut conduire à plusieurs points P_0 de coût minimum de transport. Il introduira également l'irrégularité de la

---

gramme des poids qu'on peut alors construire (méthode des aires capables de valeur $2\beta_1$, $2\beta_2$ et $2\beta_3$).

Cette méthode peut être généralisée :

— à plus de trois points : on parlera de figure de localisation;

— à des coûts de transport variable : il suffit de faire varier les poids ou les distances proportionnellement;

— des écarts de prix peuvent être également ramenés à des différences de distance de transport.

([1]) PALANDER (Tord). — *Beitrage zur Standortstheorie*, Uppsala, 1935.

topographie, les effets de frontière (transbordements, variation des coûts de transport...). Mais, ce faisant, il insiste exagérément sur les seuls coûts de transport, alors qu'A. Weber avait précisément montré l'existence d'autres facteurs importants — l'attraction de la main-d'œuvre et les économies d'agglomération — pour expliquer les localisations. La reconnaissance des interrelations spatiales laisse le champ ouvert à une théorie complète qui sera finalement établi par A. Lösch.

LA THÉORIE DES RÉGIONS DE A. LÖSCH

August Lösch devait faire passer l'économie spatiale à l'âge adulte ([1]). Il va chercher à élaborer une théorie générale de l'équilibre des localisations d'un système économique.

Spécialiste des rapports entre économie et démographie et des recherches sur le commerce international, c'est ce dernier sujet qui le conduira, en posant le problème de la relation entre frontières économiques et frontières politiques, à l'économie spatiale. Dans son œuvre magistrale, qu'une mort prématurée devait laisser incomplète, il pose les bases d'une théorie générale de la localisation, d'une théorie de l'échange et, maillon intermédiaire, d'une théorie des régions qui l'a rendu célèbre et constitue une tentative majeure d'explication rationnelle de la distribution spatiale des lieux habités et de la formation des villes.

A. Lösch a fait, à travers sa théorie de la localisation individuelle, faire de grands progrès à la théorie de la localisation agricole de Von Thünen — en montrant que les couronnes concentriques ne constituaient qu'une solution possible parmi d'autres — et à la théorie de la localisation industrielle de W. Launhardt, A. Weber et T. Palander. Dans les deux cas, il a réintroduit la possibilité de coûts variables, de substitution de facteurs entre eux dans le schéma de production, et de demande élastique, retrouvant ainsi un lien, disparu depuis Von Thünen, entre l'économie spatiale et l'économie politique.

A l'autre extrémité de la vaste chaîne qu'il a rassemblée, A. Lösch pose les équations d'un équilibre spatial général, reposant sur les principes de maximation des avantages individuels et des unités économiques indépendantes. Il ne devait pas résoudre ce système d'équations qu'il jugeait trop abstraites, et que devaient reprendre après lui Walter Isard ([2]) et d'autres chercheurs.

Lösch devait surtout se consacrer à la théorie des régions qui constitue, pour reprendre l'expression de P. Moran ([3]), une géométrie, au même titre que les théories de Von Thünen et de A. Weber. Il reprend l'hypothèse classique

---

([1]) LÖSCH (August). — *Die räumliche Ordnung der Wirtschaft*, Iena, G. Fischer (1re éd. 1940, 2e éd. 1944), 380 p. Traduction américaine : *The economics of location*, New Haven, Yale University Press, 1954, XXVIII + 520 p.

([2]) ISARD (Walter). — *Location and space economy. A general theory relating to industrial location, market areas, land use, trade and urban structure*, New York, J. Wiley and Sons, 1956, 350 p.

([3]) MORAN (Pierre). — *Op. cit.*

d'une plaine uniforme, de fertilité homogène, avec des matières premières régulièrement réparties et des fermes autosuffisantes à intervalles égaux. Le regroupement d'activités résultera du jeu des avantages de la spécialisation et de la production de masse.

Soit en effet la production d'un bien particulier (Lösch prend l'exemple de la bière). Un exploitant agricole peut trouver avantage à en produire plus qu'il n'en consomme pour le revendre à des fermes voisines. Il bénéficiera des avantages d'une production plus importante (économie d'échelle) mais ses coûts seront grevés de frais de transport. L'intersection de la courbe de prix et de la courbe de la demande définit le rayon de l'aire de marché qui est donc un cercle. Mais les cercles correspondant à chaque producteur soit se recoupent, soit laissent des zones non desservies. Lösch estime, sans vraiment le démontrer, que les cercles sont remplacés par des hexagones inscrits dans les cercles (fig. 21). En fait, l'hexagone est le polygone régulier le plus proche du cercle

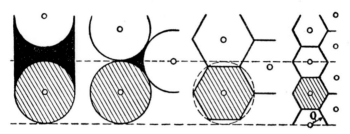

FIG. 21. — *Les aires hexagonales définies
à partir d'aires circulaires (d'après Lösch).*

(c'est-à-dire ayant le plus grand nombre de côtés), qui permette une division régulière de l'espace : le carré et le triangle équilatéral sont les deux seules autres figures qui le permettent mais la réduction de l'aire de marché serait alors plus grande que dans le cas de l'hexagone. La dimension des hexagones ainsi obtenus correspond à la surface minimale du marché de chaque producteur.

La disposition des fermes par rapport aux producteurs (de bière, dans l'exemple de Lösch), ne peut obéir qu'à trois possibilités (fig. 22) :

— au sommet des hexagones : un producteur dessert alors en moyenne trois fermes, la sienne et le tiers des six fermes situées aux sommets des hexagones;

— au milieu des côtés des hexagones : un producteur dessert alors quatre fermes : la sienne et la moitié des six situées sur les côtés;

— à l'intérieur des hexagones : un producteur dessert alors sept fermes : la sienne et les six fermes situées dans l'hexagone.

A partir de ces trois dispositions élémentaires, Lösch imagine des centres de production ayant une aire de marché de dimensions croissantes. A partir d'un centre de production unique, il superpose des hexagones de dimension croissante, ayant l'un ou l'autre des dispositions typiques présentées ci-dessus,

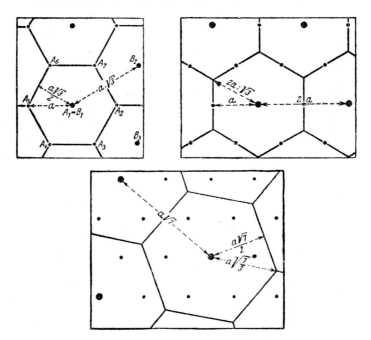

FIG. 22. — *Les trois possibilités d'hexagones (d'après Lösch).*

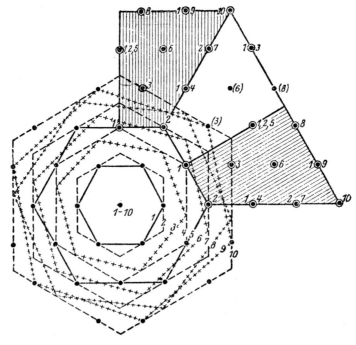

FIG. 23. — *Réseau d'hexagones (d'après Lösch).*

mais desservant un nombre croissant de fermes, et détermine la position des lieux de production concurrents pour chaque dimension de l'aire du marché des différents produits (fig. 23). Ces lieux de production concurrents seront eux-mêmes les centres d'hexagones de la dimension correspondante. On peut ainsi couvrir l'espace par un réseau d'hexagones de dimensions variables correspondant à l'aire de marché de chaque production ([1]).

Ces réseaux d'hexagones peuvent être disposés au hasard dans l'espace, sans que la desserte de chaque ferme pour chaque produit cesse d'être assurée. Mais des considérations pratiques conduisent à envisager un point privilégié, une grande ville par exemple, qui soit centre de production pour l'ensemble des biens (cette hypothèse était déjà implicite dans l'établissement du réseau des hexagones de taille différente). Une rotation appropriée des réseaux autour du centre permet d'obtenir six secteurs où figurent de nombreux centres de production que Lösch appelle secteurs « riches en villes » et six secteurs « pauvres en villes ». La justification, présentée seulement de façon subjective, réside dans les facilités de transport qui résulteront d'une telle disposition : pour les consommateurs, le regroupement de centres de productions diverses diminuera leurs déplacements; pour les producteurs, des lignes de transport reliant ces centres peuvent être établies. La somme des frais de transport peut ainsi être minimisée. Cette disposition fait aussi apparaître les « lieux centraux » où sont regroupés des centres de production ayant des aires de marché de dimensions variables ([2]).

La dimension d'un tel système correspondra au rayon de l'aire de marché la plus grande. Mais au-delà de ce système d'hexagones, un autre système apparaîtra, similaire. Ainsi se crée un réseau de systèmes qui répand sur toute la surface l'arrangement des hexagones. Dans la géométrie de Lösch, la région économique est constituée par un système d'hexagones de dimensions variables. La frontière entre deux régions économiques sera celle entre deux réseaux. Les réseaux de transport s'établiront entre les différents systèmes (régions). Il est probable, sans que cela soit explicite chez Lösch que les secteurs riches en villes, axes de transport privilégiés, coïncideront dans les systèmes (régions) voisins (fig. 24).

Le fait administratif va quelque peu modifier ce schéma. Chaque niveau administratif regroupe plusieurs unités de niveau inférieur. Ceci entraîne une simplification des réseaux mais cette contrainte diminue l'efficacité économique du système puisque certaines productions ne trouveront pas leur aire de marché optimale.

L'approche géométrique de Lösch confère à sa théorie son niveau élevé d'abstraction et de généralité. Mais elle souligne les limites de sa construction qui reposent sur des hypothèses très restrictives. Lösch en était conscient et a

---

([1]) Lösch met en évidence l'existence d'une relation simple entre : la distance a entre les fermes (constante et définie *a priori*; la distance b entre deux centres de production d'un bien donné; le nombre n de fermes qui constitue le marché d'un centre de production $b = a \sqrt{n}$.

([2]) Voir cette notion de lieux centraux développée chez W. Christaller ci-dessous en III, qui a influencé Lösch.

examiné les différents facteurs qui viennent nuancer son schéma. Il recense notamment :

— *Les éléments économiques :* différences spatiales de prix, de qualité, de coûts du transport... Par exemple la différenciation des produits conduit à une extension et à un recouvrement partiel des aires de marché, etc.

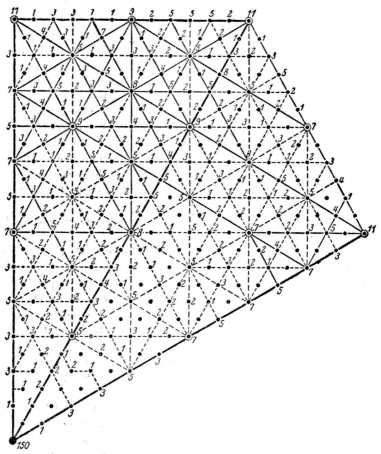

Fig. 24. — *Établissement des axes de transport (d'après Lösch).*

— *Les éléments naturels :* les différences de fertilité des sols et de possibilité de transport sont réintroduites à ce niveau. Si les premières ne perturbent guère les réseaux, les secondes vont déformer les aires de marché, notamment avec l'apparition de « nœuds de transport » ou de « portes » qui vont attirer des localisations (les nœuds) ou les commandes (les portes). On voit que, par ce biais, Lösch réintroduit quelques-uns des facteurs fondamentaux de l'explication géographique qu'il avait négligés dans le schéma initial.

— *Les éléments humains* conduiront à un résultat analogue : la variété et la spécificité des comportements individuels (notamment des entrepreneurs) et des groupes va encore diversifier les résultats. Par exemple, les aptitudes individuelles des entrepreneurs, leur politique de prix et de localisation vont entraîner des distorsions des réseaux. Les caractères et habitudes de différents peuples ou de différentes races vont avoir des conséquences sur leur schéma de consommation et donc sur les dimensions et l'agencement des aires de marché.

— *Les éléments politiques :* États et frontières. Les organisations étatiques, tout en présentant des similitudes avec les réseaux (divisions en unités à peu près égales, rôle des axes de transport, importance de la centralité...) sont plus rigides et remodèleront les réseaux économiques. L'existence de frontières entraînera une rigidité supplémentaire : peu de centres pourront se créer dans les zones frontières, car leur aire de marché serait réduite par celle-ci, d'où l'apparition de « déserts frontaliers ».

Ainsi la démarche de Lösch consiste en une « schématisation volontaire du réel par élimination des spécificités et des contingences de tous ordres, élaboration d'une géométrie, et tentative de réintégration de ces spécificités et de ces contingences » (¹). Pour Lösch, le désordre observé n'est qu'apparent et, plutôt que, selon les traditions de l'école géographique, rechercher les facteurs d'explication contingente, il préfère dégager les facteurs d'ordre et ne considérer les autres facteurs que comme des correctifs de cet ordre caché. Il « refuse de mettre l'accent sur ce manque d'ordre... Il y a une explication rationnelle qui a bien plus d'importance en longue période que les explications contingentes » (²). Il reste à savoir si les hypothèses de base sont acceptables et si les correctifs qui y sont apportés sont suffisants pour reconstituer la réalité.

L'économie spatiale ne s'est pas arrêtée avec Lösch. Il semble au contraire qu'elle ait connu, parallèlement et à partir de son œuvre, un grand essor. Apparemment, elle s'est rapprochée des disciplines de l'espace, à travers le développement de la science régionale (³). En fait, les principaux successeurs de Lösch, et notamment W. Isard (⁴) ont surtout cherché à développer le modèle d'équilibre global qu'il avait ébauché, en accordant à la notion de substitution une place capitale (l'espace intervenant sous forme d'unités de transport, la tonne-kilomètre par exemple, qui est considéré comme un véritable facteur de production, substituables à d'autres) et, de façon générale, en se rapprochant des développements contemporains de la science économique générale.

Discipline théorique s'il en est, l'économie spatiale aura permis de réintégrer la notion d'espace dans les travaux des économistes. Les contemporains, tels W. Leontief, P. A. Samuelson, L. N. Moses aux États-Unis, F. Perroux,

(¹) MORAN (Pierre). — *Op. cit.*
(²) LÖSCH (August). — *Op. cit.*
(³) Il existe une très active *Regional Science Association*, animée par W. Isard, d'inspiration essentiellement américaine, qui dispose en Europe d'une section, mais seuls les économistes semblent s'intéresser à ces travaux, ce qui lui fait quelque peu perdre son orientation spatiale.
(⁴) ISARD (W.). — *Op. cit.*

A. Piatier ou J. Tinbergen en Europe lui ont réservé une large place. Il est moins certain que les géographes, spécialistes de l'espace, aient su faire la même place aux concepts économiques théoriques.

II. — L'APPORT DES MODÈLES STATISTIQUES

Ainsi, les économistes spatiaux se sont-ils essentiellement cantonnés dans une approche théorique, ne cherchant à modifier les hypothèses très restrictives de départ qu'*a posteriori* et — même lorsque, comme Von Thünen et, dans une moindre mesure Lösch, ils menaient parallèlement des observations expérimentales — peu soucieux de tester l'adéquation de leurs modèles à la réalité.

L'approche statistique, généralement également due à des économistes, est tout autre. Elle part de l'observation des faits, de leurs régularités apparentes et induit un modèle mathématique susceptible de représenter ces réalités, puis — mais cette phase essentielle est parfois quelque peu négligée — teste son adéquation et cherche à expliquer la différence entre les résultats calculés par le modèle et les observations.

On retiendra essentiellement deux modèles classiques en raison du rôle qu'ils ont joué dans l'étude des réseaux urbains, bien que leur domaine d'application soit en fait beaucoup plus vaste : la loi rang-dimension et la loi gravitaire.

LA LOI RANG-DIMENSION

Cette loi a pour objet de relier par une relation simple, dans un réseau urbain donné, la population P_n d'une ville, à son rang n. Elle part de l'observation que, dans un pays ou dans une région, si on classe les villes par ordre d'importance, certaines régularités apparaissent dans les populations ainsi ordonnées.

En fait, cette loi, généralement appelée loi de Zipf, est antérieure à cet auteur [1]. Avant lui, le statisticien français Gibrat [2] et surtout H. W. Singer [3] avaient montré les applications aux domaines démo-économiques d'une loi qui n'est autre que la classique loi de Pareto.

L'expression mathématique de la loi est très simple :

$$P_n = \frac{P_1}{n^\alpha}$$

où P_1 est la population de la ville la plus importante;

P_n est la population de la ville de rang n;

---

[1] ZIPF (G. K.). — *Human behavior and the principle of least effort*, Cambridge (Mass.), Addison-Wesley, 1949.

[2] GIBRAT (R.). — *Les inégalités économiques*, Paris, Sirey, 1938.

[3] SINGER (H. W.). — The « courbes de population » : a parallel to Pareto's law, *Economic Journal*, 1936.

α est un exposant caractéristique du degré de hiérarchisation, qui doit être déterminé expérimentalement lors de l'ajustement de la loi ([1]).

La loi rang-dimension a fait l'objet de beaucoup d'applications, notamment aux États-Unis. Voici, par exemple, les résultats de l'ajustement obtenu par R. Vining ([2]) sur les six villes américaines ayant plus d'un million d'habitants au recensement de 1950.

([1]) L'ajustement s'effectue aisément par une transformation logarithmique :

$$\text{Log } P_n = \log P_1 - \alpha \log n.$$

On peut procéder graphiquement sur papier bilogarithmique (la courbe ajustée est alors une droite et α est la pente de la droite) ou par le calcul (généralement par la méthode des moindres carrés) (fig. 25).

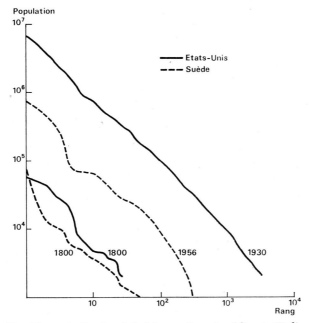

FIG. 25. — *Application de la loi rang-dimension (d'après Zipf)*.

Dans le cas des villes américaines, Zipf a trouvé α = 1.
La population totale des villes jusqu'au rang *n* est obtenu par la sommation

$$P_n = \sum_{i=1}^{i=n} P_i = P_1 \sum_{i=1}^{i=n} \left(1 + \frac{1}{2^q} + \frac{1}{3^q} + \ldots \frac{1}{i^q} + \ldots + \frac{1}{n^q} \right)$$

([2]) VINING (Rutledge). — Delimitation of economic areas : Statistical conceptions in the study of the spatial structure of an economic system, in *Journal of the American Statistical Association*, Mars 1953, pp. 44-64.
VINING (Rutledge). — A description of certain spatial aspects of an economic system, in *Economic development and cultural change*, 1955, vol. III, pp. 147-195.

Rang	Ville	Population 1950	Population calculée	Écart (en %)
1	New York	12 222 963	12 115 842	— 0,9
2	Chicago	4 902 801	6 057 921	+ 23,5
3	Los Angeles	3 970 595	4 038 614	+ 1,7
4	Philadelphie	2 913 516	3 025 960	+ 3,9
5	Detroit	2 644 476	2 423 168	— 8,4
6	Boston	2 218 893	2 019 307	— 8,9

L'écart absolu moyen, pour les douze premières villes, est de 7,1 %. L'accord est donc satisfaisant. Le seul écart important concerne Chicago. Encore peut-on penser qu'il est largement dû à une définition trop restrictive de cette agglomération.

Cette dernière observation montre une des limites de l'application de la loi rang-dimension (et de tous les modèles statistiques) : la difficulté d'obtenir des données rigoureusement comparables (ici, l'incertitude vient de la délimitation des agglomérations urbaines), *a fortiori* pour les comparaisons internationales. Un autre grief, plus grave celui-ci, et sur lequel on reviendra, est l'absence de tout fondement théorique d'une loi purement induite par intuition.

Quoi qu'il en soit, la loi rang-dimension rend souvent assez bien compte du classement hiérarchique d'un réseau de villes. On lui a souvent reproché de n'être pas adaptée à tous les cas et d'être notamment en défaut dans le cas — fréquent, l'exemple français étant celui de la majorité des pays, contrairement à une opinion souvent admise — où une ville domine très nettement le réseau urbain national. On a pu ainsi montrer que, pour la France, la loi s'appliquait mieux si on excluait Paris. L'écart relatif moyen est souvent supérieur aux 7,1 % constaté pour les grandes villes américaines. Il atteint 24,3 % pour le Canada, cas extrême.

En fait, ce reproche ne paraît pas justifié. La loi rang-dimension, appliquée à des cas différents, doit en effet permettre :

— de mesurer, par l'intermédiaire du coefficient α, le degré de hiérarchisation du réseau urbain et faciliter ainsi les comparaisons (de pays à pays, de région à région...);
— de déceler les écarts par rapport à une distribution régulière.

Ainsi les cas, comme celui de la France ou du Mexique, où des écarts importants sont décelés, peuvent être interprétés par l'intervention de facteurs contingents caractéristiques de la formation des réseaux urbains de ces pays (rôle de Paris et de Mexico notamment). Cet exemple illustre clairement une règle de portée générale : les écarts entre les observations et l'application d'un modèle sont au moins aussi importants à analyser que les paramètres du modèle. Un mauvais ajustement ne constitue pas un échec du statisticien mais oriente au contraire la poursuite de la recherche.

LA RELATION DENSITÉ-DISTANCE

C'est un peu dans le même esprit que quelques chercheurs ont cherché à mettre en évidence une loi traduisant la décroissance de la densité de population, dans une ville, du centre à la périphérie. Colin Clark ([1]) a proposé une fonction exponentielle :

$$d = k \cdot e^{-\beta D}$$

où D représente la distance au centre;
  d représente la densité;
  k une constante de mise à l'échelle;
  β un paramètre caractérisant la forme de la ville.

Le paramètre β dépend de la taille de la ville et de l'efficacité du réseau de transport ([2]). Il semble qu'il vaudrait mieux introduire un coût généralisé de déplacement à la place de la distance ([3]). Le coefficient *k* semble croître avec l'importance de la ville.

C'est à S. Korzybski qu'il revient d'avoir mené, sur le cas de Londres et de Paris, un test sur des données réelles, à plusieurs dates de recensement ([4]). Il a établi ses graphiques en coordonnées semi-logarithmiques, ce qui permet de tester la loi de Clark, les courbes représentatives devant être des droites puisque :

$$\log d = \log k - \beta D$$

et de déterminer la valeur du paramètre β et de la constante *k* (fig. 26). Il met en évidence l'existence d'une distance-seuil à partir de laquelle le profil de densité a une pente plus faible : cette distance a longtemps été de 10 km pour Paris comme pour Londres. Depuis 1926 cependant, elle n'est que de 5 km à Paris et correspond donc aux limites administratives de la ville.

M. Bussière ([5]) a systématiquement analysé les formes de répartition de la population de six villes très différentes (Paris, Lyon, Marseille, Toulouse, Auxerre et Toronto) et conclut que la loi exponentielle de C. Clark s'appliquait très bien à ces différentes villes (coefficients de corrélation *r* supérieurs à 0,99). On est donc là en présence d'une loi, empirique certes, mais très caractéristique et dont la portée pratique — précision de l'espace à urbaniser, choix de densités pour des développements périphériques, etc. — est évidente.

([1]) CLARK (Colin). — Urban population densities, in *Journal of the Royal statistical Society*, 1951, part III, pp. 490-496.
  ([2]) Voir chapitre II.
  ([3]) Voir chapitre III.
  ([4]) KORZYBSKI (Stanislas). — Le peuplement des grandes agglomérations urbaines. Londres et Paris aux XIXe et XXe siècles, in *Population*, n° 1, 1er trim. 1952, pp. 458-520.
  ([5]) BUSSIÈRE (René). — Morphologie urbaine. Répartition de la population. Paris, Centre de Recherche d'Urbanisme, in *Recherches fondamentales*, 1968, 81 p.

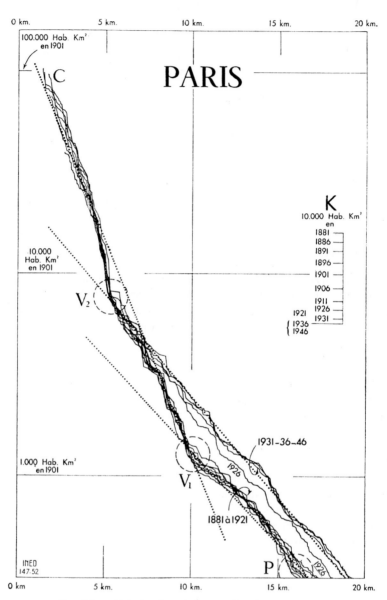

FIG. 26. — *Relation densité-distance dans le cas de Paris :*
faisceau de profils de 1886 à 1946 (d'après S. Korzybski).

LES COURBES DE CONCENTRATION

On peut rapprocher de la loi rang-dimension une méthode d'apparence très différente, mais dont l'objet est le même : celle des courbes et des indices de concentration.

Sur un graphique à deux axes, on peut porter, sur le premier, le rang n de la ville, en partant de la plus petite, et, sur le second, les populations cumulées des villes ainsi placées. Ainsi, le point d'abscisse n aura pour ordonnée

$$\mathscr{P}_n = \sum_{i=1}^{i=n} P_i.$$ Le graphique peut être établi en valeur absolue ou en valeurs

relatives, par exemple en pourcentages. Dans ce dernier cas, la courbe s'inscrit dans un carré et en dessous de la première bissectrice puisque, les villes étant classées par ordre d'importance croissante, la courbe tourne sa concavité vers le haut. On voit aisément que, si le réseau urbain est très concentré, la courbe sera très éloignée de la bissectrice. Au contraire, s'il est très peu concentré, la courbe se rapprochera de la bissectrice.

L'information fournie par la courbe de concentration peut être précisée et résumée par un indice simple : l'indice de concentration de Gini. Si on appelle S la surface comprise entre la courbe de concentration et la bissectrice, cette surface est comprise entre 0 et $\frac{1}{2}$ (en prenant pour unité de longueur le côté du carré du graphique établi en pourcentages). L'indice de concentration i retenu est le double de la surface S : il varie de 0 (population égale pour toutes les villes) à 1 (toute la population concentrée en une seule ville).

La seule comparaison des courbes (dont la forme fournit des informations sur l'ensemble de la hiérarchie des villes) ou des indices (qui résume cette information en un nombre synthétique) permet de juger du degré de hiérarchie du réseau urbain et d'effectuer des comparaisons entre pays ou entre régions.

On notera, du point de vue méthodologique :
— que l'indice de concentration i joue un rôle analogue au paramètre α de la loi rang-dimension (mais peut être supérieur à 1);
— que la méthode des courbes et indices de concentration peut être utilisée pour l'étude de phénomènes très nombreux, spatiaux ou non spatiaux. Elle a notamment été appliquée aux distributions de revenus ou de salaires dans une population : là encore, on retrouve le parallélisme avec la loi rang-dimension, qui a été formulée initialement par Pareto dans le cas des distributions de revenus.

En fait, la méthode des courbes de concentration peut être très féconde pour les analyses spatiales. A titre d'exemples d'application possible, on citera :
— la concentration des emplois entre les différentes entreprises d'une ville, d'une région;
— la concentration de la propriété (ou de l'exploitation) agricole;
— la concentration spatiale d'une activité : dans ce cas, on découpera

l'espace à l'aide d'un quadrillage et on classera les carreaux obtenus par nombre croissant d'apparition d'un établissement de l'activité évoquée ([1]).

A la différence cependant de la loi rang-dimension, la méthode des courbes et indices de concentration ne suppose aucune liaison statistique *a priori :* la courbe de concentration peut avoir n'importe quelle forme, alors que la loi rang-dimension suppose une forme parabolique.

LA LOI GRAVITAIRE

La notion de réseau urbain et de hiérarchie des villes ne peut être séparée de celle d'aire d'influence des villes, comme l'atteste l'orientation des travaux des écoles géographiques allemande et française ([2]). Cette influence va s'exercer à travers un espace où la distance jouera un rôle de résistance. Il était tentant de comparer ce processus à celui des phénomènes magnétiques ou à la gravitation universelle. Telle est l'idée directrice qui a guidé les auteurs de la loi gravitaire, initialement énoncée par W. J. Reilly pour l'étude de la concurrence dans le domaine du commerce de détail ([3]). En fait, la loi gravitaire, ou loi de Reilly, peut être appliquée à des phénomènes spatiaux très divers, et son utilisation a été très large dans les études de la demande de transport ([4]). Elle a cependant fait l'objet de nombreuses études et applications, aux Etats-Unis ([5]) et en France ([6]), puis de reformulations ([7]).

Selon l'énoncé de la loi gravitaire, l'attraction $\mathscr{A}_A$ exercée par une ville A est :

— proportionnelle à la population P_A ;
— inversement proportionnelle au carré de la distance D_{AM}.

L'attraction $\mathscr{A}_{AM}$ de la ville A mesurée en M est donc

$$\mathscr{A}_{AM} = k \frac{P_A}{D_{MA}^2}$$

où k est une constante.

([1]) Voir chapitre i, où les résultats de cette application sont présentés.

([2]) Voir ci-dessous : III. L'apport des géographes.

([3]) REILLY (W. J.). — Methods of the study of retail relationships, in *University of Texas Bulletin*, n° 2944, Novembre 1929, 50 p.

REILLY (W. J.). — *The law of retail gravitation*, New York, The Knickbrocker Press, 1931 (2e ed. New York, Pittsburg, 1953, 75 p).

([4]) Voir chapitre iv.

([5]) CONVERSE (Paul D.). — *The elements of marketting*, New York, Prentice Hall, 1930, xix + 1 080 p.

([6]) Voir les travaux de MM. ROBINE, BARATRA et CHAINEAU.

([7]) REPUSSARD (M.). — *Les méthodes d'analyse urbaine*, Bordeaux, Bière, 1966, 216 p.

PROST (Marie-Andrée). — *La hiérarchie des villes en fonction de leurs activités de commerce et de services*, Paris, Gauthier-Villars, 1965, 333 p.

STEWART (John Quincy). — The gravitation or geographical drawing of a college, in *Bulletin of American Association University Professors*, vol. 27, 1941, p. 70.

STEWART (John Quincy). — Empirical mathematical rules concerning the distribution and equilibrium of population, in *The geographical Review*, Juillet 1947, pp. 461-485.

La concurrence entre deux villes A et B s'exprimera donc par le rapport des attractions qu'elles exercent sur le point M :

$$\frac{\mathscr{A}_{AM}}{\mathscr{A}_{BM}} = \frac{P_A}{P_B} \times \frac{D_{BM^2}}{D_{AM^2}}$$

On montre facilement que la ligne d'égale influence est un cercle dont on peut calculer le rayon et la position du centre ([1]). La zone d'influence de la ville la moins importante est intérieure au cercle ([2]).

En fait, il n'est nullement nécessaire d'utiliser la population comme critère d'importance de la ville et on peut utiliser tout autre critère correspondant mieux à la nature du sujet étudié : par exemple, pour une étude sur l'influence commerciale, on pourra retenir la surface commerciale ou le chiffre d'affaires des commerces. De même, il n'est nullement nécessaire que l'exposant de la distance soit égal à 2, seule la similitude avec la loi de Newton de la gravitation universelle ayant conduit Reilly à retenir ce chiffre. De même que pour les études de transport ([3]), on peut généraliser la formule ([4])

$$\mathscr{A}_{AM} = \frac{k \cdot P_A}{D_{AM^\beta}}$$

([1]) Sur la ligne d'égale influence, $\mathscr{A}_{AM} = \mathscr{A}_{BM}$. Donc :

$$P_A \cdot D_{BM}^2 = P_B D_{AM}^2$$

Si on prend un système de coordonnées au $A(-x_0, 0)$ et $B(x_0, 0)$ sont symétriques sur l'axe des abscisses, on obtient l'équation du cercle précédent :

$$x^2 + y^2 - 2x_0 \frac{k+1}{k-1} + x_0^2 = 0 \qquad \text{où} \qquad k = \frac{P_A}{P_B}$$

On détermine facilement son rayon :

$$R = \frac{2x_0 \sqrt{k}}{k-1}$$

et l'abscisse de son centre C :

$$x_c = x_0 \frac{k+1}{k-1}$$

([2]) Dans le cas de villes de même importance, $P_A = P_B$ ou $k = 1$: le cercle devient une droite, médiatrice de AB. C'est l'hypothèse des réseaux de Lösch où les centres de production d'un bien ont une production égale.

([3]) Voir chapitre iv.

([4]) La détermination du paramètre β peut s'effectuer soit par le calcul, soit graphiquement. Pour deux villes A et B, on a en effet :

$$\frac{\mathscr{A}_{AM}}{\mathscr{A}_{BM}} = \frac{P_A}{P_B} \times \left[\frac{D_{BM}}{D_{AM}}\right]^\beta$$

ou après transformation logarithmique :

$$\log \frac{\mathscr{A}_{AM}}{\mathscr{A}_{BM}} = C + \beta \log \frac{D_{BM}}{D_{AM}}$$

avec $C = \log \frac{P_A}{P_B}$.

On reportera sur un graphique bilogarithmique les rapports $\frac{A_{AM}}{A_{BM}}$ et $\frac{D_{BM}}{D_{AM}}$: la pente droite ajustée sera une estimation du paramètre β.

Le paramètre β sera caractéristique d'une plus ou moins grande résistance à la distance. Ainsi, pour l'équipe de Piatier ([1]), dans l'étude qu'elle a effectuée dans le département du Rhône :

— β = 6 pour les produits alimentaires et

β = 2,7 pour l'ensemble des produits

en utilisant les populations comme critère d'importance des villes

— β = 3,9 pour les produits alimentaires et

β = 3,6 pour l'ensemble des produits

en utilisant les effectifs du secteur tertiaire comme critère d'importance des villes.

Cet exemple d'application montre le caractère relatif à accorder à la valeur du paramètre, puisqu'elle dépend du critère retenu pour mesurer l'importance des villes attractives. Cependant, il confirme que les dépenses alimentaires sont plus sensibles à l'influence de la distance que les autres dépenses (on trouverait probablement un paramètre β très faible pour les achats anomaux).

De même, la distance peut être remplacée par un autre critère, tel que le temps de transport ou le coût généralisé du déplacement ([2]).

La loi gravitaire peut être appliquée à un ensemble de villes supérieur à 2. Ainsi M. M. F. Rouge ([3]) a-t-il, dans le cas des études françaises d'armature urbaine (fig. 27), déterminé l'aire théorique d'influence prédominante ([4]) de chacune des principales villes françaises, en utilisant leur population comme critère d'importance, la distance à vol d'oiseau et le paramètre β = 2 de Reilly. La limite de la zone d'influence d'une ville est constituée par un cercle ou plusieurs arcs de cercle. Cette carte théorique fournit des résultats qu'il sera intéressant de comparer avec ceux d'enquêtes empiriques ([5]). On notera en particulier la réapparition, dans les zones frontalières, au-delà des principales villes de province (Strasbourg, Nice, Toulouse, Bordeaux, etc.) d'une influence prédominante de Paris (ces zones sont en effet trop éloignées des métropoles provinciales et l'influence de Paris redevient prépondérante) : un tel résultat semble correspondre à la réalité observée.

La loi gravitaire a fait l'objet de nombreuses modifications, et prolongements. Notamment, J. Q. Stewart ([6]) a montré le premier qu'on pouvait définir, en chaque point, un potentiel, démographique par exemple. En un point M, une ville P_A, située à la distance D_{AM}, crée un potentiel démographique

$k . \dfrac{P_A}{D_{AM}}$ (où k est une constante).

([1]) DELBES (R.). — La gravitation commerciale, in BOUDEVILLE (J. R.), L'espace opérationnel macro-économique, Paris, *Cahiers de l'I.S.E.A.*, Série L, n° 6, Janvier 1960, pp. 16 à 160.

([2]) Voir chapitre IV.

([3]) Carte publiée dans HAUTREUX (Jean). — *Les principales villes attractives et leur ressort d'influence*, Paris, Ministère de la Construction (D.A.F.), Juin 1962.

([4]) Il convient en effet de parler d'une influence prédominante et non seulement d'aire d'influence : l'influence d'une ville A n'est pas nulle dans la zone d'influence de la ville B et réciproquement.

([5]) Voir ci-dessous : III.

([6]) STEWART (J. Q.). — *Op. cit.*

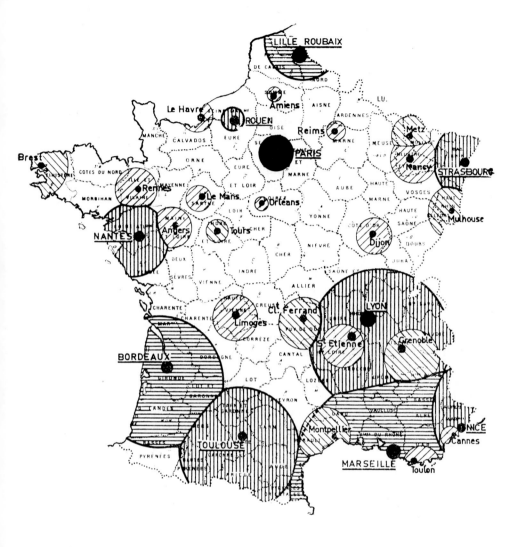

  Ressorts des agglomérations comptant plus de 250.000 habitants.

Ressorts des agglomérations comptant de 100.000 à 250.000 habitants.

● Les surfaces des cercles représentant les agglomérations sont proportionnelles à leur population en 1954. Celle-ci prend en compte la zone agglomérée et la zone d'interdépendance, conformément aux travaux de M. Rouge.

FIG. 27. — *Loi gravitaire et ressort d'influence des villes françaises par application de la loi de Reilly (d'après M. F. Rouge).*

D'autres villes exerceront de même une attraction et créeront un autre potentiel en M. Le potentiel total en M est la somme V_M des potentiels créés par chaque ville :

$$V_M = k \sum_{i=1}^{i=n} \frac{P_i}{D_{iM}}$$

(n étant le nombre de villes exerçant une attraction).

Ainsi, aux États-Unis, le potentiel démographique le plus élevé se rencontre à New York, mais les courbes équipotentielles diminuent vers l'ouest pour augmenter à nouveau en Californie et autour de Seattle.

Cette notion de potentiel démographique peut avoir des applications importantes, par exemple dans la recherche de la localisation optimale d'une unité de production de biens de consommation : il mesure en quelque sorte une clientèle potentielle [1].

D'autres auteurs ont proposé de retenir un exposant B de la distance différent de 1.

On a alors [2] :
$$V_M = k \sum_{j=i}^{j=n} \frac{P_i}{D_{iM}^B}$$

Un autre prolongement est la définition d'un centre moyen, défini par W. Warntz et D. Neft [3] : c'est le point où la somme des carrés des distances D_{iM}, pondérée par la population P_i est minimale, donc le centre de gravité, défini par $\sum_{i=1}^{i=n} P_i D_{iM}^2$ minimum.

Par exemple, ce centre moyen, pour les États-Unis, se trouve dans l'État de l'Illinois.

Les mêmes auteurs ont défini ensuite des notions de moyennes et de dispersion qui ont notamment été appliquées par R. Bachi [4] à l'État d'Israël pour étudier la répartition comparée des différents groupes de population.

Il est clair que des modèles statistiques de ce type, outre leur valeur comme outil d'analyse, peuvent être utiles à des fins de prévision. Il convient cependant d'en connaître les limites. Ils supposent presque toujours un espace homogène (sauf lorsque la distance est remplacée par un temps ou un coût de transport,

---

[1] On citera en particulier les travaux de géographes et d'économistes américains :

Harris (Chauncy D.). — The market as a factor in the localization of industry in the U.S.A., in *Annals of the Association of American geographers*, Décembre 1954, pp. 315-348.

Dunn (Edgar S.). — The market potential concept and the analysis of location, in *Papers and proceedings of the Regional Science Association*, vol. II, 1956, pp. 183-194.

Warntz (William). — Measuring spatial association with special consideration of the case of market orientation of production, in *Journal of the American Statistical Association*, Décembre 1956, pp. 597-604.

[2] Voir en particulier Isard (Walter) et divers. — *Methods of regional analysis. An introduction to regional Science*, New York-Londres, J. Wiley, 1960, XXIX + 784 p. (récemment traduit en français par A. Sallez, Bordas éd.).

[3] Warntz (William) et Neft (David). — Contributions to a statistical methodology for areal distributions, in *Journal of regional serence*, vol. II, n° 1, 1960, pp. 47-66.

[4] Bachi (Roberto). — Standard distance measures and related methods for spatial analysis, in *Papers and proceedings of the Regional Science Association*, vol. X, 1963, pp. 83-132.

ou mieux, par un coût généralisé). Le critère de l'importance des villes n'est pas toujours adéquat, faute de réflexion suffisante ou de données adéquates. Enfin, le paramètre β doit être déterminé empiriquement, et non choisi *a priori* comme dans l'application par Reilly; mais il peut se modifier dans le temps, ce qui traduit une modification des comportements. Les études empiriques ont d'ailleurs montré une très grande variabilité de cet exposant, pour un même sujet, dans une même région (¹).

Mais toutes ces réserves s'appliquent à tout modèle statistique. On remarquera surtout que le modèle gravitaire est purement intuitif : il ne repose sur aucun fondement théorique, si ce n'est une vague analogie avec la gravitation universelle. Ce peut être un outil de classement des données, non d'explication.

III. — L'APPORT DE L'ENQUÊTE GÉOGRAPHIQUE

Une troisième approche, plus empirique, est le fruit d'observations directes. La démarche est proprement géographique, même si elle a été adoptée, dans certains cas, par des économistes, tel André Piatier. Parfois, comme dans l'école allemande, avec Christaller et ses successeurs, cette approche n'est pas exempte d'un souci de formalisation, mais le modèle théorique des places centrales, contrairement à ceux des économistes spatiaux dont il est parent, est dûment confronté à la réalité. Au contraire, l'école géographique française, tout en ayant largement renouvelé, par une série de belles études sur les réseaux urbains régionaux et les rapports villes-campagnes, la tradition des grandes analyses régionales, se garde de toute formalisation. Il arrive cependant que les différentes méthodes se rencontrent et concourent à un même objectif, abordé par des méthodes différentes, dont les résultats sont confrontés. Mais cette circonstance est rare. C'est ce qui fait tout l'intérêt des études sur l'armature urbaine française.

LA THÉORIE DES PLACES CENTRALES

Christaller, géographe allemand, a étudié le réseau urbain de l'Allemagne du Sud et a noté des régularités dans la distribution spatiale des villes de différents niveaux et a aussitôt tenté de les formaliser à travers un modèle (²).

La ville, chez Christaller, est une place centrale dont le rôle est de fournir des services et des biens dans l'espace environnant. Mais toutes ne jouent pas le même rôle et le réseau s'organise selon plusieurs niveaux, caractérisés par

---

(¹) Voir ROBINE (M.). — *La loi de Reilly est-elle un mythe ?* Bordeaux, Institut d'Économie Régionale du Sud-Ouest, 1964.
(²) CHRISTALLER (Walter). — *Die zentralen Orte in Süddeutschland*, Iena, G. Fischer, 1933, 331 p. Traduction américaine : *Central places in Southern Germany*. Englewood-Cliffs (New Jersey), Prentice Hall, 1966, 230 p.

des fonctions d'importance croissante. Christaller distingue sept niveaux :

— le bourg-marché ;
— le gros bourg ;
— la ville de district ;
— la ville d'arrondissement ;
— la ville de préfecture ;
— la capitale de province ;
— la capitale régionale.

Pour définir l'importance des villes de chaque niveau, l'étendue de leur aire d'influence, et donc l'organisation du système hiérarchique, Christaller part d'une idée simple : tout point de l'espace devra être à moins d'une heure de marche, soit 4 km, d'une place centrale. Cette constatation le conduit, par l'intermédiaire de triangles équilatéraux, à une structure en hexagones réguliers. Le côté de ces triangles, donc des hexagones, a pour dimension : $a = \sqrt{3} \times 4$ km soit environ 7 km. Les sommets des hexagones accolés sont des places centrales élémentaires (du premier niveau), tandis que les centres constituent des places centrales de second niveau (chacune commandant $\frac{6}{3} = 2$ places centrales de niveau inférieur. Ces centres de second niveau forment eux-mêmes des triangles équilatéraux, regroupés en hexagones réguliers dont les côtés ont $b = \sqrt{3} \times \sqrt{3} \times 4$ km $= 12$ km, les centres de ces hexagones étant des places centrales de troisième niveau, etc (fig. 28).

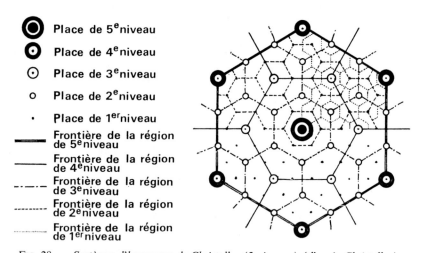

- ◉ **Place de 5ᵉ niveau**
- ◎ **Place de 4ᵉ niveau**
- ⊙ **Place de 3ᵉ niveau**
- o **Place de 2ᵉ niveau**
- • **Place de 1ᵉʳ niveau**
- —— **Frontière de la région de 5ᵉ niveau**
- —— **Frontière de la région de 4ᵉ niveau**
- —·—· **Frontière de la région de 3ᵉ niveau**
- ------ **Frontière de la région de 2ᵉ niveau**
- ·········· **Frontière de la région de 1ᵉʳ niveau**

FIG. 28. — *Systèmes d'hexagones de Christaller (5 niveaux) (d'après Christaller).*

La construction se poursuit jusqu'au septième niveau : les capitales régionales ainsi définies sont distantes de 186 km et commandent une aire d'influence de 32 400 kilomètres carrés.

En observant la situation de l'Allemagne du Sud, Christaller propose une population-type pour les centres de chaque niveau, et donc, par une simple sommation, pour leur aire d'influence. Le schéma est évidemment, pour ces derniers éléments, adapté au cas de l'Allemagne du Sud, région où le relief est peu accentué et la densité de population assez homogène (un peu plus de 60 habitants par kilomètre carré en moyenne à cette époque).

Les parentés avec la théorie de Lösch sont évidentes. En fait, elles sont moins nettes qu'il n'y paraît *a priori*. Tout d'abord, il convient de souligner que si Christaller et Lösch, compatriotes et contemporains se connaissaient bien (ils ont le même éditeur et Lösch a largement contribué à diffuser l'œuvre de Christaller aux États-Unis, tout en la discutant et en la critiquant) [1], l'ouvrage de Christaller est antérieur de sept ans à celui de Lösch. On ne peut donc dire, comme on l'a souvent fait, que Christaller n'a fait qu'appliquer les théories de Lösch au cas de l'Allemagne du Sud.

Une différence fondamentale apparaît d'ailleurs : alors que les hexagones de Lösch sont des limites d'aires de marché, et concernent avant tout des productions industrielles, les hexagones de Christaller relient les places centrales entre elles (et jouent donc un rôle différent, même s'ils sont en même temps limites de zones d'influence de centres de niveau supérieur) et sont définis en fonction de l'organisation commerciale et administrative. Dans le principe même, Lösch privilégie la division de l'espace en aires, tandis que Christaller met l'accent sur les pôles que sont les places centrales.

En outre, les dimensions des hexagones de Lösch sont définies par les conditions de production de chaque produit, alors que Christaller les établit par un calcul simple, à partir de la distance élémentaire de 4 kilomètres qui donne en quelque sorte l'échelle du système.

Le réseau d'hexagones de Lösch est multiple (un pour chaque type de production), les centres n'apparaissant que par regroupement en un même lieu de centres de production ayant des aires de marché différentes, tandis que ceux de Christaller ont une seule dimension (et ses multiples). De même, la disposition des hexagones de Lösch est variable, et une orientation convenable fait apparaître des secteurs « riches en villes », donc des axes de transport privilégiés, alors que celle des hexagones de Christaller est fixe et que les axes de transport ne sont pas définis à partir du réseau lui-même. Les axes de transport, comme le note Christaller (fig. 29) ne peuvent passer par tous les centres importants, faute de l'artifice de la rotation utilisé par Lösch. Pour obtenir un réseau de transport efficace, il faut déformer le réseau des hexagones (fig. 30) : Christaller estime qu'il y a conflit entre l'organisation selon les règles du marché et l'organisation en fonction des réseaux de transport. Selon l'importance respective de ces deux types de considération, l'un ou l'autre l'emportera en pratique ou un compromis s'établira.

La hiérarchie de Christaller est systématique : à chaque niveau, l'aire d'influence est triplée par rapport au niveau précédent, ainsi que la population du centre, tandis que Lösch laisse la possibilité d'une hiérarchisation moins systématique.

---

[1] LÖSCH (August). — *Op. cit.*

En fait, dans un second temps, Christaller est conduit à corriger ce schéma trop rigide : les axes de transport modifieront les aires d'influence des places centrales en les allongeant et permettra de s'affranchir de la condition initiale d'isotropie de l'espace, qui reste cependant homogène (densité constante).

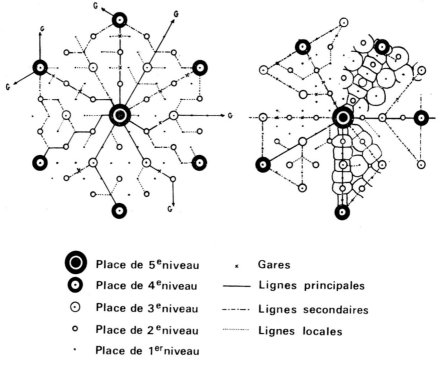

◉ Place de 5ᵉ niveau	× Gares
⦿ Place de 4ᵉ niveau	—— Lignes principales
☉ Place de 3ᵉ niveau	–·–·– Lignes secondaires
○ Place de 2ᵉ niveau	········ Lignes locales
· Place de 1ᵉʳ niveau	

Fig. 29. — *Définition des axes de transport (d'après Christaller).*

Fig. 30. — *Déformation des réseaux en fonction des axes de transport (d'après Christaller).*

De même, l'organisation administrative ne se calquera pas exactement sur celle des aires d'influence commerciale : cette dernière correspond à la hiérarchie ternaire précédemment décrite alors que la première correspondra à une multiplication par sept des aires d'influence, d'un niveau à un autre. Pour obtenir ce résultat, il suffit de ne pas attribuer de fonction administrative à certaines des places centrales de chaque niveau.

Les cartes établies par W. Christaller montrent une adéquation assez satisfaisante entre la situation observée et son modèle (fig. 31). Il devait revenir à J. Beckmann [1], économiste américain, de formuler mathématiquement le modèle de Christaller [2].

---

[1] Beckmann (J.). — City hierarchies and the distribution of city sizes, in *Economic Development and cultural change*, Avril 1958, vol. VI, pp. 243-248.
Beckmann (J.). — *Location Theory*, New York, Random House, 1968, 132 p.
[2] La population P¹ de l'aire d'influence d'une place centrale de premier niveau est la

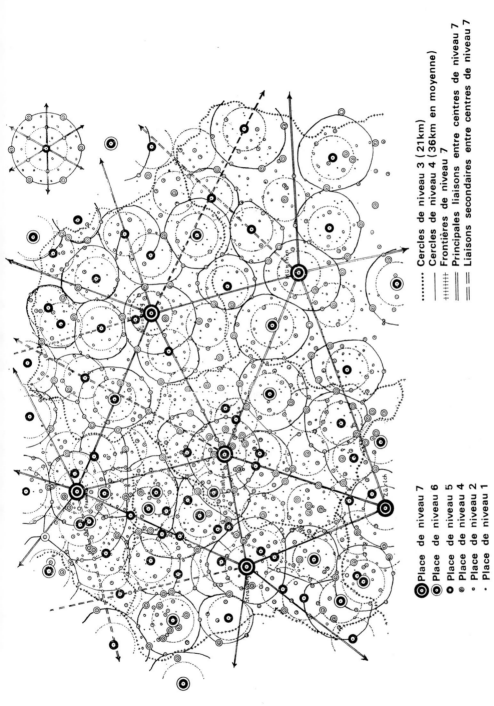

...... Cercles de niveau 3 (21km)
——— Cercles de niveau 4 (36km en moyenne)
+++++ Frontières de niveau 7
═══ Principales liaisons entre centres de niveau 7
═ ═ Liaisons secondaires entre centres de niveau 7

◉ Place de niveau 7
◉ Place de niveau 6
◎ Place de niveau 5
○ Place de niveau 4
∘ Place de niveau 2
· Place de niveau 1

Fig. 31. — *Application du schéma de Christaller à l'Allemagne du sud (d'après Christaller).*

La comparaison des résultats établis par Christaller à partir de son modèle spatial avec ceux du modèle récurrent de Beckmann a conduit aux résultats du tableau ci-joint ([1]).

L'accord est assez satisfaisant, sauf aux premiers niveaux, pour lesquels les chiffres de Christaller, établis d'après la situation réelle, ne correspondaient pas à son modèle.

Les travaux de Christaller ont inspiré toute une génération de travaux allemands et américains ([2]) et constitué une des sources de l'école quantitative américaine ([3]). On doit cependant leur opposer deux objections fondamentales.

— Le modèle de Christaller n'est pas une théorie : contrairement à Lösch qui utilise une base théorique (fragile, car reposant sur des hypothèses très strictes), Christaller induit un modèle (qui le conduit à exiger des hypothèses aussi restrictives; homogénéité et isotropie de l'espace) par pure intuition à partir des seules activités tertiaires.

---

somme de la population urbaine P_u (celle du centre) et de la population rurale P_r :

$$P^1 = P^1_u + P_r$$

Mais la population urbaine et la population rurale sont dans un rapport constant (défini, peut-on supposer, par les fonctions assurées par la place centrale) :

$$P_u = kP_1$$
$$P_r = (1 - k)P_1$$

Par une formule de récurrence, on peut établir la population totale de l'aire d'influence d'une place centrale de niveau n : c'est la somme de la population P_u de cette place centrale et des populations des zones d'influence de niveau inférieur qu'elle commande, qui sont au nombre de 3, d'où :

Donc : $P^n = P^n_u + 3.P^{n-1}$ ou $P^n_u = kP^n$

$$P^n = kP^n + 3P^{n-1}$$

d'où : $$P^n = \frac{3P^{n-1}}{1 - k}$$

et donc, récurrence :

$$P^n = \frac{3^{n-1}}{(1 - k)^{n-1}} \cdot P^1 = \frac{3^{n-1}}{(1 - k)^n} \cdot P_r$$

La population de la place centrale de niveau n est :

$$P^n_u = kP^n = \frac{k.3^{n-1}}{(1 - k)^{n-1}} \cdot P^1 = \frac{k.3^{n-1}}{(1 - k)^n} P_r$$

Dans le cas de l'Allemagne du Sud, $k = 0,13$ et $P_r = 1\ 300$ habitants.

([1]) Cités par PROST (Marie Andrée). — *Opt. cit.*

([2]) VINING (Rutledge). — *Op. cit.*

PHILDRICK (A. D.). — Areal functional organization in regional geography, in *Papers and proceeding of the regional science Association,* 1957, pp. 299-335.

([3]) BERRY (B. J. L.) et GARRISON (W. L.). — Functional bases of the central place hierarchy, in *Economic geography,* 1958, vol. 34.

BERRY (B. J. L.). — *Central places studies. A bibliography of theory and applications,* Philadelphia, Regional Science Research Institute, 1951. Mise à jour en 1965.

Réseau de Christaller. Résultats intuitifs et résultats calculés.

Niveau		Distance entre centres (en km)	Aire d'influence (en km²) (1)	Nombre de centres	Population des centres		Population des aires d'influence	
					CHRISTALLER (1)	BECKMANN (2)	CHRISTALLER (1)	BECKMANN (2)
1	Bourg-marché	7	44	486	800	200	2 700	1 500
2	Gros bourg	12	133	162	1 500	690	8 100	5 190
3	Ville de district	21	400	54	3 500	2 380	24 000	17 950
4	Ville d'arrondissement	36	1 200	18	9 000	8 210	75 000	62 050
5	Ville préfecture	62	3 600	6	27 000	28 320	225 000	214 500
6	Capitale de province	108	10 800	2	190 000	97 700	675 000	741 000
7	Capitale régionale	186	32 400	1	300 000	337 000	2 025 000	2 560 600

(1) Chiffres cités par M. A. PROST, différents de ceux de CHRISTALLER.
(2) Chiffres obtenus par application de la formule, légèrement différents de ceux établis par M. A. PROST.

— La distance de base (une heure de marche à pied, soit 4 km) qui donne son échelle au réseau, est arbitraire (comme le nombre de niveaux fixé à 7). Si on estime par exemple que le réseau urbain s'adapte à la situation créée par la motorisation, c'est une heure (ou une autre durée) en automobile (60 kilomètres environ) qui servait de base au réseau. Or ce qui revient à dire qu'un réseau ne peut être stable dans le temps.

LES RAPPORTS VILLES-CAMPAGNES

L'étude de Christaller, malgré sa formalisation poussée, reste donc contingente : elle est adaptée au cas de l'Allemagne du Sud, pour laquelle les hypothèses de base étaient à peu près vérifiées et pour laquelle l'échelle du système a été définie. Cette propriété de contingence lui confère un caractère franchement géographique, même si celui-ci lui a été contesté par certains géographes français. C'est un modèle géographique — au même titre que la loi gravitaire ou la loi rang-dimension sont des modèles statistiques — mais ce n'est pas une théorie.

Le caractère contingent est encore plus évident dans l'étude des ressorts d'influence des réseaux urbains régionaux et dans l'analyse des rapports villes-campagnes. L'approche, essentiellement menée par enquête, s'est développée essentiellement en France, avant et autour de 1960, utilisée tant par des économistes que par des géographes.

Les économistes, outre les applications des théories de Lösch et du modèle de Christaller auxquels ils se sont livrés, se sont intéressés à la recherche des activités induites par la population et des activités fondamentales, ce qui les a conduits à définir des taux d'induction, voire à esquisser une hiérarchie spatiale des localités [1], soit à établir des coefficients multiplicateurs d'emploi qui permettent d'établir une hiérarchie fonctionnelle des emplois selon le niveau (national, régional, local) des besoins qu'ils satisfont, sans que la recherche duale d'une hiérarchie spatiale soit poursuivie [2].

Mais à côté de ces approches statistiques, les économistes ont également eu recours à la méthode des enquêtes directes, concentrées sur une zone réduite, donc à une méthode proprement géographique. C'est en effet dans un département, le Loir-et-Cher, que A. Piatier a entrepris une enquête pilote dès 1956 [3]. Estimant la loi de Reilly insuffisante pour expliquer le partage d'influence entre plusieurs villes, sauf sur l'axe qui les relie, il a fait remplir des questionnaires, dans chaque commune, par l'instituteur. Outre les renseignements concernant la commune elle-même, le questionnaire porte sur les

[1] Voir chapitre I.

[2] CAHEN (Lucienne) et PONSARD (Claude). — *La répartition fonctionnelle de la population des villes et son utilisation pour la détermination des multiplicateurs d'emploi*, Paris, Ministère de l'Équipement (D.A.F.U.), Juillet 1963, 103 p.

[3] PIATIER (André). — L'attraction commerciale des villes. Une nouvelle méthode de mesure : l'enquête d'essai menée dans le Loir-et-Cher, in *Revue juridique et économique du Sud-Ouest*, n° 4, 1956, pp. 575-601.

habitudes et les lieux d'achats des habitants, les localités où ils vont chercher certains services (médicaux, financiers, ludiques...) et sur la hiérarchie des villes où se rendent les habitants à des fins diverses (ce qui fournit un utile recoupement avec les questions précédentes). Un système de notation permet de définir, pour chaque commune, l'influence des différentes villes et donc de déterminer, non seulement les limites des zones d'influence préférentielle, mais l'importance relative des différentes influences en chaque point et les dépendances en chaîne, donc la structure hiérarchique du réseau urbain. Les conclusions peuvent être nuancées en considérant séparément tel type d'achats, telle catégorie de services, etc. Cette méthode, appliquée par les collaborateurs de A. Piatier dans différents départements, ont permis de préciser l'importance de l'aire de desserte de divers commerces ou services (dans l'Ain et le Rhône, le magasin d'alimentation apparaît dans les localités en dessous de 200 habitants, le débit de tabac entre 300 et 400, le coiffeur vers 800, la quincaillerie avant 1 000, la pharmacie autour de 2 000) et de hiérarchiser les centres locaux selon les fonctions remplies ([1]).

Ce sont cependant les géographes français qui ont donné le plus d'ampleur à ce type d'analyse. Une série importante de travaux ont été menés dans les années cinquante et ont abouti à plusieurs vastes analyses vers 1960. On choisira, parmi elles, à titre d'exemple, celle du Midi languedocien, et celle de la Basse-Alsace ([2]).

Dans le Bas-Languedoc, R. Dugrand ([3]) cherche à analyser les rapports entre villes et campagnes, à partir d'une base théorique qui a été notamment formulée par P. George ([4]). D'une part, l'analyse de la vie industrielle est centrée sur le rôle et l'origine des capitaux pour aboutir à une typologie des centres industriels. D'autre part, la vie agricole est examinée essentiellement à travers un examen détaillé de la propriété citadine à la campagne, en distinguant les types de propriétaires et les méthodes d'exploitation, pour aboutir là encore à une typologie des agglomérations en fonction de leurs « rayons fonciers ». Le rôle des villes dans l'expédition des produits agricoles (vin, fruits et légumes) et dans la distribution des produits industriels, comme dans l'organisation des services administratifs, bancaires et sociaux, est toujours analysé en vue d'une typologie urbaine fondée sur ses relations avec le monde rural environnant.

La synthèse est présentée à travers ce qui apparaît comme un réseau urbain

---

([1]) BOUDEVILLE (Jacques-Raoul). — L'espace opérationnel macro-économique, Paris, *Cahiers de l'I.S.E.A.*, série L, n° 6, Janvier 1960, 189 p.

([2]) Mais il faut aussi citer, en particulier :
KAYSER (Bernard). — *Campagnes et villes de la Côte d'Azur. Essai sur les conséquences du développement urbain*, Monaco, Éd. du Rocher, 1960, 593 p.
BABONAUX (Yves). — *Villes et régions de la Loire moyenne (Touraine, Blésois, Orléanais). Fondements et perspectives géographiques*, Paris, S.A.B.R.I., 1967, 744 p.

([3]) DUGRAND (Raymond). — *Villes et campagnes en Bas-Languedoc. Le réseau urbain du Bas-Languedoc méditerranéen*, Paris, P.U.F., 1963, 638 p.

([4]) GEORGE (Pierre). — *La ville. Le fait urbain à travers le monde*, Paris, P.U.F., 1952, 399 p.
GEORGE (Pierre). — *La campagne. Le fait rural à travers le monde*, Paris, P.U.F., 1956, VIII + 397 p.
GEORGE (Pierre). — *Précis de géographie urbaine*, Paris, P.U.F., 1961, 289 p.

et qui permet de combiner les notions de rôles fonctionnels des centres, de localisation organisée, de hiérarchie et de réseau d'influence.

Dugrand établit ainsi une hiérarchie qui comporte :

— les centres régionaux (Nîmes, Montpellier, Béziers, Alès);
— les centres sous-régionaux (Sète ([1]), au même titre que Le Vigan, Saint-Pons ou Limel);
— les petits centres sous régionaux (exemples : Adge ou Paulhan);
— les petites villes (industrielles exemples : Frontignan ou La Grand'Courbe);
— les villes-bourgs (exemples : le Grau du Roi, Anduze ou Vauvert);
— les bourgs agricoles;
— les bourgs industriels de premier ordre;
— les bourgs de relations;
— les bourgs balnéaires;
— les bourgs industriels de second ordre.

C'est une méthode comparable que formule M. Rochefort ([2]) et dont il présente une application magistrale dans le cas de l'Alsace ([3]). L'élément essentiel est constitué par un questionnaire dont la structure et l'utilisation rappellent la méthode d'André Piatier ([4]) : rempli par l'instituteur, il concerne les lieux où sont effectués divers achats ou recherchés des services déterminés, ainsi que les migrations alternantes. Le taux de réponse a été de près de 90 %. Des tests portant sur quelques secteurs ont permis de confirmer la validité des renseignements ainsi obtenus. C'est cette méthode, associée à une analyse très fine du rôle de la ville dans l'organisation de l'activité agricole (propriété citadine à la campagne, commercialisation des produits agricoles) et la vie industrielle (origine des capitaux, usines et main-d'œuvre) qui a servi de base à l'analyse menée en Alsace.

Cette méthode peut être complétée par d'autres approches :

— L'étude de l'organisation des réseaux de transport permet d'établir des courbes isochrones et de définir des limites caractéristiques : une demi-heure de trajet correspond à la limite de la zone d'action dite directe à tous égards; une heure et demie à la limite de la zone d'action complète. L'aire de rayonnement des autobus vient confirmer cette analyse, tandis que l'examen de la fréquence des moyens de transport public sert à définir les courbes.

— La méthode des téléphones, mise au point par Christaller ([5]), dont l'inspiration est proche de celle des coefficients de Sargent Florence ([6]) consiste à examiner, pour chaque localité de population P_i, la différence D_i entre le nombre de postes téléphoniques i et celui qui correspondrait à un équi-

---

([1]) Sète, classée sur la carte « centre de synthèse », est cependant considérée par l'auteur comme une grande cité mais pas au même titre que les quatre villes précédentes.
([2]) ROCHEFORT (Michel). — Méthodes d'étude des réseaux urbains, in *Annales de géographie*, Mars-Avril 1957, pp. 125-143.
([3]) ROCHEFORT (Michel). — *L'organisation urbaine de l'Alsace*, Paris, Les Belles Lettres, 1960, 384 p.
([4]) Sans qu'il semble y avoir de relation directe.
([5]) CHRISTALLER (Walter). — *Op. cit.*
([6]) Voir chapitre I.

pement égal à celui de la région (soit T_R pour une population P_R) :

$$Z_i = T_i - P_i \frac{T_R}{P_R}.$$

— L'analyse de la structure socio-professionnelle qui conduit à établir un diagramme où sont portés :

● en abscisse, la part, dans l'emploi tertiaire régional t_r de l'emploi t_i localisé dans la localité i, soit $\dfrac{t_i}{t_R}$.

● en ordonnée, la part du secteur tertiaire t_i de la localité i dans l'emploi total E_i de cette localité, soit $\dfrac{t_i}{E_i}$.

Les localités dont le secteur tertiaire est important en valeur relative apparaissent en haut du graphique; s'il est important en valeur absolue, elles apparaissent à droite. Ceci permet d'établir une typologie simple.

Ces résultats conduisent à définir plusieurs niveaux de la hiérarchie urbaine de l'Alsace :

a) Strasbourg, métropole régionale, qui abrite les banques, l'université, l'administration départementale (et régionale), les grossistes alimentant le département (et au-delà), etc... étendant son influence sur toute la Basse-Alsace (et au-delà).

b) Mulhouse et Colmar, centres régionaux.

c) les villes intermédiaires (Haguenau surtout, Saverne et Sélestat), pour le Bas-Rhin, Guebwiller, Thann, Saint-Louis et Altkirch pour le Haut-Rhin, qui sont des centres sous-régionaux : relais administratifs (sous-préfectures), du crédit (banques), de distribution (succursales de grossistes ou grossistes concurrents de ceux de Strasbourg), etc. Leur aire d'influence a un rayon de 15 à 20 km et leur population de l'ordre de 10 000 habitants (sauf Altkirch);

d) les centres locaux, qui assurent la distribution de produits courants sont des lieux de marchés, parfois de petits centres administratifs (cantons). On distingue parmi eux les petites villes diversifiées, les villes industrielles et les villes bourg. Leur aire d'influence a un rayon de 5 à 10 kilomètres et leur population de 5 000 habitants environ, et ils sont dépendants de Strasbourg et des centres régionaux;

e) les bourgs, parmi lesquels les bourgs mixtes (3 000 habitants environ), les bourgs de relations (1 000 à 2 000) et les bourgs industriels, plus peuplés;

f) les villages bourgs et les villages centres.

Les études utilisant la méthode d'enquête directe géographique ont permis de renouveler l'analyse régionale, de démystifier les réseaux urbains en montrant qu'il ne s'agissait pas seulement d'une série de lieux hiérarchisés (les places centrales de Christaller) mais d'un ensemble de rapports, hiérarchisés certes, mais complexes et contingents.

Elles ont fourni une masse de matériaux qui peut être réutilisée à des fins théoriques. On pourra cependant en souligner quelques insuffisances:

— Menées selon la méthode géographique traditionnelle de la monographie, elles n'ont fait l'objet d'aucune synthèse véritable.

— Aucune approche théorique n'a cherché à formaliser les résultats obtenus, ce qui, fondé sur des données aussi fines et une analyse aussi poussée, aurait pu conduire à des résultats féconds. Le test des modèles existants, qu'il s'agisse des modèles statistiques (loi gravitaire, loi rang-dimension) ou des modèles géographiques (réseaux de Lösch ou de Christaller [1]) aurait permis une systématisation, une comparaison de région à région et un test de ces modèles, utile pour les recherches ultérieures.

— Un minimum de quantification aurait permis une rigueur supérieure dans la définition des niveaux hiérarchiques, par des méthodes cherchant à tester la significativité de l'écart entre niveaux très nombreux — les dix nouveaux distingués par Dugrand parmi le Bas-Languedoc sont-ils réellement distincts? — ou au contraire la non représentation, dans la région étudiée, de niveaux intermédiaires : n'y a-t-il pas entre les centres régionaux et les villes intermédiaires centres sous-régionaux un niveau non représenté qui correspondrait à Sète, que Dugrand hésitait à classer comme centre régional ou comme centre sous-régional, ou même à Alès et à Colmar qui ne semblent pas remplir toutes les fonctions d'un centre régional?

IV. UNE APPROCHE MULTIDISCIPLINAIRE: LES ÉTUDES SUR L'ARMATURE URBAINE FRANÇAISE

Les études de l'armature urbaine française devront retenir l'attention, moins par leur importance — la politique des métropoles d'équilibre à laquelle elles ont conduit était déjà définie et n'a guère eu de réalité opérationnelle — ni par leurs résultats — ils étaient presque évidents à l'avance — que par la démarche retenue. Celle-ci a consisté à faire appel, conjointement ou séparément, à des spécialistes d'origines diverses (statisticiens, économistes, géographes et urbanistes notamment) et à les laisser utiliser des méthodes d'approche différentes pour confronter les conclusions ([2]). Ces méthodes sont :

— une approche statistique par recherche d'une méthode de classement hiérarchique;

---

[1] Ainsi le modèle de W. CHRISTALLER, auquel fait allusion M. ROCHEFORT, après avoir cru un instant le reconnaître sur la carte, est-il rejeté, en vertu de considérations sur les facteurs historiques de développement des villes (qui sont largement développés par la suite par l'auteur), sans doute très valables. Mais le test de ce modèle n'aurait-il pas été justifié avant de l'écarter?
Les travaux de W. CHRISTALLER ne sont même pas évoqués par R. DUGRAND, même à titre de référence bibliographique.
[2] HAUTREUX (Jean), LECOURT (Jean) et ROCHEFORT (Michel). — *Le niveau supérieur de l'armature urbaine française*, Paris, Commissariat Général du Plan, 1963.

— une approche économique à travers la notion de pouvoir de commandement;

— une approche géographique à travers la notion de ressort d'influences confrontée à l'application d'une loi statistique (la loi gravitaire de Reilly).

LES RESSORTS D'INFLUENCE DES VILLES

La recherche des ressorts d'influence des différentes villes a été menée à partir de plusieurs indicateurs caractéristiques ([1]).

— L'utilisation des communications téléphoniques. On a analysé les communications d'un groupement (unité géographique de base de l'administration des P.T.T.) à un autre, puis les communications vers d'autres départements (assimilés à leur chef-lieu, ce qui est discutable). Tous les centres apparaissent soumis en priorité à l'attraction parisienne, mais certains sont en outre soumis à l'influence d'un centre de niveau supérieur (ex. : Lyon) (fig. 32).

— Les mouvements de voyageurs sur le réseau de la S.N.C.F. On détermine la gare vers laquelle s'effectue le plus grand nombre de voyages, en éliminant les ressorts de l'ordre du département. Les résultats apparaissent très voisins de ceux obtenus par l'indicateur précédent.

— Les migrations internes d'après le recensement (les données du recensement de 1954 étaient seules disponibles). On analyse les migrations résultantes en comparant le lieu de résidence en 1954 au lieu de naissance (tableaux M.I.N. du dépouillement du recensement) par département. Là encore, une similitude des résultats, par rapport aux autres indicateurs, apparaît.

— L'attraction exercée par les différentes universités (la carte correspondante serait sans doute très modifiée, dix ans plus tard, en raison de nombreuses créations de nouveaux centres universitaires).

La ressemblance entre les résultats obtenus par les différentes approches a permis d'établir une carte de synthèse (fig. 33). Celle-ci fait ressortir le rôle de Marseille, Lyon (dont dépendent Grenoble et Saint-Étienne), Toulouse, Bordeaux, Nantes, Lille, Nancy et Strasbourg. Montpellier apparaît quelque peu indifférent entre Marseille et Toulouse et presque indépendant, tandis que dans la vaste zone — plus de la moitié de la France — où l'influence parisinne prédomine, les unités les plus importantes sont Clermont-Ferrand, Limoges, Tours, Rennes et Dijon, c'est-à-dire des villes situées à la périphérie de cette zone d'influence de Paris.

Cette approche a été comparée à l'application de la loi gravitaire ou loi de Reilly : les résultats sont assez semblables, notamment quant à l'influence directe de Paris sur les zones frontières : la proximité de Paris réduit cependant trop la zone d'influence de Lille, Nancy et Strasbourg ([2]).

---

[1] HAUTREUX (Jean). — *Les principales villes attractives et leur zone d'influence*, Paris, Ministère de la Construction (D.A.T.), Juin 1962. Ce rapport a été publié dans la revue *Urbanisme*, n° 78.

[2] Voir ci-dessus : II (fig. 27, page 149).

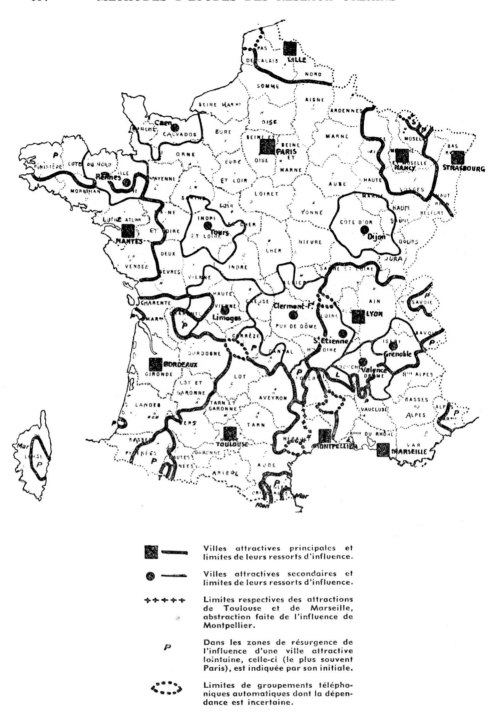

■ ━━	Villes attractives principales et limites de leurs ressorts d'influence.
● ━━	Villes attractives secondaires et limites de leurs ressorts d'influence.
+++++	Limites respectives des attractions de Toulouse et de Marseille, abstraction faite de l'influence de Montpellier.
P	Dans les zones de résurgence de l'influence d'une ville attractive lointaine, celle-ci (le plus souvent Paris), est indiquée par son initiale.
●●●●	Limites de groupements téléphoniques automatiques dont la dépendance est incertaine.

Fig. 32. — *Ressorts d'influence des villes françaises déterminés d'après les communications téléphoniques (d'après Hautreux).*

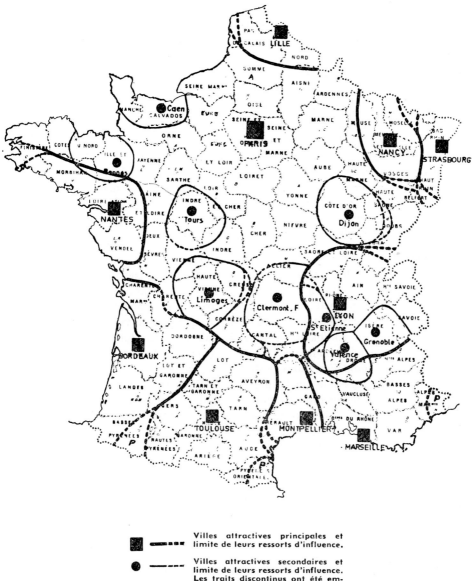

Villes attractives principales et limite de leurs ressorts d'influence.

Villes attractives secondaires et limite de leurs ressorts d'influence. Les traits discontinus ont été employés lorsque la délimitation des ressorts d'influence comporte une notable incertitude ainsi que dans les régions où s'exercent plusieurs attractions concurrentes.

P Régions périphériques dans lesquelles résurgit concurremment l'influence parisienne.

Fig. 33. — *Ressorts d'influence des villes françaises, Carte de synthèse (d'après Hautreux).*

LE POUVOIR DE COMMANDEMENT DES VILLES

L'analyse du pouvoir de commandement (ou puissance économique) des villes a été menée par Paul Le Fillâtre ([1]), à partir des données du fichier des entreprises à établissements multiples tenus par l'I.N.S.E.E., pour les 88 plus grandes agglomérations françaises en croisant la localisation du siège des entreprises et de leurs succursales. On analyse quatre données :

— le nombre de sièges sociaux ;
— le nombre de salariés travaillant dans ces sièges sociaux ;
— le nombre d'établissements succursales ;
— le nombre de salariés travaillant dans ces succursales

selon deux critères :

● un critère géographique : l'agglomération ; le reste du département ; le reste de la région-programme ; le reste de la France ;

● un critère économique : l'activité économique (selon la nomenclature I.N.S.E.E. à deux chiffres, qui compte 99 postes) ([2]).

On définit le pouvoir de commandement d'une ville en valeur absolue — le nombre de salariés dépendant d'entreprises dont le siège social est établi dans la ville considérée — ou en valeur relative (en le ramenant à une population fixe, 10 000 habitants par exemple). Les cartes correspondantes font apparaître, outre la dominance écrasante de Paris, que peu de villes ont un bilan positif, c'est-à-dire commandent plus de salariés à l'extérieur qu'elles ne comptent de salariés commandés de l'extérieur : outre Paris, Saint-Étienne, Mulhouse, Clermont-Ferrand et Metz sont dans ce cas. Encore s'agit-il d'une influence régionale (métallurgie pour Saint-Étienne et Metz, textiles pour Mulhouse, pneumatiques pour Clermont-Ferrand). Les cartes mettent également en évidence l'opposition bien connue entre l'Est (et le Nord) et l'Ouest (et le Sud) du pays. Pour définir des villes susceptibles de jouer un rôle de métropoles régionales, l'auteur vérifie qu'elles sont « reconnues » par les autres grandes villes, c'est-à-dire que les entreprises qui ont leur siège dans d'autres villes y ont une succursale. Il faut aussi que leur dépendance de Paris — mesurée par le rapport des salariés dépendant de Paris par rapport aux salariés dépendant de l'extérieur de la ville — soit élevée (présence de directions régionales des grandes entreprises). Ceci conduit à dégager neuf villes principales (Lyon, Marseille, Lille, Strasbourg, Nancy, Nantes, Bordeaux, Toulouse plus Paris) et à définir leur zone d'influence.

L'étude de Le Fillâtre est complétée par une approche statistique, inspirée du modèle gravitaire. Le nombre N_i^P de salariés de la ville i dépendant de Paris est analysé en fonction de la population P_i de la ville et de la distance D_i^P à Paris.

La formule ajustée est : $N_i^P = \dfrac{80\,P_i}{D_i^{P\,4/3}}$ ($\beta = 4/3$).

([1]) Le Fillâtre (Paul). — *La puissance économique des grandes agglomérations françaises déduite de l'étude de la localisation des sièges et des succursales d'entreprises à établissements multiples*, Paris. I.N.S.E.E., 1963.
([2]) Voir chapitre I.

Mais les grands centres sont situés au-dessus de cette droite (on a vu que ce critère avait servi à retenir les villes à puissance économique la plus élevée).

De même, l'attraction réciproque des villes de province est ajustée sur une loi déviée de la loi gravitaire : le nombre N_{ij} de salariés de la ville i dépendant de la ville j est estimé en fonction des populations P_i et P_j et de la distance D_{ij}. On trouve :

$$N_{ij} = \frac{1}{100} \times \frac{P_i \times P_j^2}{D_{ij}^2} \quad (\beta = 2)$$

Cette formule, appliquée au cas de Paris, conduit à de meilleurs résultats que la précédente. Le terme P_j^2, au lieu de P_j, difficile à justifier, explique néanmoins cet ajustement plus satisfaisant, mais encore fragile comme le montrent les résultats pour les échanges entre Paris, Nancy et Strasbourg.

Ville attirante j	Ville attirée i	N_{ij} calculé	N_{ij} observé	Écart relatif (%)
Paris	Strasbourg	11 170	12 880	— 13,2
Strasbourg	Paris	461	881	— 47,7
Paris	Nancy	15 910	11 929	+ 33,4
Nancy	Paris	465	426	+ 10,1
Strasbourg	Nancy	155	124	+ 25,0
Nancy	Strasbourg	110	89	+ 24,7

En fait, les résultats de cette approche sont peu convaincants : les résultats du test par une loi gravitaire modifiée sont médiocres et les justifications du choix des villes principales ne sont pas claires.

ESSAI DE CLASSEMENT HIÉRARCHIQUE

L'essai de classement hiérarchique des 42 villes les plus importantes [1] a rencontré également de nombreuses difficultés. L'objectif était de définir ce classement à partir de treize critères.

— Six critères relatifs à l'importance de l'activité économique (et notamment du secteur tertiaire) :

1) la population tertiaire totale,
2) le nombre de grossistes,
3) le nombre de commerces rares,
4) les agences-mères des grandes banques nationales et les sièges des banques régionales,
5) les sièges sociaux (chiffre d'affaires),
6) les professions rares.

---

[1] Valette (Édouard). — *Essai de classement hiérarchique des principales villes*, Paris, C.R.E.D.O.C., Juillet 1963.

— Quatre critères relatifs au niveau d'équipement (services non économiques) :

7) les services administratifs,
8) l'enseignement supérieur,
9) l'équipement médical,
10) l'équipement culturel et sportif.

— Trois critères relatifs à l'influence extérieure de la ville :

11) le nombre de salariés commandés à l'extérieur par les sièges sociaux de la ville [1],
12) l'étendue de la zone d'influence [2],
13) la population de la zone d'influence [2].

Au départ, l'ambition était de rechercher un opérateur unique (dit critère ordinal) qui définisse un ordre total entre les 42 villes, c'est-à-dire qu'on ait toujours ou la ville A dominant la ville B, ou l'inverse (donc pas d'incertitude : au contraire, si pour certains critères A domine B et pour d'autres B domine A, il y a équivalence, donc incertitude). Le critère doit obéir à la règle de transitivité, c'est-à-dire que si A domine B et B domine C, A domine C. Chaque critère permet une mesure avec une unité appropriée.

Le critère ordinal proposé est celui de Pareto : A domine B si pour tous les critères x_i, on a $x_i^A \geqslant x_i^B$ avec au moins un critère x_k pour lequel $x_k^A > x_k^B$.

En fait, le graphe obtenu selon ces critères est très touffu car il y a beaucoup de cas d'équivalences (pour certains critères $i : x_i^A \geqslant x_i^B$, tandis que pour d'autres $i' : x_{i'}^A < x_{i'}^B$. Un tel graphe permettrait d'établir un très grand nombre de classements possibles, sans fournir de clé pour choisir parmi eux (fig. 34).

Des graphes partiels, utilisant seulement chacune des trois séries de critères (sauf le critère 5) conduit à des résultats assez semblables, au moins pour les grandes villes, mais ne permet pas toujours de définir un ordre (classement unique).

Une autre règle de discussion est alors envisagée : celle du vote majoritaire : on prend les villes deux à deux et on fait « voter » les critères. Mais la transitivité n'est plus assurée (on dit qu'il y a « effet Condorcet ») après les dix premières villes.

Finalement, on a retenu une règle de notation pondérée : on attribue à chaque ville une note pour chaque critère, et on en établit la somme pondérée. Ceci vérifie bien la condition de Pareto car si $x_i^A \geqslant x_i^B$ pour tous les critères i et qu'il y a au moins un critère k tel que $x_k^A > x_k^B$, on a bien :

$$\sum_i p_i x_i^A > \sum_i p_i x_i^B$$

(où p_i sont les poids accordés aux critères i).

---

[1] Cf. ci-dessus : pouvoir de commandement.
[2] Cf. ci-dessous : étude du ressort d'influence.

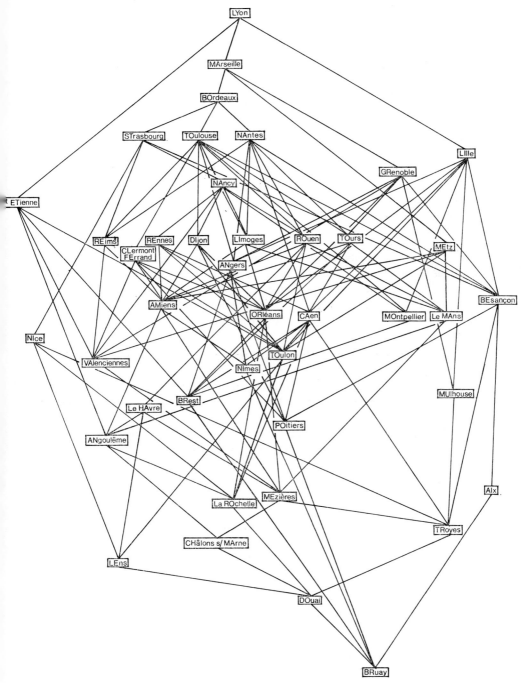

Fig. 34. — *Graphe de classement des villes françaises
(13 critères) (d'après Valette).*

Les poids p_i sont choisis proportionnels :

— à l'intérêt de la grandeur mesurée (les trois notions selon lesquelles sont regroupés les critères);

— à la qualité du critère retenu pour mesurer cette grandeur;

— à la précision de la mesure du critère,

donc proportionnel au produit de ces trois éléments.

Les résultats pourront être sensibles au choix de ces poids; on a procédé à un test par plan d'expérience : à partir des poids p_i de départ, on attribue à cinq critères le poids p_i; à quatre critères le poids $\frac{5}{8} p_i$; à quatre critères le poids $\frac{11}{8} p_i$ et on procède à 13 expériences par permutation, puis on compare les classements obtenus. Il y a assez peu d'inversions (sauf entre Strasbourg et Toulouse et entre Nancy et Nantes pour les villes importantes), ce qui montre que le résultat est peu sensible au choix des poids.

Finalement, les trois études ont confirmé le choix des métropoles d'équilibre : Lyon (auxquels on a joint Saint-Étienne et Grenoble); Marseille, Toulouse; Bordeaux; Nantes (Saint-Nazaire); Lille (Roubaix-Tourcoing); Nancy (Metz-Thionville); Strasbourg.

Des études ultérieures, basées sur 20 critères au lieu de 13, utilisant la méthode des notes pondérées, ont permis de préciser la hiérarchie du réseau urbain français [1] :

— métropoles régionales (plus de 450 points sur 500) : les huit villes citées ci-dessus;

— centres régionaux de plein exercice (de 380 à 430 points) : Grenoble, Rennes, Nice, Clermont-Ferrand, Rouen, Dijon, Montpellier, Saint-Étienne, Caen, Limoges;

— les villes à fonction régionale incomplète (scores entre 275 et 375), elles-mêmes (au nombre de 25) réparties en trois sous-groupes;

— les chefs-lieux de départements bien équipés et villes assimilées (202 à 270 points) : 33 villes (réparties en trois sous-groupes).

CONCLUSIONS

Ainsi on aboutit à quatre niveaux (huit avec les sous-groupes) où 76 villes trouvent leur place. Si ce résultat a permis d'apaiser les inquiétudes des édiles des villes non retenues comme métropoles d'équilibre, il a empêché la mise en œuvre de toute politique réellement sélective en faveur de celles-ci, bien que cela fut l'objectif principal. On peut également se demander si le nombre de huit métropoles d'équilibre n'était pas excessif et si le choix de trois seulement (Marseille, Lyon-Grenoble-Saint-Étienne et Lille-Roubaix-Tourcoing) n'aurait pas été plus réaliste et plus efficace.

[1] HAUTREUX (Jean) et ROCHEFORT (Michel). — *La fonction régionale dans l'armature urbaine française*, Paris, C.N.A.T., 1964.

On peut aussi formuler diverses critiques de méthode :
— incertitude de la méthode du pouvoir de commandement ;
— imprécision de certains critères (commerces ou professions « rares ») ;
— difficultés de pondération,
et de fond : absence de vision prospective d'un travail dont les résultats étaient aisément prévisibles.

L'intérêt de la confrontation de disciplines et de méthodes différentes n'en est pas moins réel et montre la voie que pourraient suivre, au niveau régional, des chercheurs ambitieux : utiliser et synthétiser, sur des cas concrets, l'apport théorique de l'économie spatiale, celui des modèles statistiques ou géographiques et la garantie de sérieux que procure l'enquête géographique.

L'APPORT ET LES LIMITES DES MÉTHODES QUANTITATIVES

A travers les différents exemples — car il ne s'agit que d'exemples, ce petit livre n'ayant pas la prétention d'être un traité, ni même un précis sur l'utilisation des méthodes quantitatives — le lecteur aura pu fonder son propre jugement. Si l'auteur a cru devoir formuler ici ou là une appréciation sur telle ou telle méthode, c'est uniquement pour guider ce jugement, non pour l'influencer. Les exemples eux-mêmes n'ont pas été choisis pour donner une image favorable — ou défavorable — de l'emploi des méthodes quantitatives. Un certain nombre de points communs apparaissent cependant.

I. — L'APPORT DES MÉTHODES QUANTITATIVES

Il semble qu'on puisse dégager les apports suivants :

1. Les méthodes quantitatives peuvent constituer un **cadre,** et rien de plus, pour la **conceptualisation d'un problème et pour sa formalisation théorique.** En ce cas, l'appareil mathématique intervient seulement comme un **langage,** plus commode, plus efficient parce que plus précis, que le langage des mots.

Plusieurs exemples ont été présentés : les modèles de formation des valeurs foncières d'Alonso, de Wingo ou de Mayer permettent de formaliser les théories foncières, et notamment l'interaction des différents facteurs (revenus, temps et dépenses de transports...). Il est clair qu'ils ont fait faire un pas de géant à un problème fondamental alors que les théories économiques qualitatives piétinaient.

De même, les modèles explicatifs — et eux seuls — de développement urbain permettront de présenter une formalisation de comportement des ménages lors du choix d'un logement (Herbert-Stevens) ou celui de l'ensemble des agents économiques, guidés par des facteurs attractifs ou répulsifs dans leur choix d'une localisation (Polymetric).

Les théories de l'économie spatiale, par leur niveau élevé d'abstraction, présentent une formalisation des mécanismes du marché qui influent sur les localisations des activités, la localisation des villes, l'organisation des réseaux de transport et des régions. Même si certains ne reconnaissent pas leurs schémas conceptuels ni leur démarche à travers cette approche, le cadre théorique ne peut pas ne pas servir de référence pour situer leur démarche et leurs résultats.

2. Cette formalisation permet de **démonter, d'analyser en profondeur les mécanismes d'interaction des différents facteurs.** Même si la théorie d'Alonso ou celle de Mayer ne paraissent pas, pour des raisons évidentes — elles n'y prétendent d'ailleurs pas — représenter de façon exacte la réalité observée, elles permettent de mettre clairement en lumière certains mécanismes capitaux, souvent si bien cachés, dans le fatras des observations directes, qu'on ne peut les y déceler. Un exemple : la conclusion commune d'Alonso, de Mayer — et des autres théories semblables — que l'amélioration des réseaux de transport est le moyen le plus efficace de réduire, globalement sinon localement, le niveau des valeurs foncières, est fondamentale, démonstrative, riche de portée concrète et n'était pas claire avant leur formalisation du problème (elle avait seulement été pressentie par Haig).

Un modèle de développement urbain comme Polymetric met clairement en évidence l'interaction des activités économiques dans leur choix combiné d'une localisation, explique le phénomène de concentration au centre des affaires et l'influence de l'accessibilité. Le modèle de rénovation de San Francisco conduit à une présentation, à la fois concrète et rigoureuse, des différentes possibilités de dégradation et de transformation d'un tissu urbain ancien.

3. En se rapprochant progressivement des soucis opérationnels, on notera que les méthodes quantitatives permettent de **tester la validité d'hypothèses de travail.** Ainsi, les modèles d'analyse spatiale des activités ont permis de tester l'hypothèse dite « de la base », c'est-à-dire de l'existence d'emploi fondamental et d'emploi résidentiel, puis de la compléter en montrant la sensibilité des résultats au niveau géographique d'analyse et à la finesse de la nomenclature des activités, et de la prolonger en dégageant une véritable hiérarchie spatiale des activités.

Les modèles explicatifs de développement urbain peuvent être utilisés de la même façon. Ainsi l'emploi du modèle Polymetric a montré que l'hypothèse généralement retenue du desserrement radial des activités dans une grande agglomération urbaine était très simplifiée, les écarts observés dans les résultats ne pouvant que partiellement être attribués à l'utilisation d'un découpage géographique trop grossier. On notera que, sur le plan méthodologique, une réponse négative, ou partiellement positive, à un test d'hypothèse est aussi fructueuse qu'une réponse positive : elle a conduit en effet à reformuler l'hypothèse, à la compléter ou à la modifier. Le modèle de rénovation de San Francisco a permis de tester l'adéquation du mécanisme de choix entre réhabilitation, rénovation ou poursuite de la dégradation des bâtiments d'un centre urbain. Un modèle simple, construit à l'I.A.U.R.P., a également permis de tester l'hypothèse, qui s'est avérée vérifiée, et qui est dorénavant généralement acceptée, selon laquelle le prix d'un terrain à bâtir est fixé par l'acheteur (promoteur immobilier) par différence entre le prix de vente qu'il escompte et ses charges diverses, et non, comme le sentiment courant prévalait, par le vendeur profitant d'une situation favorable de pénurie.

Les modèles de transport urbain ont permis de tester des hypothèses aussi fondamentales que celle, apparue seulement en 1963, selon laquelle le temps de trajet et les conditions de confort d'un déplacement importaient au même titre, et même plus, que la dépense monétaire, seule prise en compte jusque-là. Un modèle de distribution spatiale de la demande de déplacements, comme le modèle d'opportunité, permet de tester la validité du choix probabiliste de l'emploi, de proche en proche à partir du domicile.

Des modèles statistiques comme la loi gravitaire, bien que ne reposant sur aucune base théorique sérieuse, mais sur une simple induction, permettent de tester l'influence de la taille des villes et celle de la distance dans l'étendue de leur aire d'influence. Les schémas de Christaller doivent permettre de tester, en comparant une situation réelle à une situation observée, l'hypothèse de l'assujettissement hiérarchique des villes les unes aux autres, telle qu'elle est implicite dans toutes les études françaises sur les réseaux urbains régionaux.

4. Sur un plan très concret, les méthodes quantitatives peuvent permettre des **mesures précises** de faits qualitativement connus. Ces mesures permettront des **comparaisons, dans le temps et dans l'espace,** puis serviront à des **prévisions.** La détermination des taux d'induction des activités par la population résidente, à tel ou tel niveau géographique, puis celle de toute une hiérarchie spatiale des activités, constitue un progrès sensible par rapport à la simple affirmation de deux types d'activités : fondamentales et résidentielles. Elle permet de démontrer qu'une même activité peut être parfois résidentielle — les deux gendarmes du commissariat local qui patrouillent à bicyclette —, parfois fondamentale (au sens économique du terme, s'entend) — les forces d'intervention de la caserne de gendarmerie, — et de mesurer la part de chacun de ces rôles. Elle permet aussi d'expliquer les niveaux de regroupement des activités en centres spontanés. Sur le plan de la prévision, elle sert à déterminer — en faisant l'hypothèse que les schémas de relations entre activités resteront inchangés — la nature et l'importance des activités de chaque branche qu'on peut rencontrer à chaque niveau géographique et en particulier, dans une opération planifiée (ville nouvelle par exemple), la composition (nature et importance) des centres urbains nouveaux des différents niveaux (voisinage, quartier, arrondissement, ville nouvelle, région urbaine...).

S'il serait vain d'attendre une telle quantification des modèles qui se veulent avant tout des théories, comme les théories foncières — encore que Mayer a montré comment sa théorie pourrait permettre de fixer les montants d'un éventuel impôt foncier — les modèles descriptifs, et certains modèles explicatifs, lorsqu'ils s'avèrent opérationnels, permettent d'atteindre cet objectif. Ainsi, le petit modèle d'urbanisation spontanée, construit pour la région parisienne, a permis de mesurer l'effet accélérateur, dont le rythme d'urbanisation, de telle ou telle amélioration de la desserte de transports, après avoir éliminé l'influence parasite des autres facteurs. Savoir qu'une ligne ferrée intensive en grande banlieue, comme la ligne de Sceaux ou le R.E.R., accroît ce rythme de 50 % est d'une importance capitale, alors que, avant ce modèle, on connaissait seulement l'existence d'un tel facteur, sans pouvoir dégager son influence de celle des autres facteurs en jeu (distance, densité, terrain libre...). Savoir que l'autoroute de l'ouest a multiplié le rythme d'urbanisation, tous autres facteurs égaux par ailleurs, par plus de 3, mais l'autoroute du sud par seulement 1,7 n'est pas non plus un mince résultat. De tels coefficients peuvent être précieux pour imaginer les conséquences des décisions en matière de choix d'infrastructures nouvelles : on y reviendra.

Les modèles de transport jouent un rôle analogue. Les premières mesures de la valeur subjective du temps de déplacement ou de l'inconfort, de la congestion, ont constitué une révolution aisément compréhensible dans les études de transport. Il n'est pas exagéré de dire que la prise en compte, enfin rendue possible, dans les bilans économiques, des gains de temps et de confort, ont permis d'atteindre un taux de rentabilité sociale élevé pour nombre d'infrastructures de transports urbains qui, de ce fait, ont été financés par les pouvoirs publics (les crédits annuels pour les investissements dans les transports en commun en région parisienne ont été multipliés par 20 en dix ans) alors que, si on s'était limité aux éléments purement comptables, leur part de rentabilité économique aurait conduit à les différer, voire à les rejeter.

Les paramètres des modèles de distribution, qu'il s'agisse de modèles gravitaires ou de modèles d'opportunité, permettent de mesurer la résistance à l'éloignement lors du choix combiné du lieu de résidence et du lieu de travail, d'analyser son évolution dans le temps, de comparer le comportement de la population de plusieurs villes, ou, dans une même ville, de plusieurs catégories de population. Évidemment, ces modèles sont ensuite utilisés pour prévoir la distribution géographique des déplacements — à condition de supposer la stabilité des comportements, ou une évolution précise de ceux-ci — à partir d'une distribution géographique des populations et des emplois, si possible par catégorie, prévue à l'aide des modèles de développement urbain.

L'utilisation de la loi rang-dimension, ou plus simplement des courbes et indices de concentration, permet de mesurer la concentration du réseau urbain d'un pays, l'évolution dans le temps de celle-ci (par exemple en France, contrairement à une opinion très répandue, cette concentration décroît lentement), d'effectuer des comparaisons de région à région ou de pays à pays. La loi densité-distance, ou de simples courbes, permettent de comparer l'épanelage de plusieurs villes et son évolution dans le temps.

Apport annexe, les modèles par les résultats numériques auxquels ils conduisent, fournissent une image parlante des résultats de telles ou telles conditions : ainsi, le modèle stochastique de développement urbain de Chapin et Weiss fournit une image concrète de la forme de la ville résultant de chaque jeu d'hypothèses.

5. Si les modèles permettent, par application à un espace projeté dans le futur, d'établir des prévisions, ils n'ont pas nécessairement pour autant une

portée prospective. On a utilisé à plusieurs reprises l'expression « en supposant une stabilité des comportements ou une évolution précise de ceux-ci ». Il importera à la prospective, dont on cerne bien ainsi en quoi elle diffère de la prévision, de préciser si ce maintien des comportements est probable, souhaitable ou dans quel sens et dans quelle proportion il convient de modifier les paramètres du modèle pour tenir compte de l'évolution de ces comportements.

Mais certains modèles, notamment les théories et les modèles explicatifs, peuvent avoir une véritable portée prospective. En effet, ils peuvent permettre de prévoir les conséquences probables de telle ou telle intervention, de telle ou telle décision. Les théories foncières et les modèles explicatifs de développement urbain permettent ainsi de prévoir le sens des évolutions (et parfois de mesurer leur ampleur) qui résulteront de la création d'un nouvel axe de transport, du remplacement d'un matériel roulant ancien par un matériel moderne plus rapide, d'une tarification différente (par exemple d'un tarif unique opposé à un tarif par zones), d'un impôt foncier, de réglementations de zonages ou de densités limites supérieures ou inférieures, etc. La puissance publique peut ainsi définir sa politique en ayant une idée de ses effets, voire tester des politiques ou des mesures différentes.

Ainsi, les modèles de choix modal montrent qu'il est vain de compter sur les gains de temps procurés par une amélioration des transports publics, pour détourner les automobilistes de l'usage de leur véhicule : de lourds sacrifices sur la tarification ou dans d'autres domaines n'attireront qu'une proportion très faible d'automobilistes. Par contre, un stationnement payant coûteux (tel qu'il est praitqué dans le centre des grandes villes américaines, comme New York et Chicago) aura un effet dissuasif certain, qu'on peut mesurer : c'est par ce canal qu'il faut intervenir.

6. Il reste un dernier apport des méthodes quantitatives, d'une nature différente mais d'une importance capitale. En fournissant un langage commun, à appliquer à un même sujet, l'espace, elles permettent **d'estomper les différences entre disciplines,** de susciter un véritable esprit « études urbaines et planification ». Dans l'analyse et la modélisation du comportement des usagers des transports, on oublie vite qui est ingénieur, statisticien, géographe, économiste ou sociologue et on serait bien en peine de préciser de quelle discipline relèvent ces travaux. Il en est de même pour les modèles de développement urbain, pour la recherche de la hiérarchie spatiale des activités et de ses niveaux de regroupement, pour l'analyse des réseaux urbains, etc...

II. — LES LIMITES DES MÉTHODES QUANTITATIVES

L'apport des méthodes quantitatives est donc loin d'être négligeable. On comprend le véritable éblouissement de ceux, en général non mathématiciens d'origine, qui, les premiers, en ont fait l'expérience et on explique mieux l'abus qui a pu en être fait, surtout outre-Atlantique, lorsque le goût du modèle vient à l'emporter sur l'intérêt pour le sujet analysé. Car il ne faut pas perdre de vue les limites de ces méthodes.

LE MODÈLE N'EST QU'UN LANGAGE

Plus que jamais, on peut appliquer l'adage bien connu de l'auberge espagnole : on n'y trouve que ce qu'on y apporte. Il est clair que l'information transmise dans les résultats du modèle n'est pas différente de celle qui y a été introduite. Plus, même : le modèle comporte généralement un certain traitement des données qui entraîne une perte d'information. Par exemple, une droite de régression n'expliquera qu'une partie de la variance du phénomène analysé. Ce phénomène n'est pas propre à l'usage des méthodes quantitatives. Le simple fait de ranger des observations en classes, en vue d'une représentation cartographique par exemple, ou pour établir un tableau numérique, même en l'absence de tout traitement de ces données, fait perdre une partie de l'information initiale. Dans un intéressant article, B. Marchand [1], s'appuyant sur la théorie de l'information et sur une analogie avec les lois de la thermodynamique, a montré que le simple fait d'observer, comme en sciences physiques, altérait l'information et entraînait une perte d'entropie.

L'objet du modèle est donc de faire apparaître des régularités, non de les créer. Les écarts par rapport aux lois ainsi établies devront être eux-mêmes analysés, pour dégager d'autres facteurs explicatifs ou la part résultant de faits aléatoires.

LA NÉCESSITÉ DE L'EFFORT CONCEPTUEL GUIDÉ PAR L'INTUITION

En soi, un modèle n'est qu'une formulation mathématique de concepts ou de relations qui ont à être définis par le raisonnement. C'est l'intuition qualitative du chercheur qui lui permettra de définir les relations qu'il veut exprimer, soit qu'il en connaisse le bien-fondé, soit qu'il les pose comme postulats, soit qu'il les introduise comme hypothèses. Il est clair que cette intuition ne pourra lui venir que d'une solide expérience de la pratique de l'objet qu'il étudie. Pour proposer son réseau d'hexagones, W. Christaller avait solidement étudié le réseau des villes d'Allemagne du Sud. Avant de formuler le modèle d'urbanisation spontanée en région parisienne, on a analysé, par des méthodes classiques, l'effet de chaque facteur, sans pouvoir à ce stade l'isoler des autres. Pour aboutir au modèle de choix du mode de transport, on a commencé par analyser le comportement quotidien des usagers, à partir de diverses enquêtes, et à en entreprendre une représentation graphique et cartographique systématique. Ce sont les cartes de la diffusion des usagers dans les quartiers de Paris à partir de chaque gare terminus des trains de banlieue qui ont suggéré l'idée d'un arbitrage par l'usager entre temps, argent et confort.

---

[1] MARCHAND (Bernard). — Information theory and geography, in *Geographical analysis*, vol. III, n° 3, Juillet 1972, pp. 234-257.

LE DANGER DE L'ÉLÉGANCE MATHÉMATIQUE

Les grandes lois scientifiques présentent cette particularité de se prêter à de nombreuses analogies. Ainsi la théorie de l'information, utilisée en physique (thermodynamique), présente des analogies évidentes avec bien des systèmes naturels (les potentialités d'un cours d'eau, de sa source à son embouchure) ou humaines ([1]) (la localisation d'un groupe de villes sur un terrain donné), qui ont conduit à appliquer, avec profit, les lois de la thermodynamique à ces phénomènes. Les processus aléatoires (chaînes de Markov, processus de Poisson...) ont pu être appliqués avec succès à des phénomènes comme les migrations ou la diffusion d'une connaissance dans l'espace, comme à la succession des faciès dans une série géologique sédimentaire. La loi de la gravitation universelle, qu'on retrouve dans de nombreux domaines de la physique, a pu être appliquée à des domaines aussi divers que la distribution géographique des déplacements urbains et l'aire d'influence des villes.

Mais il faut se garder de pousser trop loin ces analogies. Même si la loi gravitaire semble rendre compte de façon satisfaisante de certains faits urbains, on a vu que son application ne reposait que sur une intuition, non sur une base théorique. *A fortiori*, lorsqu'un chercheur relie le rayon de courbure de chaînes volcaniques à des faits astronomiques, son intuition est peut-être géniale mais laisse incrédule, même si l'application numérique d'une telle « loi » paraît satisfaisante. Il y a un danger grave à pousser ces analogies de façon systématique : chaque domaine a ses propres règles.

Au même titre, il convient d'éviter la recherche de modèles mathématiques élégants, certes, mais dont les rapports avec le concret ne sont pas évidents. Le spécialiste ne doit jamais céder le pas devant le mathématicien.

LA RÉAPPARITION DE LA CONTINGENCE
ET LE RÔLE DE L'ALÉATOIRE

Finalement, que le modèle apparaisse satisfaisant ou non, il restera toujours une partie de l'information (qui correspond à la variance résiduelle des statisticiens) que les facteurs pris en compte ne permettront pas d'expliquer. Cela vaut d'ailleurs mieux ainsi, même en restant sur le plan théorique : on a en effet pu montrer que la multiplication des facteurs explicatifs introduits dans un modèle pourra entraîner une amélioration apparente de celui-ci (part de variance expliquée accrue) mais toute illusoire car le caractère contingent des observations se retrouvera dans les coefficients. En raisonnant à l'extrême, on peut toujours mettre en évidence une relation expliquant n observations par n facteurs : il suffit de résoudre le système de n équations à n inconnues. Même si le nombre m de facteurs est inférieur à celui n des observations, on voit qu'il y a un optimum de m à ne pas dépasser.

([1]) PRED (Allan R.). — *Behavior and location : Foundations for a geographic and dynamic location theory*, Lund, Gleerup, 1967, 2 vol. (128 + 152 p.).

Ce que l'information peut contenir de contingent — et la part du contingent n'est jamais négligeable, l'espace ni son occupation par l'homme n'étant pas parfaitement homogènes ni isotropes — devra donc être expliqué cas par cas.

Le contingent conduit à la notion d'aléatoire. Les résultats portant sur des observations en petit nombre sont entachées d'effets du hasard. Leur traitement doit alors s'inspirer des méthodes du calcul des probabilités. Ainsi, lorsqu'une relation statistique est mise en évidence, il importe de s'assurer, par un calcul de probabilité, du domaine de variation possible des coefficients. Il arrive que certaines relations utilisent des coefficients dont la valeur est inférieure à cette marge d'incertitude : elles ne peuvent évidemment avoir aucune valeur.

III. — THÉORIE, MATHÉMATIQUES, QUANTIFICATION

Il convient, avant de terminer, de préciser un point qui a été sous-jacent à beaucoup de remarques. On parle trop souvent, de façon indifférente, de géographie théorique, de géographie mathématique, ou de géographie quantitative (ou d'économie théorique, mathématique ou quantitative...). Or il y a là une grave confusion de langage.

Le terme **théorique** doit être réservé au cas où il y a élaboration d'une théorie, construction intellectuelle établie *a priori*, qui pourra être ensuite, ou non, confrontée avec des observations. Ainsi, les spécialiste de l'économie spatiale présentaient des théories car ils partaient de concepts et d'hypothèses, non d'observations et de liaisons reconnues à partir de ces observations. Il en est de même pour les théories de la formation des valeurs foncières. Une théorie peut être formulée sous forme mathématique ou non (exemple : la théorie de Le Corbusier ou d'E. Howard).

Le terme **mathématique** suppose l'emploi de méthodes mathématiques. Celles-ci peuvent s'appliquer à une théorie (exemple : la formation des valeurs foncières) ou à des relations sans base théorique (exemple : la loi gravitaire). Elles peuvent s'accompagner de quantification (exemple : modèles de transport) ou non (exemple : modèles de valeurs foncières).

La **quantification** désigne l'intervention du nombre. Celui-ci est de toute façon présent dans toute étude concrète. Ainsi, le géographe, l'économiste ou le sociologue utiliseraient-ils des méthodes quantitatives, comme M. Jourdain de la prose ? En fait, il y a plusieurs niveaux de quantification.

— Le niveau élémentaire est celui de la description numérique, fruit d'observations, d'enquêtes ou de dépouillements et de présentations simples (tableaux numériques, graphiques, cartogrammes, etc.).

— Un niveau déjà plus élaboré est celui du traitement arithmétique. Il suffit parfois de méthodes très simples, ne dépassant pas l'emploi des quatre opérations de base : les coefficients de préférence utilisés pour l'étude du comportement des usagers en matière de choix combiné logement-travail-transport, ne demandent pas plus que l'usage de la division ; le modèle de choix modal et l'estimation de la valeur du temps et des éléments de confort par la méthode I.A.U.R.P. n'ont pas demandé plus que le calcul de proportions et l'établissement de graphiques en coordonnées ordinaires. Parfois, la simple utilisation d'un papier logarithmique (qu'on trouve dans toutes les bonnes papeteries et qui ne nécessite même pas de connaître la définition d'un logarithme ni l'usage d'une table de logarithmes) permettra de tester ou de mettre en évidence une loi statistique simple telle que la loi rang-dimension ou la loi densité-distance. Ce niveau ne demande donc aucune formation mathématique mais seulement un peu de curiosité intellectuelle et de l'habitude pour discerner rapidement le type de traitement qui sera efficace.

— Un troisième niveau est celui de l'emploi des méthodes statistiques classiques : corrélations, régressions, tests de lois, estimations de paramètres... Une formation mathématique est souhaitable, mais non indispensable, car on peut utiliser ces méthodes comme des recettes.

— Le dernier niveau est celui de la formalisation mathématique, pouvant faire appel à diverses branches de cette discipline (théories des graphes par exemple) qui nécessite une formation mathématique, mais surtout une tournure d'esprit orientée vers la formalisation et l'abstraction.

Ainsi, l'auteur espère avoir un peu contribué à démystifier ce que, par un abus de langage, comme on vient de le voir, on a coutume d'appeler les méthodes quantitatives. A condition de savoir les manier avec prudence et jugement, de ne pas en faire une panacée, de savoir qu'elles ne remplaceront jamais les bases théoriques, ni les données de départ, ni l'intuition du chercheur, elles peuvent rendre encore de nombreux services pour étudier l'espace urbain.

BIBLIOGRAPHIE SOMMAIRE

De nombreux travaux et ouvrages étant cités, avec leurs références, en note infrapaginale, on se limitera ici aux principaux.

I. OUVRAGES GÉNÉRAUX SUR L'ESPACE URBAIN

1. BEAUJEU-GARNIER (Jacqueline). — *La géographie : méthodes et perspectives*, Paris, Masson, 1971, 141 p.
2. BEAUJEU-GARNIER (Jacqueline) et CHABOT (Georges). — *Traité de géographie urbaine*, Paris, A. Colin, 1963, 493 p.
3. CHOAY (Françoise). — *L'urbanisme. Utopies et réalités*, Paris, Seuil, 1965, 448 p.
4. DERYCKE (Pierre-Henri). — *L'économie urbaine*, Paris, P.U.F., 1970, 261 p.
5. GEORGE (Pierre). — *La ville. Le fait urbain à travers le monde*, Paris, P.U.F., 1952, 399 p.
6. GEORGE (Pierre). — *Précis de géographie urbaine*, Paris, P.U.F., 1961 (3e éd. 1969), 289 p.
7. GUYOT (Fernand). — *Essai d'économie urbaine*, Paris, Librairie Générale de Jurisprudence, 1968.
8. LABASSE (Jean). — *L'organisation de l'espace*, Paris, Hemann, 1966 (2e éd. 1972), 605 p.
9. LEDRUT (Raymond). — *Sociologie urbaine*, Paris, P.U.F., 1968, 229 p.
10. LEFEBVRE (Henri). — *Le droit à la ville*, Paris, Anthropos, 1968, 166 p.
11. MUMFORD (Lewis). — *The city in history* (traduction française : *La cité à travers l'histoire*), Paris, Seuil, 1964, 781 p.
12. PERLOFF (Harvard), WINGO (Lowdon) et divers. — *Issues in urban economics*, Washington, John Hapkins, 1968, x + 668 p.
13. RÉMY (Jean). — *La ville, phénomène économique*, Bruxelles, Éditions Vie ouvrière, 1966, 297 p.

II. OUVRAGES ET TRAVAUX CONCERNANT LES MÉTHODES QUANTITATIVES

1. ALEXANDERSSON (Gunnar). — *The industrial structure of american cities*, Lincoln, University of Nebraska Press, 1956, 133 p.
2. ALONSO (William). — *Location and land use. Toward a general theory of land rent*, Cambridge (Mass.) Harvard University Press, 1964, XII + 204 p.
3. BARBIER (Michel), GOLDBERG (Serge), HENRY (Michel) et MARAIS (Georges). — *Modèles de trafic. Analyse bibliographique*, Paris, I.A.U.R.P., 1963, 70 p.
4. BARBIER (Michel) et MERLIN (Pierre). — Le réseau ferré de transports en région de Paris, Paris, *Cahiers de l'I.A.U.R.P.*, vol. 4-5, Avril 1966, 100 p.
5. BARBIER (Michel), MERLIN (Pierre) et divers. — Choix du moyen de transport par les usagers, Paris, *Cahiers de l'I.A.U.R.P.*, vol. 4-5, Avril 1966, 58 p.
6. BARBIER (Michel), MERLIN (Pierre) et divers. — Déplacements des personnes en région parisienne, Paris, *Cahiers de l'I.A.U.R.P.*, vol. 17-18, Octobre 1969, 64 p.
7. BERGE (Claude) et G. HOUILA-HOURI (A.). — *Programmes, jeux et réseaux de transport*, Paris, Dunod, 1962, 255 p.

8. BERRY (Brian J. L.). — *Geography of market centers and retail distribution*, Englewood-Cliffs (N.J.), Prentice-Hall, 1967, x + 146 p.

9. BERRY (Brian J. L.), PRED (Allen) et divers. — *Central place studies, a bibliography of theory and applications* (mise à jour jusqu'à 1964), Philadelphia, Regional Plan Association, 1965, 152 + 50 p.

10. BOUDEVILLE (Jacques-Raoul). — L'économie régionale. Espace opérationnel, Paris, *Cahiers de l'I.S.E.A.*, série L, n° 3, Juin 1958, 84 p.

11. BOUDEVILLE (Jacques-Raoul). — L'espace opérationnel macro-économique, Paris, *Cahiers de l'I.S.E.A.*, série L, n° 6, Janvier 1960, 89 p.

12. BUNGE (W.). — *Theorical geography*, Lund, Gleerup, 1962, XII + 210 p.

13. CAHEN (Lucienne) et PONSARD (Claude). — *La répartition fonctionnelle de la population des villes et son utilisation pour la détermination des multiplicateurs d'emplois*, Paris, Ministère de la Construction, 1963, 101 p.

14. CHAPIN (Francis Stuart Jr.), WEISS (Shirley F.) et divers. — *Urban growth dynamics in a regional chester of cities*, New York, J. Wiley and Sons, 1962, x, + 484 p.

15. CHORLEY (Richard J.) et HAGGETT (Peter). — *Frontiers in geographical teaching*, London, Methuen, 1965, XII + 379 p.

16. CHORLEY (Richard J.) et HAGGETT (Peter). — *Models in geography*, London, Methuen, 1967, 816 p.

17. CHORLEY (Richard J.) et HAGGETT (Peter). — *Network analysis in geography*, London, Arnold, 1969, 348 p.

18. CHRISTALLER (Walter). — *Die zentralen Orte in Suddentschland-Iena*, G. Fischer, 1933, 331 p. Traduction américaine : *Central Places in Southern Germany*, Englewood Cliffs (N. J.), Prentice Hall, 1956, 230 p.

19. CLAVAL (Paul). — *Régions, notions, grands espaces*, Paris, M. Th. Genin, 1968, 837 p.

20. COLE (John P.), KING (Luchlaine A. V.). — *Quantitative geography. Techniques and theories in geography*, London, J. Wiley and Sons, 1968, 692 p.

21. DREYFUS (Jacques). — Recherche et aménagements urbains, in *Consommation*, 1966, n° 1.

22. FRENCH (Hugh M.), RACINE (Jean-Bernard) et divers. — *Quantitative and qualitative geography. La nécessité d'un dialogue*, Ottawa, University of Ottawa, Press, 1971, 216 p.

23. GRANELLE (Jean-Jacques). — *Espace urbain et prix du sol*, Paris, Sirey, 1969, 296 p.

24. HÄGERSTRAND (Torsten). — *The propagation of innovation waves Lund*, 1952. Nouvelle édition : *Innovation diffusion as a spatial process* présentée par PRED (Allen), Chicago, University of Chicago Press, 1967, XVI + 334 p.

25. HAGGETT (Peter). — *Locational analysis in human geography*, London, Arnold, 1965, XII + 339 p.

26. HARVEY (David). — *Explanation in geography*, London, Arnold, 1969, 521 p.

27. HAUTREUX (Jean), LECOURT (Jean) et ROCHEFORT (Michel). — *Le niveau supérieur de l'armature urbaine française*, Paris, Commissariat Général du Plan, 1963.

28. HERBERT (John D.) et STEVENS (Benjamin H.). — A model for the distribution of residential activity in urban areas, in *Journal of regional science association*, n° 2, automne 1960, pp. 21-36.

29. HOOVER (Edgar M.). — *The location of economic activities*, New York, Mac Graw Hill, 1948, 310 p.

30. ISARD (Walter). — *Location and space economy*, Cambridge (Mass.), M.I.T. Press, 1956, XIX + 350 p.

31. ISAARD (Walter) et divers. — *Methods of regional analysis. An introduction to regional science*, New York, J. Wiley and Sons, 1960, XXIX + 784 p.-traduction en 1972 (Bordas éd.).

32. JOUANDET-BERNADAT (Roland). — *Comptabilité économique et espaces régionaux*, Paris, Gauthier-Villars, 1964, 233 p.

33. KING (Leshi J.). — *Statistical analysis in geography*, Englewood Cliffs (N.J.), Prentice Hall, 1969, 288 p.

34. LÖSCH (August). — *Die raümliche Ordnung der Wirtschaft*, Iéna, G. Fisher, 1940 (2e éd. 1944), 380 p. Traduction américaine : *The economics of location*, New Haven, Yale University Press, 1954, 520 p.

35. LOWRY (Ira S.). — *A model of metropolis*, Santa Monica (Calif.) Rand Corporation, 1964, XI + 136 p.

36. MADINIER (Philippe). — *Les disparités géographiques de salaires en France*, Paris, A. Colin, 1959, 199 p.

37. MALISZ (Boleslaw). — *La formation des systèmes d'habitat. Esquisse de la théorie des seuils*, Paris, Dunod, 1972, 342 p.

38. MARCHAND (Bernard) et divers. — La géographie moderne, Paris, *Cahiers de l'Herne*, à paraître.

39. MARCHAND (Bernard). — Information theory and geography, in *Geographical analysis*, Juillet 1972, pp. 234-257.

40. MAYER (René). — Prix du sol et prix du temps, essai théorique sur la formation des prix fonciers, Paris, in *Bulletin du P.C.M.*, n⁰ 10, Novembre 1965, pp. 9-37.

41. MELLET (François). — Analyse du choix du moyen de transport par les usagers, Paris, *Cahiers de l'I.A.U.R.P.*, vol. 17-18, Octobre 1969, 42 p.

42. MERCADAL (Georges) et DANET (André). — *La simulation, nature et portée, en vue de son application aux phénomènes urbains*, Paris, C.E.R.A.U., 1968, 106 p.

43. MERLIN (Pierre). — *Les transports parisiens*, Paris, Masson, 1969, 495 p.

44. MERLIN (Pierre). — Modes d'urbanisation. Analyse bibliographique, Paris, *Cahiers de l'I.A.U.R.P.*, vol. 11, Mai 1968, 72 p.

45. MERLIN (Pierre). — Modèle d'urbanisation spontanée, Paris, *Cahiers de l'I.A.U.R.P.*, vol. 4-5, Avril 1966, 47 p.

46. MERLIN (Pierre). — Diffusion des travailleurs dans Paris, Paris, *Cahiers de l'I.A.U.R.P.*, vol. 4-5, Avril 1964, 54 p.

47. MERLIN (Pierre). — *L'exode rural*, Paris, P.U.F. (Cahiers de l'I.N.E.D.), n⁰ 59, 1971, 230 p.

48. MERLIN (Pierre), BAISE (Michel) et BAMAS (François). — La solvabilité des ménages pour un logement neuf, Paris, *Cahiers de l'I.A.U.R.P.*, vol. 19, Mars 1970, 40 p.

49. MEYER (John R.), KAIN (John F.) et WOHL (Martin). — *The urban transportation problem*, Cambridge (Mass.), Harvard University Press, 1966, 427 p.

50. MORAN (Pierre). — *L'analyse spatiale en science économique*, Paris, Cujas, 1966, 294 p.

51. MORRILL (Richard L.). — *Migration and the spread and growth of urban settlement*, Lund, Gleerup, 1965, 208 p.

52. MORRILL (Richard L.). — *The spatial organization of society*, Belmont (Calif.) Wadsworth, 1970, 215 p.

53. MOSER (Claus A.) et SCOTT (Wolf). — *British towns. A statistical study of their social and economic differences* Edinburgh, Oliver and Boyd, 1961, XII + 169 p.

54. PERROUX (François). — Les espaces économiques, in *Économie appliquée*, 1950, pp. 225-244.

55. PERROUX (François). — *Les techniques quantitatives de la planification*, Paris, P.U.F., 1965, 315 p.

56. PFOUTS (Ralph E.). — *The techniques of urban analysis*, Wext Trenton (Penns.), Chandler Davis, 1960, 410 p.

57. PONSARD (Claude). — *Économie et espace*, Paris, S.E.D.E.S., 1955, 467 p.

58. PONSARD (Claude). — *Histoire des théories économiques spatiales*, Paris, A. Colin, 1958, 202 p.

59. PONSARD (Claude). — *Modèle typologique d'équilibre économique inter-régional*, Paris, Dunod, 1969, 126 p.

60. PROST (Marie-André). — *La hiérarchie des villes en fonction de leurs activités de commerce et de services*, Paris, Gauthier-Villars, 1965, 333 p.

61. REILLY (William J.). — *The law of retail gravitation*, New York, The knickbrocker press, 1931 (2ᵉ éd. New York, Pilsburg, 1953, 75 p.).

62. REPUSSARD (Maurice). — *Armature urbaine et économique. Les méthodes d'analyse urbaine*, Bordeaux, Bière, 1966, 216 p.

63. ROBINSON (I. M.), WOLFE (H. B.) et BARRINGER (R. L.). — A simulation model for renewal programming, in *Journal of the American Institute of Planners*, Mai 1965, pp. 126-134.

64. ROSSIER (Paul). — *Géographie mathématique*, Paris, S.E.D.E.S., 1953.

65. S.O.G.R.E.P. — *L'induction. Mesure et applications*, Marseille, S.O.G.R.E.P., Juillet 1967, 84 p.

66. TAISNE-PLANTEVIN (Catherine). — La mobilité résidentielle en région parisienne, Paris, *Cahiers de l'I.A.U.R.P.*, vol. 19, Mars 1970, 56 p.

67. TAISNE-PLANTEVIN (Catherine) et BAMAS (François). — Les logements en région parisienne, Paris, *Cahiers de l'I.A.U.R.P.*, vol. 6, Novembre 1966, 104 p.

68. TAISNE-PLANTEVIN (Catherine) et BARBIER (Michel). — Comparaison et classification des communes de l'agglomération parisienne, Paris, *Cahiers de l'I.A.U.R.P.*, vol. 3, Octobre 1965, 106 p.

69. THÜNEN (Johann-Heinrich von). — *Der isolierte Staat in Beziehung auf Landirstschaft und Nationalökonomie*, Hambourg et Rostock, 1826, 1842 et 1850, 290 + 391 + 284 p., traduction française partielle : *L'effet isolé*, Paris, Laverrière, 1851 et 1857.

70. VIGNAUX (Dominique) et LEBEL (Noël) sous la direction de MERLIN (Pierre). — Recherche d'une hiérarchie spatiale des activités en région parisienne, Paris, *Cahiers de l'I.A.U.R.P.*, vol. 22, Janvier 1971, 55 p.

71. WEBER (Alfred). — *Uber den standort der Industrien*, Tubingen, 1909. Traduction américaine : *Theory of the location of industries*, Chicago, University of Chicago Press, 2e éd., 1957, 256 p.

72. WILSON (A. G.). — *Entropy in urban and regional modelling*, London, Pion, 1970, 166 p.

73. WINGO (Lowdon Jr). — *Transportation and urban land*, New York, Resources for the future, 1962, VIII + 132 p.

74. ZIPF (George K.). — *Human behavior and the principle of least effort*, Cambridge (Mass.), M.I.T. Press, 1945, XI + 573 p.

TABLE DES FIGURES

ORIGINE DES ILLUSTRATIONS

Chapitre 1.

Fig. 1 et 2 : Griffon J. M. — Les activités tertiaires, in *Consommation* (n° 3, 1963, pages 43 et 50).

Chapitre 2.

Fig. 3 : *Cahiers de l'I.A.U.R.P.* (vol. 11, page 8).
Fig. 4, 5 : Alonso, in *Cahiers de l'I.A.U.R.P.* (vol. 11, pages 10 et 12).

Chapitre 3.

Fig. 6, 7, 8 : Merlin, in *Cahiers de l'I.A.U.R.P.* (vol. 4/5, page 15).
Fig. 9, 10 : Chapin et Weiss. — *Factors influencing land development*, University of North Carolina, Chapel Hill.

Chapitre 4.

Fig. 11 : Merlin, in *Cahiers de l'I.A.U.R.P.* (vol. 17/18).
Fig. 14, 15 : Barbier et Merlin, in *Cahiers de l'I.A.U.R.P.* (vol. 4/5, pages 15 et 47).
Fig. 16 : Mellet, in *Cahiers de l'I.A.U.R.P.* (vol. 17/18, p. 13).
Fig. 17 : Barbier et Merlin, in *Cahiers de l'I.A.U.R.P.* (vol. 4/5, page 39).
Fig. 18, 19 : Mellet, in *Cahiers de l'I.A.U.R.P.* (vol. 17/18).

Chapitre 5.

Fig. 21, 22, 23, 24 : Lösch. — *The Economics of location*, Newhaven, Yale University Press (pages 110, 117, 118, 127).
FIG. 25 : Zipf. — *Human behavior and the principle of least effort*, Cambridge, Addison Wesley, 1949.
Fig. 26 : Korzybski S. — Le peuplement des grandes agglomérations urbaines, Londres et Paris aux xixe et xxe siècles, in *Population* (n° 1, 1er trim. 1952, page 511).
Fig. 27 : Rouge M. F., in *Urbanisme* (n° 78, page 64).
Fig. 28, 29, 30, 31 : Christaller. — *Central places in Southern Germany*, Englewood Cliffs (N. J.), Prentice Hall, 1966 (pages 66, 73, 75, 224/225).
Fig. 32, 33 : Hautreux, in *Urbanisme* (n° 78),

TABLE DES MATIÈRES

MASSON et Cie, Éditeurs,
120, Bd St-Germain, Paris (VIe),
Dépôt légal : 4e trimestre 1973.

Imprimé en France

Marca registrada

IMPRIMERIE DURAND,
28600 Luisant
(10-1973)

37,20
030670